中国现代文化世家丛书

瓜瓞绵绵 尔昌尔炽

国家出版基金项目

○ 中国现代文化世家丛书

风雨如晦松茂堂
——泰州黄桥丁氏家族文化评传

张明乔 苏克勤 著

主编 詹福瑞 骆玉安

郑州大学出版社

图书在版编目(CIP)数据

风雨如晦松茂堂:泰州黄桥丁氏家族文化评传/张明乔,苏克勤著.—郑州:郑州大学出版社,2019.1
(中国现代文化世家丛书.第三辑)
ISBN 978-7-5645-5754-6

Ⅰ.①风… Ⅱ.①张…②苏… Ⅲ.①家族-文化研究-泰州 Ⅳ.①K820.9

中国版本图书馆 CIP 数据核字(2018)第 190701 号

郑州大学出版社出版发行	
郑州市大学路 40 号	邮政编码:450052
出版人:张功员	发行电话:0371-66966070

全国新华书店经销
河南文华印务有限公司印制
开本:710 mm×1 010 mm 1/16
印张:17.5
字数:245 千字

版次:2019 年 1 月第 1 版	印次:2019 年 1 月第 1 次印刷

书号:ISBN 978-7-5645-5754-6 定价:56.00 元
本书如有印装质量问题,请向本社调换

中国现代文化世家丛书（第三辑）
编辑委员会名单

主　　任　詹福瑞
副 主 任　骆玉安
成　　员　（以姓氏笔画为序）
　　　　　丁忠华　马　达　王　锋
　　　　　王同毅　王莉娟　叶　新
　　　　　白金玉　冯保善　刘士林
　　　　　刘成纪　刘运来　苏克勤
　　　　　李风宇　李道魁　吴　昕
　　　　　何晓红　张　霞　张卫明
　　　　　张功员　张志林　赵金钟
　　　　　骆玉安　徐　栩　凌　青
　　　　　黄　轶　詹福瑞　樊建伟
编务统筹　张　霞　席静雅

跨越时空的力量(代总序)

在中华民族五千年的文明史上,"家"与"国"总是作为一个不可分割的社会有机体相伴而存。历史的长河滚滚向前,更迭不已的朝代衍生的名门望族难计其数。这些显赫家族中的一部分在繁衍存续中以文化为纽带,形成独特的群体,成为文化世家。这些文化世家及其杰出人才为中华文化的传承与发展发挥过巨大的示范作用,在一定程度上影响着中国历史与文化发展的进程。如:齐鲁大地上以孔子肇始的孔氏世家,享誉儒林两千余年,堪称"中国第一文化世家";义宁的陈氏家族以陈宝箴、陈三立、陈寅恪而负盛名;杭州钱塘的钱氏家族,因千余年来文风昌盛、人才辈出而被誉为江南望族;安徽桐城方氏家族,自明末至今一直享誉文坛,有"中国近世三百年第一文化世家"之称。

改革开放以后,特别是20世纪90年代以降,中国进入新的文化复兴时期,国人比以往任何时代都更加重视科技、教育和文化,也更加珍视人才。事实表明,代表传统文化最高水平的社会群体,正是那些跃居学术最高领域的专家、学者等文化精英。中国现代社会转型以来,那些文化、思想领域的领军人物,在推动社会变革和学术创新等方面贡献巨大。研究发现,这些专家、学者和精英人物,大都出身于文化世家,有着良好的家庭文化背景和丰厚的学养。文化世家所呈现的人才辈出的现象,成为中国现代史上一道亮丽的景观。

在我国文化典籍中,"世家"一词早有所见,其注解也多有不同。《孟子·滕文公下》中出现"仲子,齐之世家也"①之说;《史记》以"世

---

① 《孟子》,中华书局2006年版,第142页。

家"记述王侯诸国大事,有《世家》30 篇;欧阳修所撰《新五代史》,沿用司马迁《史记》的体例,书中也开举《列国世家》10 篇。我国古代王侯开国,子孙世代承袭,所以称世家。后来,人们将世代显贵、以某种专业世代相承的家族或大家泛称为世家。《现代汉语词典》对"世家"有如下 3 种解释:封建社会中门第高,世代做大官的人家;《史记》中诸侯的传记,按着诸侯的世代编排;指以某种专长世代相承的家族。①

根据研究和多方因素,我认为,"世家"当指有特殊职业或专长、社会地位显赫,或代表某一领域、阶层特色并世代传承的家族。考虑到文化的特殊性,文化世家则是文化在家庭、家族中长期积淀,并经过多代人不断赓续、传承而形成的特有文化现象,是以家风、家训、家教等文化单元为标志,以家族杰出人物群体为代表的世代相传的家族体系。

现代文化世家则是源自 19 世纪末,成长于 20 世纪初,繁盛于 20 世纪中期并延续至今的,以家族文化传承为基本特色的不同家族体系。中国现代文化世家总是以家族的一个或多个、能够影响或引领某一时代或某一领域发展的杰出人物为代表,进而形成一个具有浓郁的家族特色、对社会产生广泛而重要影响的群体。

中国现代文化世家的兴起和成长大致在 19 世纪末 20 世纪初至今 100 多年的时间。历史地看,20 世纪以来的中国文化留给我们许多值得深思的空间。从 1840 年至 1949 年这段充满屈辱的历史,国人经受的痛苦是空前绝后的;然而,这一时期的中国却呈现出文化多姿、人才辈出的局面,所谓"国破山河在,家脉代代传"。这是中国根亲文化的魅力和传统文化生命力之所在。

实际上,中国现代文化世家的家族脉络根须还可以上溯至 300 多年前的明末清初时期。那时,中国开始出现资本主义萌芽。商业资本的发达不仅带来经济繁荣和人口大量流动,也促使人们思想的开放和转变。封建的小农经济依然占统治地位,人们在获取有限的物质满足后,在精神上也有了更加新异的追求。特别是到了清朝末年和民国年间,西方列强的入侵和洋务运动的助推,让许多有钱人家对家族的振兴和子女的抚养有了颠覆性的认识。尽管"学而优则仕"的思想根深蒂固,但富

---

① 《现代汉语词典》,商务印书馆 2016 年第 7 版,第 1191 页。

家子弟求学读书再也不是单一地为了求取科举及第。由于视野的开阔,富裕人家往往不惜重金聘请名师,对子女进行一对一的培养,或让年幼的子女体面地进入私塾,或挤进洋人的教堂,甚至远渡重洋,为的是让子孙后代冲出家门,获取更加宽阔的人生发展空间,去施展抱负,以新的风貌光宗耀祖。这样,官富子弟不仅躲避了战乱的袭扰,更能浸染异域文化,客观上成就了大批人才。

晚清至民国时期,中国经历了前所未有的动荡局势。一方面,清廷的腐败无能引起民众造反;另一方面,外族入侵加剧了中国的贫弱。社会贫富悬殊,阶层急剧分化。当时的局面是,寻常百姓不仅生活窘迫,甚至挣扎在生存线上;富豪家族生活安逸,甚至花天酒地,更可破财消灾,让自己的子弟躲避人祸,享受现代优质教育。即使是割据一方的军阀,也往往处心积虑地让自己的亲属弃武从文,期望发迹于文化世家。时局动荡,社会倒退,却难以遏制文化的萌动与繁荣。而乱世时期的富家子弟往往不乏有志之士,他们倾心文化功名,繁荣了家族文化,使文化世家奇峰峻耸。

从人才学的角度进行考察,文化世家的整体成长往往又伴随国运兴衰而行,其历程也往往变幻纷呈,瑰丽多姿。中国的历史就是这么怪异,有时世势虽动荡不安,文化却奇异多姿。春秋战国时期是这样,三国两晋南北朝时期也如此,近代的清末民国时期也概莫能外。

20世纪初,中国最后一个封建皇帝被赶出宫廷,伴随频仍的天灾和人祸(战乱和政治腐败),裹挟中西文化泥沙的巨浪席卷中国大地,中国彻底沦为半殖民地半封建社会。民国时期虽时局动荡、军阀混战,但文化却一直未能断裂,反而出现热闹非凡的景观。这一时期,军阀为了利益、地盘纷争不断,文化的发展空间相对宽松;军阀的粗野庸俗,反而衬托出文化的精细高雅与尊贵,追求风雅成为时尚,文人地位也随之攀升,进而呈现怪杰频出、文化绮丽的局面。现有史料足以证明,即使在1928年那样战火纷飞的动荡年月,成立伊始的国民政府中央研究院仍然做着遴选院士的长远计划,并终于在20年后的1948年成功地评选出中国首届81名院士。首届院士不乏文化世家子弟,如梁思成、梁思永兄弟,冯友兰、冯景兰兄弟等。这一现象值得我们研究和探讨。

1949年中华人民共和国的成立,标志着一个新时代的到来。由于时局稳定,加上国家恢复生产和经济建设都亟须大批各行各业的人才,许多流亡于海外的专业人才（多为旧时代文化世家子弟）纷纷回国。他们在参加新中国建设的同时，因为其中西融合的卓越成就和传统文化熏染的高尚品德，成为科技文化领域的典范，这些英杰引领凝成的家族文化成为优化社会环境的重要因素，促进了家族文化繁荣时期的来临。随着时局的动荡变迁，特别是"十年动乱"，许多家庭遭遇灾难，甚至出现家族内部政治斗争，相互陷害，亲情无存、文化割裂；加上中国计划生育政策的实施，家庭结构的变化，家族文化遭遇内外夹击。时至20世纪末，神州大地已经难以见到中国传统家庭四世同堂、子孙满院的景观。

20世纪90年代至今，随着改革开放和科教兴国战略的实施，中国对科技和人才的重视程度前所未有，迎来了科技发展和人才成长的最佳机遇。同时，随着时局的稳定，和谐社会的发展，人们在享受现代科技带来的现代化便捷生活的同时，也渴望回归自然，怀念旧日民族文化传统。从20世纪乡土文学受到热捧，到同乡会、恳亲会、姓氏寻根、家谱赓续等活动，无不带有浓郁的中华民族传统文化色彩，同时也为家族文化的凝练创造了良好的氛围。中国家族文化在和谐发展的当世焕发出勃勃生机。

随着人类社会的不断进步，特别是以习近平总书记为核心的党中央带领全国各族人民奔小康，开创了建设中国特色社会主义新时代，家族文化发展也迎来了新的春天。虽然嫡亲家族还需等待时日，而松散的家族联系必然也能够成就新兴的文化世家，成为新的人才成长的独特环境。况且，随着国家计划生育政策的调整和综合国力的不断增强，人们进入小康社会后生活水平的不断提高，以及和谐社会的健康发展，新时代中国特色文化世家也必然以新的形态呈现并在人才成长链中发挥出榜样和示范的作用。

中国现代文化世家根植于中华民族的肥沃土壤，深受民族文化浸润，有着鲜明的特色。

中国现代文化世家中的家族文化根基源自中华民族传统文化。我们选入的所有现代文化世家，都弥漫着中华民族的文化氛围。不管是新会的梁氏家族，还是无锡的钱氏家族，或者是唐河的冯氏家族、湘乡的曾氏家族、义宁的陈氏家族，他们首先是以中国传统文化为主要特征的书香门第。这些家族的杰出人物不仅有着良好的家风和深厚的家学渊源，而且其中的杰出代表人物从私塾开始多有大师引路，并大都出国留学，深受异域文化的影响，可谓学贯中西，所以在他们身上总能闪现出新异文化的光芒，通透着文化的锐气。如东至周氏家族中的周一良，在其出生的次日，母亲萧琬即患急病猝然离开人世，幸被父亲周叔弢的德国朋友、牧师卫礼贤抱回家让夫人用牛奶喂养了一年才送还周家，再由周一良的三姑母（旧式的文化女性、孀居而又无子女）扶养。周叔弢对儿子煞费苦心，不惜重金请来名宿大儒坐馆家塾。周一良的老师如张惎、毓康、温肃、唐兰等，或为当世鸿儒，或是文化名流，或与"大清天子同学少年"（陈寅恪语），而且还有外籍教师教学外语，使其通晓英、德、日等国语言，后来他成为中国著名的历史学家。又如，义宁的陈氏家族中，陈寅恪是中国现代最负盛名的诗人之一，还是中国现代历史学家、古典文学研究家、语言学家，被称为"清华百年历史上四大哲人"之一。其父陈三立是著名诗人、"清末四公子"之一，其祖父陈宝箴曾任湖南巡抚。因陈寅恪身出名门而又学识过人，在清华任教时被称作"公子的公子，教授之教授"。

综观中国现代文化世家展示的家族文化，有着明显的世代传承特色。每一个家庭中的杰出人物都不是单打独斗的，而是呈现出群英荟萃、相映生辉的局面（这一点在梁启超的子女中展示得更加明显）。他们或是科举精英，或是乱世怪才，有人甚至当上了皇帝的老师（翁同龢曾是同治、光绪两代帝师）。这些家族成员文化层次极高，职业新潮，特色明显。比如东至周氏家族中的周馥为一品监生，周学海为两榜进士的良医，周学熙曾任民国时期的财政大员，周明夔（叔迦）为佛学大师，周绍良是著名的红学家、敦煌学家、佛学家、收藏家和文物鉴赏家，周一良是著名的历史学家。又如新会梁氏家族中的梁启超是国学大师，他的子女梁思顺、梁思成、梁思永、梁思忠、梁思庄、梁思达、梁思懿、梁思宁、梁思礼等，也都成为当世英才。再如唐河冯氏家族的冯沅君、冯友兰、冯景兰、冯宗璞分别在文学、哲学、史学、地质学等方面成就卓著。这些代表人物堪称时代精英，他们从事的职业、徜徉的领域都留下了时代光辉；他们的成果都能够荣登当世的最高境界。他们身上的人文精神也成为时代楷模，激励了一代甚至数代人，并在后人的追捧中不断发展、完善。

中国现代文化世家中的家族动辄几十甚至几百年的家族史，在当地声名显赫，德高望重，也大多恭行自律，家教严谨，讲究门风，形成独特的家训。如无锡钱氏家族的"姓钱但不爱钱"，常熟翁氏家族的"读书""为善"，湘乡曾氏家族的"耕读传家"等。中国现代文化世家以姓氏血缘为纽带，各个家族都有自己严格的宗祠家谱，家族特色明显；重视独特文化的凝练和世代延续，在传承中注重创新。如湘乡的曾氏家族能够在继承中兴名将遗风的同时，不仅人才辈出，还使良好的家风得以传承和创新。家族文化的兴衰与家族精英关系密切，一个家族的文化兴盛往往离不开精英人物引领潮头、发扬光大。

中国现代文化世家的兴盛年代处于晚清、民国向现代转型时期，许多世家总有家学深厚、贤良德高的优秀女性扮演重要角色。旧式中国社会，虽说女性的地位总体不高，但人们往往又把家风的树立、门户的筑垒寄望于良家女子，所谓"妻贤夫祸少，子孝父心宽"。这些家族中的女性不仅践行家族文化，而且以卓越的成就承担起家族文化的传承与创新。那时，相对稳定的大家庭模式和女性主内的家庭管理方式，客观上给女性施展管理才能提供了平台。殷实的家境使妇女可以免于生计所迫，让她们安心在家操持家务，教育孩子；有些女性从幼年开始即经受先进文化的熏陶，接受良好教育，成为女中豪杰。同时，女性受到的良好教育形成更加浓郁的文化氛围，以其无微不至的人文关怀、女性崇高的品德和良好的言行举止，影响家族成员健康成长。

在家庭成员成长过程中，女性发挥作用最典型的当属曾氏家族中曾国藩次子曾纪鸿之妻郭筠（字诵芳）。郭筠1岁即由父亲郭沛霖（曾国藩好友）做主许配曾家，12岁不幸丧父，幼年已成曾家女主人。因忙于家务无暇读书，直到和曾纪鸿完婚郭筠才有饱读诗书的机会。更为不幸的是，郭筠34岁又丧夫成寡。令人钦佩的是，郭筠持家教子有方，成为曾家富厚堂拿得起放得下的第一夫人。在富厚堂，曾家子孙几十口人都听她的号令。郭筠写有《曾富厚堂日程》，并有以自己的艺芳馆书斋名目、王闿运作序而传世的《艺芳馆诗存》。郭筠晚年立有6条"家训"，策勉男女儿孙谋求自强自立，同时不要求年幼女性缠足，不赞成八股文章，也不愿孙辈去考秀才，却要他们学外国文字，接受新式教育。① 正是曾家有了这位贤惠的郭夫人，才使得曾氏家族能够在曾国藩等长辈虽过世经年仍然呈现一派繁荣昌盛的景象，并且这种景象在传承曾国藩治家精神的同时，又有新的、与时俱进的历史性转变。

中国现代文化世家开放的文化心态使得家族文化深受异域文化浸染，形成文化锐度，宜于人才的脱颖而出。由于其时间跨度正处于中国社会的转型时期，时局的动荡、中西文化的碰撞，彻底颠覆了国人一贯的保守矜持、故步自封的性格；生存的需要逼迫他们在被动了解西方文化（其实早期更应该是科学和宗教文化）的同时，审视中国传统文化。他们发挥了自己的聪明才智，溅出奇异的光华，形成高锐度的思想和科学成果。这样，这些家族的子弟往往能够在同一时代、同一群体中或特立独行，或脱颖而出。

中国现代文化世家的精神动力来自兼容并蓄的开放心态和中西贯通的文化精神，这种精神催生人才的花丛枝繁叶茂；同时，其宽阔的文化视野形成兼容并蓄的文化发展路径，从而使得家族文化总能跟上时代的步伐，文化生命力强健。经济实力的增强往往能够带动视野的开阔和精神境界的进一步提高，国家是这样，民族是这样，家庭也同样如此。成长于跨世纪的中国现代文化世家，由于其世代显赫，随着经济、政治地位的提高和家族影响力的增强，其文化心态也逐步开阔。其家族代表不仅对中国传统文化批判、审视和合理吸纳，也同时关注西方文化，做到兼容并蓄；同时，新的事物、新的思想也成为他们的关注对象。所以他们总能成为时代的弄潮儿，紧跟时代步伐，在守成的同时不乏创新，使家族文化具有极强的生命力。现代文化世家群体彰显的中国家族文化，是中国现代文化的主要组成部分。其涵盖的勤奋进取、艰苦奋斗、自强不息、修身齐家、亲情友谊等人类先进文化的重要因素，将跨越时空，成为民族富强、家庭兴旺、个人成才的重要动力。

从2013年开始，"中国现代文化世家丛书"列入国家出版基金项目。根据策划者的总体目标，这套丛书计划汇集20~30个在中国现代史上文化渊源比较深厚、影响力巨大的家族。目前，已受国家出版基金

---

① 岳南：《南渡北归·南渡下》，湖南文艺出版社2013年版，第521~522页。

资助并成功推介20个家族。这是一项内容丰富、任务艰巨的工程。为兼顾学术高度，丛书所选作者大都在各自承担家族传承的研究方面积累有丰富的史料和扎实的学术功底，具有较强的书稿撰写和文化品位把握能力。在承担丛书任务时，他们对前人已有的研究成果认真梳理，并多有创新。广大读者在阅读购买丛书的同时，对丛书的进展给予高度关注。许多人向策划者热心推荐自己中意的文化世家，有些家族成员积极提供珍贵文献资料和重要历史人物、线索。这些，都为丛书的品牌形成打下了坚实的基础。

"中国现代文化世家丛书"将影响中国现代历史进程的文化世家集中整理并大规模展示，以史学和传记文学的视角进行研究，意义重大。以家庭作为社会细胞进行文化解剖，以大量鲜活的中国现代杰出人物群体和翔实的史料展示跨世纪文化环境，表现健康向上、和谐进步的优秀文化，必将丰富和创新社会主义先进文化内容，对整个社会产生积极的影响。以展示影响中国历史的文化家族及其杰出人物群体为追求目标，不仅对国人产生示范效应，在世界范围内也会引起关注，从而丰富国际文化内涵，具有更加长远的文化战略意义。以时代、家族、人物作为研究、建设和传播中国文化的方法和路径，不仅创新了文化研究和文化传播的方法，也为民族文化的传承与创新提供了参考依据。深刻挖掘家族文化的伦理内涵，凝练和传承家族文化中的优秀文化，通过家族文化与现代文化的冲突与融会，能够全新缔造中国人文精神，丰富国学内涵，推动民族文化复兴。

文化世家中的家族文化是中华民族优秀传统文化的重要组成部分，它源自中国传统文化，又富于创新，是民族文化传承创新的重要典范。从目前关注的这些文化世家看，其之所以能够在所处时代世代显赫，最重要的原因就是这些家族沉淀了最精华的民族文化，吸收了最富于生命力的民族精神；同时，这些家族往往又能够冲破中国传统文化藩篱，吸收异域文化精华，其家庭成员往往能够进取守成，跨世系、跨时代延续发展。可以毫不夸张地说，中国现代文化世家的存在和发展，最典型地体现了中国文化的传承与创新。

中国现代文化世家展示的人才群体及其依存的文化形态，是国家和谐文化建设的重要载体。文化世家在历史上的成长和发展，曾经为中国社会的和谐稳定以至崛起发挥重要作用，也是传统文化中不可或缺的构成要素。这些家族中优秀人物的荣辱沉浮以及家族的兴衰变迁,从一个侧面展示了中国近现代社会发展的轨迹,透视了中国知识分子忧国忧民的心路历程。我们完全可以通过中国现代文化世家的发展史去了解中国社会生态发展演变的梗概和脉络。

家庭教育、家族文化传承及其凝成的文化环境等,对培养和造就杰出人才的重要作用,传承和创新民族文化,在更广阔视野下探寻优秀文化对人才的影响,都是当今不可忽视的文化命题。"中国现代文化世家丛书"首次以家族文化的形式作为切入点,系统挖掘中国传统文化和世界先进文化碰撞产生的独特文化,探究在这一背景下的中国家族文化及其对人才成长、家族兴起、国家富强的影响,推动我国学界对中国现代家族文化的重视和研究,其学术意义非同寻常。

党中央高度重视包括中国优秀传统文化在内的先进文化建设,确定了文化大发展大繁荣的宏伟目标,肯定了家族文化等优秀传统文化在"文化强国"战略中的基础性地位,倡导传承与创新文化。2017年1月25日,中共中央办公厅、国务院办公厅印发《关于实施中华优秀传统文化传承发展工程的意见》,强调"文化是民族的血脉,是人民的精神家园。文化自信是更基本、更深层、更持久的力量。中华文化独一无二的理念、智慧、气度、神韵,增添了中国人民和中华民族内心深处的自信和自豪"。

习近平总书记非常重视中国优秀传统文化视野下的家庭文化建设。2015年2月17日,中共中央、国务院在人民大会堂举行春节团拜会,习近平总书记发表重要讲话,他明确指出:"中华民族自古以来就重视家庭、重视亲情。家庭是社会的基本细胞,是人生的第一所学校。不论时代发生多大变化,不论生活格局发生多大变化,我们都要重视家庭建设,注重家庭、注重家教、注重家风,紧密结合培育和弘扬社会主义核心价值观,发扬光大中华民族传统家庭美德,促进家庭和睦,促进亲人相亲相爱,促进下一代健康成长,促进老年人老有所养,使千千万万个家庭成为国家发展、民族进步、社会和谐的重要基点。"2016年12月12日,习近平在会见第一届全国文明家庭代表时说:"中华民族历来重视家庭。"正所谓"天下之本在家"。尊老爱幼、妻贤夫安,母慈子孝、兄友弟恭,耕读传家、勤俭持家,知书达礼、遵纪守法,家和万事兴等中华民族传统家庭美德,铭记在中国人的心灵中,融入中国人的血脉中,是支撑中华民族生生不息、薪火相传的重要精神力量,是家庭文明建设的宝贵精神财富。"历史和现实告诉我们,家庭的前途命运同国家和民族的前途命运紧密相连。我们要认识到,千家万户都好,国家才能好,民族才能好。国家富强,民族复兴,人民幸福,不是抽象的,最终要体现在千千万万个家庭都幸福美满上,体现在亿万人民生活不断改善上。同时,我们还要认识到,国家好,民族好,家庭才能好。""广大家庭都要把爱家和爱国统一起来,把实现家庭梦融入民族梦之中,心往一处想,劲往一处使,用我们4亿多家庭、13亿多人民的智慧和热情汇聚起实现'两个一百年'奋斗目标、实现中华民族伟大复兴中国梦的磅礴力量。"

党的十九大报告中明确指出,"文化是一个国家、一个民族的灵魂。文化兴国运兴,文化强民族强。没有高度的文化自信,没有文化的繁荣兴盛,就没有中华民族的伟大复兴"。"坚持全民行动、干部带头,从家庭做起、从娃娃抓起。深入挖掘中华优秀传统文化蕴含的思想观念、人文精神、道德规范,结合时代要求继承创新,让中华文化展现出永久魅力和时代风采"。

我们试图通过"中国现代文化世家丛书"的出版,并通过遴选出来的在中国现当代具有代表性的文化家族群体,挖掘中华民族传统文化中的精髓,展现中国文化在近代社会的传承与发展,厘清中国传统文化血液流淌和分布的脉络,进而为新时代中国特色社会主义文化大繁荣大发展提供有益的借鉴和参考,为实现中华民族伟大复兴的梦想发挥积极作用。

骆玉安
2013年10月一稿,2015年8月修改于郑州
2018年12月再改于郑州大学盛和苑祥园拙耕斋

目　录

第一章　泰州丁氏源流考　○○一

第二章　中国地质学奠基人——丁文江　○一七
第一节　馆中文江廊　○一八
第二节　时代的骄子　○二四
第三节　开山铸大成　○三六
第四节　地质教育家　○六二
第五节　快意一文人　○七五
第六节　失意的政客　一一九
第七节　凋零的身后　一四一

第三章　学兼文理展雄才——丁西林　一四九
第一节　世家好子弟　一五三
第二节　家教赋优质　一五七
第三节　物理科学家　一六二
第四节　玩戏成大器　一六五

第六节	博学多面手	一七五
第七节	做民主人士	一七六

第四章　毁誉参半费思量——丁文渊　一八一
第一节　聪明的学子　一八三
第二节　两次掌同济　一八六
第三节　序言感兄恩　一九五
第四节　外交之生涯　一九八

第五章　赓续不断有新象　二〇三
第一节　建筑学家丁燮坤　二〇四
第二节　著名教授丁燮和　二〇六
第三节　仁厚儒商丁廷楣　二一一
第四节　知名学者丁廷标　二一六
第五节　经济学家丁文治　二一九
第六节　医学专家丁海曙　二二二

第六章　丁氏亲情传佳话　二二三

第七章　文化高地的风范——启示录　二三一

参考资料　二四五

附录　泰州丁氏家族谱系表　二五五

后记　二五九

第一章 泰州丁氏源流考

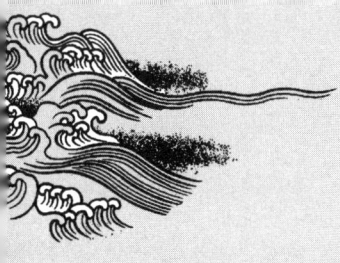

薄薄淡霭弄野姿，寒绿幽风生短丝。

万里长江东流而下，途经泰兴而向大海，却在此陡转一弯，泰兴段的长江因此呈南北走向，而非总体的东西走向，故人称泰兴为江东。泰兴初为延令小乡，后从泰州析出，建县称泰兴，现为省属泰兴市（泰州代管）。江东乡野的早春相当撩人，这里又以人文兴盛而闻名于东南。泰兴乃银杏之乡，从这里走出去的名流雅士甚多，他们是中国文化之林中的银杏林，江东为之勒石而颂，泰兴便又有了"通泰文风翘楚"之誉。泰州市属泰兴市黄桥镇丁氏家族，多是中国现代史上的独特人物，也是江东的乡贤前辈。黄桥丁氏家族曾发生过许多有趣的故事，这些故事也如同早春的短丝，十分撩人。丁氏一族在黄桥，又可谓根深蒂固，丁文江、丁西林、丁文渊等现代名士，皆出于此。丁文江与丁文渊是兄弟。丁西林年龄虽然比丁文江小，但却长丁文江一辈，目前虽然没有找到同族的根据，但他们自认为是同族中人，且曾先后担任过中央研究院的总干事。正是因为他们那一族里众多名人的共同推动，也才有了文化世家的实至名归，并因此成为泰州文化地标之一。

相对于江南的隽秀、齐楚的雄放，江东（左）地区练就的是一种刚柔相济的风格，从这种品质中走出来的人，身上自然兼有了文雅与刚毅，也正是这种品性，才使江东出了不少人才。当初的丁文江，曾是清末和民国的科学大师，可惜他太热衷于政治了，因此遭遇了多年沉寂，应了那句古诗：官街柳带不堪折，早晚菖蒲胜绾结。有人做过这样的统计，近年来写丁文江的书及长评数十部，却没有一本是关于丁氏家族的。也可能是因为丁文江的名气太大之故，其名气盖过了丁氏家族中的其他名人。我们乐意写作这本文评，算是为泰兴这个地方的文化世家填个空吧。

恰巧，写作本书的 2017 年是丁文江诞辰 130 周年，泰州、泰兴两级政府举行了隆重的纪念仪式，泰兴还成立了丁文江研究会，作为研究会的成员，我们当然更愿意在这个年份里将丁氏文化世家的独特文化生态展现给广大读者。

其实，无论是丁文江，抑或泰州的丁氏家族，都是中国现代史上特有的文化现象。在江左地区，类似的文化世家还有不少，诸如南通的张謇家族、如皋的冒氏家族、南通的范肯堂家族、姜埝的李氏院士家族等，要不怎么能说江东人文底蕴深厚呢！丁文江出自黄桥，相对于全国知名的大城市而言，小镇黄桥也许甚小。在江东那么多的小城面前，黄桥也只能算是个乡镇。但是，泰州丁氏家族在这样的乡野土地上却是辉煌的一族。泰州丁氏家族，其形成时间可上推到元明时期，不能不说是奇迹，其人文化成的痕迹太明显了，仅凭这一点，乡人皆可沉醉。也正是因为有了丁氏、何氏等世家文化的印迹，黄桥才被定为全国的文化古镇。

任何一个文化世家，都是在家史那条藤上结成果实的。唐代张文琮在《咏水》中云："标名资上善，流派表灵长。"说明文化流派跟人文是有关联的。国家有正史，地方有方志，家族有家谱，家人有姓亦有名，有的还有字、号等。传统社会，家族一直是中国社会的基本组织形式，也是社会成员的基本生活单位，而姓名是中华民族凝聚力的黏合剂。据中科院公布的《中国姓氏统计》的最新数据，中国共有 4100 个姓。而事实上的中国姓氏，研究者搜集到手的，已接近 2 万个。"丁"姓是我国诸家姓氏中笔画最少的姓氏之一。"丁"姓在《百家姓》中排序第 177 位，与"宣""贲""邓"为一组，是当代第 46 大姓，且许多民族中也都有丁姓。

《史记·周本记》载，周朝初年，被封于齐国的齐太公吕尚，其有一子名周伋，是成王的重臣，成王临终时遗命他辅佐康王，因此备受康王礼敬。周伋年老去世后，康王专门赐谥曰"丁"，以表彰他"执事弗懈，事主尽忠"。此后，吕伋的子孙便以"丁"为姓，在今山东省济阳县繁衍，后渐成望族，这是现在世界各地丁氏的最主要来源。

　　与所有世家一样，泰州丁氏家族的成长和当地特殊的人文环境同步趋向。中国历史曾有过多次的民族融合，主要原因是战争，但也有部分是为了家族的兴盛（开疆扩土）。为避免同姓婚配的"撞车"，为不乱辈次，需要找家谱。家谱看似一个家族的历史，实际涉及历史、人口、经济、人类、遗传等学科，是研究社会发展的重要史料。家族承载着社会发展的力量，并因此烙上了一道道生活的印记，里面包含了人的心灵、情怀、特质、本源。想要了解泰州黄桥丁氏家族，撇开江东（左）则行不通。一次次的蜕变，是从外向内然后再由内而外运行的，因为文化风景绝不仅仅是晴空万里与内庭温室，它必定是凭着风雨去酿造、去历练而成的。古人云：行万里路，读万卷书。文化名人的站立，一定是在磨难之后。所以，弄清楚这些文化名人的成长路径，就可以读到更深层次的优雅与明德，就可以催着后人前行，并因此而不断地得到自我完善。对我们而言，此番地方文化的梳理，实在是一次重要的生命洗礼。文化名人，特别是占据引领之位的文化名人，如同暗夜里的明灯，照亮着人类文明的前程。正因为如此，人们才会对他们的前世今生行注目礼。

　　泰州丁氏家族发祥于黄桥镇，黄桥镇隶属泰兴市，泰兴市隶属泰州市。我们所说的江东，其实不只是泰州，还包括扬州、南通等地区，这一地区乃儒学、道学、佛学影响较深的地区。仅就泰兴而言，历史上不仅出现了众多的名士大儒，还产生了张氏、季氏、何氏、丁氏等文化世家。厚福传家，必然承受福报。学问多自虚心得，风物长宜放眼量。明德齐家的泰兴人，不仅能够和睦共处，而且自觉抱成团，打拼于世界各地，取得了一个又一个知名于世的成就。

　　黄桥丁氏，来源比较复杂，乡人有"五丁不同宗"之论。那么，黄桥丁氏（本书只指丁文江、丁西林这一族系）究竟源于何方？

泰州各市区的丁氏辈分排行有较大差异：兴化为"春、怀、如、银、宝"；姜堰为"忠、厚、传、家、克、昌、谦、瑞"；泰兴为"万、维、怀、宏、曙"；靖江为"纪、远、宗、圣"或"远、广、圣、学、海"。各市区丁氏的堂号也不同，如泰兴的丁氏堂号是"乐善堂"等，姜堰的丁氏堂号是"书忍堂"等。

关于江东丁氏迁移的历史，不少人认为是来自东吴之孙氏改姓为丁的这一支，这一说法与丁氏出于齐的说法显然有别。可见，姓氏并不完全是考证某一家系的唯一依据，中国社会中改姓的例子还是很多的。泰兴黄桥《丁氏家谱》载："祖先是在明代从浙江迁居江苏省泰兴县黄桥镇的。"可黄桥周边也有不少认为其祖先是明洪武年间从苏州阊门迁居到了苏北。这一说法，本地其他姓氏的家谱里也有记载，这跟"洪武赶散"是有关系的。泰兴一带的丁氏，可能还真不是完全的同宗，所谓"五百年前是一家"的说法也有待证明，而其间有一部分丁氏，则有特殊的习俗，这就是"在生姓丁，死后姓邹"，就是说丁氏这一族的人如果老死，棺材头写姓时一旁为"丁"，另一旁还得加写"邹"。这个说法，至今只有传说，却没人知道出处。泰兴丁氏，还有一说，始迁祖丁太高，明自扬州西山迁延令永丰东南大池头祁家巷，而现今此地的丁姓，多认为与丁文江同宗。因此，我们认为黄桥丁文江家族的丁氏，其祖不一定出于齐。黄桥本地丁姓，有"五丁不同宗"之说。好了，既然其远祖并无铁证出于齐，那我们也就不必强证其祖出于何处，还是留待其家族中人慢慢去研究吧。但是，丁文江这一系何时来泰还是要弄清楚的，因为我们发现，泰州丁氏族人内部的一些说法是自相矛盾的。丁文江这一支的家谱上载有南宋和元始迁泰兴丁庄的文字，跟上面提到的丁太高明自扬州迁祁家巷的说法就有出入。祁家巷，即现在的祁巷村，远近闻名的生态旅游村，丁氏族谱所提的丁庄，是该村的一个村组。

寻谱的用意是想从中找出一些江东生民流走的线路，或者说，希望收集的资料里，有比较明确的民俗，可以让今天的我们死心塌地信一回先辈的努力。其实，这便是文化的巧妙。谱系记录，多述善良。

近代著名地质学家丁文江和既是著名物理学家又是著名戏剧家的丁西林的家谱尚存，家谱的作者是丁氏中人，但未注明何人；出版人也未指定何人，仅以"云步堂"载之。年代为民国（1912—1949）。纸张为白纸；刻印方式为木刻；装帧为线装；尺寸为长31厘米、宽18.8厘米、高19厘米；册数为12册。品相描述为卷1卷2册有水斑，略重，卷1序言页有数页边微伤，上、下原木夹板。谱中还有这样的描述：丁文江，字在君、积善、宗淹，获德国高等工程师学位；丁西林，字镌林，获英国硕士学位。这段描述中有关丁文江的说法有出入，丁文江获得的学位是英国发的，而不是德国；获得德国学位的是丁文江的弟弟丁文渊。对此，后面将有专门的说明，这里暂且不提。

我们没有权利用精神皈依的宿命观去界定某一个家族，因为宗族不是宗教。宗亲是纽带，是父氏（或母氏）血统的一个框架。家族内部的结构相对复杂，有些可以捧上桌面，有些不能。无论能不能上桌面，血统是一个固定数，到任何时候，宗亲都是不可忘却的自留地，是根系，乃本源。世界各地都有宗亲组织，这并不是什么迷信，因为它是家族成员之间相互沟通的渠道，也是家和的重要因素。说到我们本身，那都是家族里的一个点，无论贫富，也无论贵贱，最终任务都是把自己一生的努力归之于血肉所在的支系。生活之中，也只有家族中人才会真正地对辞别于人世的族人顶礼、祭祀、跪拜。中华民族有共祭先祖的传统，那其实就是精神的传承。从这个方面讲，为地方贤达评传，不属恭维行为，而是对先贤的敬重。当然，有个前提，先贤必须是可以仰高之人，否则就没什么意义了。不只丁氏族人对族中先贤崇拜，所有对仁礼有铺砌之心的人，都会崇拜先贤。对先贤而言，不存在门户，自然也不必持什么门户之见，把先贤限制于某一个地方的做法是上不了台面的，对先贤来讲，限制即绑架。这本书之所以定名为"风雨如晦松茂堂——泰州黄桥丁氏家族文化评传"，正是站在整个江东的角度评黄桥丁氏。

从地方文化的角度看,丁文江显然不只属于黄桥,不只属于泰兴,也不只属于泰州,甚至还不只属于中国及江苏,因为他是世界级的科学家,是在世界上得到荣誉并被认可的科学家,这样的科学家并不多。

据泰兴的丁氏家族人介绍,丁氏家族的第十六世丁增年,于清道光二年(1822)曾编撰《丁氏宗谱序》,其中即有"吾先世居泰兴之丁庄,历有年,所在宋为显宦,迄乎明初,家声益大。……前万历间,余高祖慕春公乃自丁庄卜筑永丰镇"之说。

丁氏二世祖(黄桥丁文江故居纪念馆提供)

从这段记载中可以看出,丁文江这一系的先祖,先居住于泰兴丁庄,宋时即为显族,明代家声更大。明万历年间,家族中的一支又从丁庄迁入永丰镇。永丰镇,是泰兴市黄桥镇的旧称。丁庄有人认为丁文江这个家族的始迁祖是苏州阊门人。明初,"洪武赶散",不少苏州人被强迫背井离乡,许多人来到了泰兴,于是,泰兴不少人家的家谱上便有了系出苏州阊门之说。但丁文江这一系的先祖,显然跟"洪武赶散"没有联系,因为其祖南宋时即在泰兴生活。

丁氏第十八世中的丁天麟,光绪十八年(1892)撰《丁氏宗谱序》,里面有这样的句子:"吾先……由南宋以迄。"这一记录,也不全对。据黄桥地方上的文化人士考证,《丁氏族谱序》这样介绍丁怀冠:"怀冠,卜居丁庄自公始,生于至正丁酉年(1357),卒于永乐癸卯年(1423)。配赵氏,生于至正己亥年(1359),卒于宣德己酉年(1429)。"丁氏的始迁主生于南宋灭亡后的70余年,丁氏怎么可能是南宋时迁入泰兴呢?"南宋说"便是溢美之词了。曾著有《丁文江传》的黄桥文化人林壬申、林林考证,中国因战乱或水旱天灾有过三次人口大迁移:第一次是西晋时匈奴入侵，大量胡人南下；第二次是南宋时期（1127—1279），华北各地由金人统治，南宋政府迁都临安（今杭州）；第三次是女真族人迁入黄河流域，原黄河流域的大批汉人又一次被迫移居长江流域和珠江流域。丁氏有可能就是这一次大移民中迁入泰兴的。这一结论，是从大的民族交流史的角度谈地方家族的迁移史，有可能说明不了真实情况。江东人口的大迁移，历史上最有名的是三国时期，那时长江下游的江北一带已经没有居民，所以强征了两万余鲜民充江淮，这两万余鲜民有多少安排在了泰兴，那就不得而知了，总之很少，这跟丁氏一族来泰生活是没有关系的。之后，元初与清初两个特定时期里的人口迁移，则跟元兵与清兵屠城有关，但屠城最惨烈地在扬州，而非泰州暨泰兴。丁氏一族从扬州来黄桥的说法值得商榷，因为当时扬州城里的居户十室九空。避难呢？倒是有可能，那就只能发生在战事前，南唐后主李煜执政末期，元兵未进扬州时，最有可能。南宋建炎四年（1130），泰兴县始迁延令村并筑土城；绍兴三十一年（1161），为防金人侵扰，知县尤袠增筑外城。可知，当时的元兵已经接近泰兴。当时的黄桥镇称永丰里（北宋神宗元年因开始形成集市而改名为永丰镇），明初，以西口季黄河上有一座黄桥，俗名西寺桥，后更名黄桥镇。丁氏家谱上关于丁氏一族在南宋时迁入泰兴黄桥的说法还是可信的，但其落户于丁庄的人丁怀冠并非出生于南宋时期，只能说其上辈中已经有人来泰兴生活了，只是到了丁怀冠时才正式定居于丁庄。这样说来，肯定是避难迁移了。一般而言，一个家迁移出来并定居于某地，是有前因的，不可能某一家突然间就定居于他处。且丁氏先祖迁丁庄，这个以"丁"为庄的村子，难道还有其他丁姓（不同宗）？因家谱及其后人们的讲述中都未谈及这点，因此我们不能妄断。但通过丁文江这一支的丁氏家谱，还是可以看出该族来泰兴后的生活谱系。（详见附录《泰州丁氏家族谱系表》）

但是，世居于泰兴黄桥的丁氏族人，对家族的辈分看法并不一致。这是因为，丁氏家谱在传世的过程中丢失，有些仅靠老者记忆，而年老者多对既往之事说不清楚，或因为特殊情况和面子而尽说好事，所以产生了错误。把相关的资料摆在一起，错误便很快显现。

台湾中研院近代史研究所1991年出版的刘凤瀚、刘海若所著《丁廷楣先生访问记录》[1]，其中有一段"丁文江与绿野堂丁氏"，内称：丁文江的这个"丁"，自他的十一世祖慕春公起分为三个堂号，一曰松茂堂，二曰维善堂，三曰绿野堂。丁文江家这支属松茂堂，丁庄找到了一部民国乙未年版的《绿野堂丁氏族谱》。这部十二卷的木刻本家谱是清道光五年（1825）和光绪元年（1875）家谱的基础上重修而成的。谱中排辈次序是这样的：

清道光五年重修宗谱族人名次：

十六世孙：灏年、宏元、酉年、泰年

十七世孙：蹈、维周、凤举、珍、株、璠

十六世孙：增年

十七世孙：溶、涛、椿、澧、沣、得华、玉华

十七世孙：瑃、滢

十八世孙：人骐、人兰、人镜

现任泰兴政协主席的丁亚先生是丁文江的远房外甥，他有本家藏的丁氏《楷三房支谱》，谱中有这样的记载：三子楷，生子三，长子人鸿，次子人鹍（福宝），三子人凤（振基）。人鸿又生四子，依次是：长子振千、次子振琅、三子振琳、四子振球[2]。丁亚先生本姓姚，随母姓，属泰兴黄桥丁氏的异姓亲戚，丁先生在多种场合均称丁文江为"舅舅"，故他不能算是丁氏家族的后裔。

丁氏家谱这样评丁文江的十六世祖丁乔年："字南有，国子生。乾隆中，大父绍宗输巨资赈灾，膺优奖。后二十年，邻邑潮灾，流亡腐

---

[1] 丁廷楣乃丁文江之父丁吉庵之堂弟。
[2] 引自林任申、林林著：《丁文江传》，江苏人民出版社，2007年版，第1—7页。

集，乔年与弟引年并助赈。平日救焚拯疾，暨诸善举，一切慨任之。临殁，嘱子椿为义庄，以赡族。语具建实志。"[1]

关于丁乔年，肯定的评价要多于否定的评价。丁乔年的传记材料，《光绪泰兴县志》卷第十九《嘉庆五年》载："国子生，以子椿赠袁州卫守备。"[2]

光绪十三年（1887）《泰兴县志》载："乔年临觞，嘱子椿为义庄以赡族。"丁椿较好地完成了父亲下达的任务，但也留有遗憾。丁文江曾祖人庆，字余堂。任运副，后任浙江金华通判，嘉兴、杭州通判。道光三年（1823）张馥撰《丁氏宗谱序》，其中有"子弟多肆诗书，修名节，登仕途"之句，即说明丁文江先祖中人的聪明、有才，在地方上属于有名望之人，当官的较多。

关于丁文江的高祖丁椿，丁氏家谱载："字古园。援例卫守备，权庐州衙，调泗阳。楚中军户离遨，亲诣编审，尺籍乃定。每构讼，虚衷研鞠，群情翕服。檄补袁州卫衙。母疾告归。子人庆。"[3]《光绪泰兴县志》卷第十九《嘉庆五年》载："丁椿，江西袁州卫守备，子人庆，道光膺例。"丁椿又名列"援例封赠百85人"。"丁椿，嘉庆材勇，振园大父。"[4]丁椿做过五品官，负责漕运，他的堂叔丁顺年开过米肆。丁椿兄弟三人便先后做起粮食生意。丁椿的米店开设在宅第东侧，五间屋门面，店号"丁万昌"。二弟丁桂的店号叫"丁均昌"，三弟丁楷的店号叫"丁利昌"。后来，族人纷纷开设米店，以致当地人把那条巷叫作米巷，丁家下人则称其为"丁家巷"。《光绪泰兴县志》卷第十九载，道光十二年（1832）建丁氏义庄时，丁椿"两捐腴产，设庄赡族"，第一

---

[1] 引自《光绪泰兴县志》22卷，《中国地方志集成》第51卷，江苏古籍出版社，1991年版，第237页。
[2] 引自《中国地方志集成》第51卷，江苏古籍出版社，1991年版，第200页。
[3] 引自《中国地方志集成》第51卷，江苏古籍出版社，1991年版，第237页。
[4] 引自《中国地方志集成》第51卷，江苏古籍出版社，1991年版，第197页。

次捐田地 1056.93 亩,市房 75 间,第二次捐田地 314.35 亩,市房 24 间,共计捐地 1371.28 亩,有房 99 间,当地人俗称"九十九间半"。

有心栽花无意插柳,都不过是文化的托词,优秀传统文化中的仁义礼智信,不仅要求于人人心中开花,还特别强调告慰成荫,这正是中华民族的德行。 江东人追求家道的富足、为人的儒雅,但富足与儒雅其实很难并肩。

丁椿虽热心公益,但也曾做过大错事。 道光十九年(1839)泰兴先旱后涝,颗粒无收,已经到了"人相食"的地步[1],佃户们向他借粮度荒,知县李震也出了面,丁椿不允,结果引起公愤,引发以王舜年、尹正纯为首的农民暴动,哄抢了丁家所有粮仓,并捣毁部分房屋。 至今泰兴民间还在传"二月十二百花生,三月十二抢大椿"的说书词。 光绪年间,泰兴民间文化人士编的说唱剧本《扒抢记》,描述的正是此事,是书 4000 句,以七字句为主,间有十字句,多用泰兴方言俚语,在苏中流传颇广。 因"家丑不可外扬",丁文江家的家谱同样也出现了这样的记载,如:"吾丁氏自慕春公以后,兴贤举孝,乡饮重也;蠲粟赈饥,义问昭也;耒口同堂,五世异也;上国观光,阀阅新也;柏舟矢节,邑志采也;黉序弦声,英髦集也。"意思是:自慕春以后,丁氏一族讲德尽孝,乡里尊重;荒年捐粮救灾,得到昭彰。 五世同堂,其乐融融。 功勋卓著,被推举到京都观光。 丈夫死后守节,女不改嫁,事迹被县志记载。读书的人学业优异,声名远播,出了许多杰出人才。《扒抢记》与另一部说唱本《玉如意》,均为泰兴的非物质文化遗产,唱本与历史传记虽不完全一致,但其中的人物还是有生活原型的。 家谱中当然不可能看到这些"丑"的东西,即便泰兴地方志中也有避讳情况,因丁家当时在县内是属于屈指可数的望族,且势力强大,写志的人自然不敢得罪这样的地方望族。

---

1 《泰县志》中记载,清道光十九年,泰兴闹大水,无收,人相食。

丁桂，字西岭，系丁乔年之次子，国子生出身，后历任衢州通判、台州同知等职，为丁文江的二曾祖。此外，丁文江的堂祖父中，还有二位中过举人：一位是丁寿铭，字蔼如，系丁廷楣之父，光绪三年（1877）中举，曾任江苏睢宁县教谕；另一位是丁义铭，字实甫，光绪五年（1879）中举，系与民国初年的江苏省政府主席韩国钧同榜，丁义铭是第50名举人，韩国钧则为第96名举人。

黄桥镇里的老辈人还依稀记得，丁家在镇上有一座很大的家庙，乡人名曰纯阳宫，位于米巷与迪祥巷的交界处，庙屋共有三间，坐北朝南，里面供奉着吕洞宾等。新中国成立后，庙中神像被拆除不存，庙屋也被改为民居。从这一点来看，丁家当时确实算得上是大户人家。新中国成立前，江淮间的大户其实还是比较多的，譬如泰兴城中的季家，即史载"北亢南季"的季家，曾是当时中国南方的首富，家中不只有阔大的花园，还养有戏班等，成一时之盛。明清时期的江东，因为盐及米粮贸易而发家的家族也为数很多，这才有了江东的富庶，富家立私学和建家庙，那是常有的事。

丁文江这一系，其父丁吉庵，一生凡三娶，原配王氏，仅育一女而卒；继配单氏，育有四子：长子丁文涛，次子丁文江，三子丁文潮，四子丁文渊；再娶谭氏，育有三子：丁文澜、丁文浩和丁文治。

黄桥丁吉庵这一支，七个儿子当中，其中尤以丁文江、丁文渊成就最大，也最为知名。

新中国成立后，由于政治等种种原因，丁文江家族的成员少有露面的机会，米巷等资产也早已分给了当地的穷苦手工业者。著名的黄桥战役，陈毅当年的指挥部就设于丁文江故居。新中国成立后，这里还被辟为"黄桥战役纪念馆"，丁氏故居因此也得以完整地被保存了下来。而且现在，黄桥战役纪念馆已经重建，丁文江故居也在改扩建之中。

丁文江家人合影

前左起：老五丁文澜，老二丁文江夫人史久元，老大丁文涛，丁家兄弟的舅舅单玉奚，老二丁文江，老三丁文潮，老五夫人左友莲；照片后左起：老大家女儿丁锦如，老六丁文浩夫人张紫姗，老七丁文治夫人史济瀛，老四丁文渊夫人亨妮，老四丁文渊，老七丁文治，老六丁文浩，老大丁文涛的女婿盛今桀（丁锦如丈夫）（黄桥丁文江故居纪念馆提供）

　　丁文江这一系的荣耀，并不仅仅是丁文江个人的成就。丁文江兄弟接过其先辈的薪火，又在他这一辈中续写出了丁氏家族的辉煌。但令人遗憾的则是，丁文江这一支不会再发展下去了，因为丁文江生前没有子嗣。从严格的家谱意义上来讲，丁文江这一支将永远不会存在了。是不是遗憾呢？难说，丁文江在世之时，是十分注重家族的，但他又是主张不要孩子的。丁文江这样做，有两个重要的原因，一是他对妻子史久元的忠诚。丁文江一生，仅娶史久元为妻，这在清末民初年间算是个奇迹了，说明丁文江具备了伟大的人格。而与丁文江同时代的很多所谓的名士，多是妻妾成群，或与原配离异另娶。另一个原因就是，其夫人史

丁文江、史久元夫妇合影

女士身体素来纤弱，不适合生育，很多文献中也都有类似的记载。古人有"不孝有三，无后为大"之说，丁文江对妻子照拂有加，但史氏多病，不能生子，以祖训而论，丁文江已是"不孝之子"。从这一点足可证明丁文江之胸襟坦荡，他宁可担当"不孝"之名，也不愿做出违背自己良心的事。由此又可说明，丁文江的确是一个"欧化最深的人"，是一个见过大世面的现代文明人。徐复先生曾有言曰："真正的民主自由未实现以前，所有的书生，都是悲剧的命运。"丁文江无后，虽然算不得为民主而牺牲，但他确实做到了"生为君子"。君子丁文江，真正对得起"君子"二字。

丁文江有个姑父叫曹叔彦，本籍江苏苏州，进士出身，擅治《孝经》。曹氏学养深厚，令人钦敬，他常偕妻子从苏州到黄桥丁家访亲，致使丁文江的父亲丁吉庵老人一度坚持让他随姑夫研学古文。但泰兴知县龙璋先生执意要送丁文江出国深造，丁吉庵只好同意。如若真的依了丁氏家族的本意，丁文江也许就出不了大名，至少不会学有大成。所以，家长对子女的爱护应当有度，执于己见，很可能就会贻误子女的前程。

人类从母系到父系，再从父系到母系，每一个以血缘相连并以血统传世的家族，都不是简单的人口叠加。越出历史之门，从各个不同的家族走出来的后辈，都会自觉或不自觉地把自己跟家族联系起来。从这一点上讲，宗族势力并不可怕。每一个宗族，都在积极地推动本族峰峦的形成，这就是所谓的振家声。大多数的家族是没有峰峦的，也就缺少了精彩。但历史的长河中，还是出现了许许多多的优秀门庭，泰兴立县的千年间，世家门族辉煌百年的例子不少，丁文江家族是其中最负声望的一家。或许，百年后都将泯灭，此间所有的奇闻与异趣，可爱或可恨的情节，也都将随风而化。但是，家族中的峰峦是不会隐退的，特别是那些经受了历史考验的峰峦，仍在留芳，必将传扬。百年大族，必然是具备了特殊的情节，丁文江作为振继家声的杰出代表，由于他的努力，他及他那一门中之能者，共同培植了丁氏家族的精致与辉煌。

泰兴旧时素有"泰兴一城不如黄桥一镇，黄桥一镇不如横巷一村"之说，意思就是指新中国成立前的泰兴东乡"横巷村七大家富甲一方"的事。但这个七大家因为横征暴敛，引起民愤，其核心组织"震东市"在民运风潮中很快偃旗息鼓。关于横巷七大家（也有人说是八大家、十大家）的故事，本书不多赘述。但有一点可以肯定的则是，富甲泰兴东乡的七大家族中，无论是黄桥与横巷，丁家都名列其中。丁文江一度回乡管理其家族的"丁氏义庄"，他们家的"义庄"，土地最多时超过千亩，足见丁氏家族在当地的地位。这也是丁氏子弟能够接受全面教育及走出国门接受新知识的主要原因。所以说，要想不受欺负，中国就必须强大；中国想要强大，就必须加强国力；加强国力则要藏富于民，并不断提高教育的水平，让中华儿女都有接受完整教育、学习先进知识的机会；在先进知识及实力的支持下，不断提升科技水平，最终成为引领世界的风向标。而这并不是称霸，而是中华民族对世界经济及文化的积极贡献。

由于享受到了其他家族子弟难以享受的接受全面教育的机会，近代泰州丁氏家族出的人物可不少，丁西林、丁文江、丁燮和、丁文渊、丁廷标、丁廷楣，是这一系中的杰出代表，他们都进入了相关史册。丁家后来还有丁海曙、丁安如、丁子霖、丁明远等，也多是教授或教授级的人物，本书将辟专页介绍他们的事迹。这些人中，丁西林、丁燮和、丁廷标、丁廷楣是丁文江的族叔，丁海曙、丁安如、丁子霖、丁明远是丁文江的下辈。为客观介绍，本书将以大量的事实介绍丁文江等人，也将实事求是地介绍他们所做过的错事，这是对历史负责。

需要说明的则是，丁文江本来无儿无女，为何又有传人了呢？直到丁文江去世的多年以后，其夫人史久元女士抱养了一女，取名丁安如，后来成为北大教授，应当是对丁文江在天之灵的一个慰藉。

人们对泰州丁氏文化世家的钦仰，完全是站在文化的层面，并期望以此鼓励江东后者，身在江东，心系天下；只身在外，心系江东；情满天下，根在江东。只要有能力有机会，就应该为江东这片神奇的土地，歌以咏之。若是心中没有故土的人，就不配谈乡情；不想为族人做牺牲的人，也断不会为国效力，更难谈及爱国。

并不是每一个家族都可以跟历史编织在一起。家族是一种信仰，其精神相当独立，如孔氏，除却儒学思想之外，已经找不到其他的精神依托，这种理念的形成，跟其宗亲传承是没有关系的，但却成了其独特的精神皈依。家族体系，说穿了就是血缘关系，这跟家族信仰没多少关联，因为这个世界上可以称为家族的门庭其实不多，很多人会在步入社会之后改换门庭，甚至可以变卖人格和国格，当然，这类人享受不到历史的尊重。而对于那些无奈或他因造成的改姓，只要不是对不起良心的举动，都是应该谅解的，这才是真正的社会公平。

第二章 中国地质学奠基人——丁文江

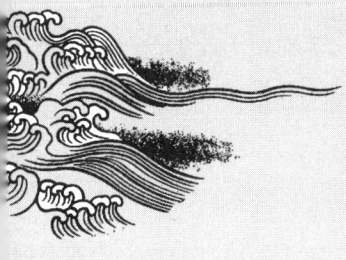

第一节　馆中文江廊

——○——

蒲如桡骨风如草,劳劳胡燕怨酣春。

泰兴是革命老区之一,红十四军便在这块土地上诞生,但也在这里被"围剿",不久即宣布解散。成为新中国将军的张爱萍便是红十四军早期的骨干之一。地方文献资料中称红十四军被反动势力剿灭的说法有待验证,但有一点是可以肯定的,红十四军并没有完全被消灭,其中一部分将士转到了其他革命武装队伍当中,后来多数成为中国人民解放军中的骨干力量。不久前,黄桥战役纪念馆已迁出丁家花园,而丁家花园也成了丁文江故居纪念馆,但我们还是想就馆中有馆的独特景观做一些介绍,此等景观,相信后人再也看不到了。说到历史景观,那也是随时而变的,但不变的是历史,正如这奇特的馆中馆一般。

黄桥古镇的丁文江故居纪念馆,本是黄桥镇丁氏家族的祖宅,位于中国历史文化名镇黄桥镇的米巷 10 号,当地人一直称之为丁家花园。丁家花园是全国重点文物保护单位黄桥战役旧址,当年是通如靖泰临时行政委员会的办公地。丁家花园是淮左里下河地区的一处典型的清代园林建筑,地势南低北高,自南至北各进建筑次第抬高,每进建筑之间均建有天井。花园的东部为迎宾待客区及花园,其中部为居住区,西部则为厢房。建筑均为硬山式屋面,粉墙青瓦坡屋顶,色调古朴典雅,精致壮观,占地面积 3785 平方米,建筑面积 1200 平方米。

丁家花园是丁文江兄弟诞生和少年时期生活、读书的地方,后来一度成为黄桥战役指挥部,陈毅、粟裕当年均曾在此工作过。为纪念丁文江先生对中国科学事业所做的不朽贡献,以及陈毅元帅对中国革命的丰功伟绩,泰州市政府还将这里辟为黄桥战役纪念馆和丁文江故居史料陈列馆。丁文江故居纪念馆不仅是丁文江先生的生平史料展示馆,也是弘扬丁先生精神、激励后人奋发的爱国主义教育基地,同时也是一座永恒的精神丰碑。

世事无常也有常,胜败乃兵家常事,而胜败的关键在于民心所向。著名的黄桥战役便是一个很好的说明。泰州丁氏家族于黄桥的故宅,有一天成了陈毅元帅指挥黄桥决战的指挥所。你看

黄桥古镇丁文江故居松茂堂——丁文江童年读书处,抗战期间陈毅在苏北时曾在此办公

丁家花园里的百花正在迎春呢,可交战的火药味却飘过来了,打破这份宁静的不是别者,正是战争。当初,丁文江从这里赶赴东洋求学,家里人肯定不放心,但丁文江显然很坚定。津头送别唱流水,酒客背寒南山死。丁文江后来还是早逝了,且葬在了去世的地方湖南,永远回不来了。黄桥决战中牺牲的不只是新四军将士,还有本地支前的部分民众。因此,新中国成立后,黄桥丁家花园被辟为纪念黄桥战役的红色旅游点。此后,儒雅的黄桥人,又把从这里走出去的名士丁文江"请"了回来,为的是彰显黄桥的文化。于是,也就形成了一个旅游奇观:红色情绪中嵌进了科学光芒。当然,游客中有的更倾向于红色,于是会觉得丁文江这样的知识分子不可以与红色捆在一起;更倾向于科学的人则对战争充满畏惧。对新四军来说,黄桥决战的成功十分重要,而此后的皖南事变,不能说跟黄桥决战没有联

黄桥古镇上的丁文江故居——松茂堂

系,但比起牺牲在皖南的将士,黄桥是一块更富有荣誉的热土。当然,对于烈士而言,每块土地都可掩埋忠骨。

新四军黄桥战役纪念馆,就坐落于黄桥镇的丁家花园。丁家花园是一座清代园林建筑,距今已有180余年的历史。丁文江就出生于此。该馆于1979年筹建,1980年经江苏省人民政府批准正式对外开放,1982年被列为江苏省文物保护单位,2005年被中宣部列为全国爱国主义教育示范基地。现为全国一百家红色旅游经典景区之一,国家3A级旅游景区。

新四军黄桥战役纪念馆序厅的正中央,安放着陈毅元帅、粟裕将军的塑像;雕塑后面的浮雕,则反映的是黄桥战役的战斗情景和黄桥人民的支前场景。序厅上方的匾额,是时任国防部部长的张爱萍将军亲笔书写的"新四军黄桥战役纪念馆"手迹。

在西边的板壁上,镌刻着陈毅元帅的名诗:"十年征战几人回,又见同侪并马归。江淮河汉今谁属,红旗十月满天飞。"这首诗写于1940年10月,当时黄桥决战刚刚取得胜利,体现了他对战友的深厚情感和豪迈气概。

在展厅东边的板壁上,有粟裕将军1980年为黄桥决战四十周年而作的诗词:"东进北上征寇雠。党内外,敌我友,矛盾重重交相纠,纵横捭阖,进退弃取,着着运奇谋。郭村首捷扼桥头,姜堰攻让操胜筹,黄桥决战冲牛

黄桥古镇的丁文江故居正门

斗。军政双收。放眼华中,抗日展新猷。"这首诗简练地反映战区领导人根据党中央东进北上的战略决策,正确地分析和处理党内外、敌我友、军事与政治等一系列错综复杂的矛盾,成功地运用斗争策略,实施灵活机动的战役指挥,取得了黄桥决战的胜利,开创了华中抗战的新局面。

丁文江纪念馆位于黄桥战役纪念馆内的西厢,纪念馆由四部分组成。第一部分,介绍丁文江先生童年、青少年时期的生活;第二部分,介绍丁文江先生为中国地质事业做出的贡献;第三部分,介绍丁文江先生渊博的学识,曾和北大教授张君劢发起"科学"与"玄学"论战,以及他下海、从政的经历;第四部分,介绍丁文江先生因煤气中毒殉职,遵照其遗嘱安葬于长沙岳麓山的因由。

丁文江先生被誉为中国近代地质科学的最重要奠基人,是科学界新文化运动的重要倡导者之一,胡适对他颇为敬重,感念至深,并撰写了《丁

文江传记》一书。丁文江故居位于黄桥古镇米巷10号。故居建筑高大宽敞,用料考究,前后三进,每进六间。第一进东边三间五架梁,为大门客房;西边三间亦为五架梁,门窗朝里,为西客房。第二进并排两座大厅,有门相通,门前汉白玉石鼓一对,门楼砖雕精美。两大厅均为明三暗六结构。东大厅名"多竹堂",左右侧各有一小巷,为"下人"出入处,名"丫鬟"。"多竹堂"后,右有曲径回廊通后,左后有小门通一船形建筑,名"小渔舟",旁有翠竹、山石、水池等,取"此地有崇山峻岭、茂林修竹"之意境。天井中有一小方厅,三面皆窗,为文江先生读书处。抗战期间,陈毅曾在此接待地方开明士绅,共商抗日大计,偶或对弈。方厅对门三间小厢房,系厨房。第三进并排六间,分为两厅,亦为明三暗六结构,东为桂花厅(门前有百年金桂一株,至今枝繁叶茂,金秋飘香),黄桥决战作战计划即在此厅制订。桂花厅西侧有月洞门与西边相通,三、四两进为正房。最后一进为下房。下房后有仓房、晒场、粮仓。以上房屋均为清代建筑,民国期间在三、四两进西侧建西式洋房和偏房各一座。桂花厅后有内花园一座,外侧大花园,名"东山别墅",北有流水,内有树木、花草、池塘、凉亭等,面积是住宅的近两倍。上述建筑,除西式洋房、偏房、下房、仓房、粮仓拆除外,大花园亦不复存在,其余原貌保存完好。1980年被辟为黄桥战役纪念馆后,分别又于1990年、2000年两次修缮扩建,更臻完善。该建筑占地面积1764平方米,建筑面积1560平方米。

丁文江故居原有"丁文江生平事迹展览",因时间久了,图片多已霉变,馆内还有台湾丁姓人捐赠的丁文江半身铜像一尊。这些景象会随着丁文江故居的改扩建而再现,以后大家在此看到的,应该是丁氏文化世家的一些文物资料,当然也包括这一次国家地质调查局和地质博物馆捐赠的各种化石标本,这当然是丁文江的成就所在及其贡献所在。泰兴可以在这样的历史古镇里独辟一处跟地质有关的纪念馆,当然有助于此后泰兴的文化发展,更有助于推动泰兴学子勤奋于学,有为于世。文化是需要传承的,传承文化的人,自古且孤且直,但这丝毫不影响文化的存在;文化是个性的,这便让文化人也具备了个性,虽然有些个性无助于文化的发展和繁荣。我们宁可多看到丁文江故居这类文化场所的增加,也不希望看到大街小巷处处充斥着的灯红酒绿。现代人已经与优秀的传统文化渐行渐远了,不能等传统文化无存的时候,国人才想起要去保护,那其实已经变调了,变味了。我们需要从丁文江等近代文人志士的努力奋斗中学到些什么,哪怕就仅仅是为了家族文化的兴盛、地方文化的兴盛,这些兴盛加起来,可不就是中华民族的复兴了吗。

令人不解的是,泰州丁氏家族中走出去的那一群名士,没有一个坚持要"葬回来",相比较于黄桥人对名士的崇拜,他们好像对这块神奇的土地并没有多少兴趣。那么,落叶归根的祖训是不是不起作用了呢? 不是,因为泰州丁氏家族中走出来的这群名士,大多接受过西方教育,在他们看来,死在哪里葬在哪里顺其自然的做法,比"落叶归根"更加有意义。这样说来,牺牲于黄桥的那些革命烈士们一样可以在黄桥这片革命的土地上安息了。

多少年来,新四军将士及其后人,对"黄桥战役纪念馆"摆在丁氏花园多有意见,而一些文化学者也对丁文江故居中辟设"黄桥战役纪念馆"有不同看法,认为应该将两个都具有纪念意义的馆分开。后来,泰兴市政府对新四军纪念馆做了相应的调整,新四军的史料及陈列将移到黄桥的另一处,黄桥丁氏花园则成为丁文江故居纪念馆。这就了却了新四军后人与丁氏后人心头上的遗憾,两处建筑各有主题,相安无事,红色文化与传统文化相映生辉,相得益彰。

第二节 时代的骄子

东方风来满眼春,花城柳暗愁几人。

民国之初的中国,风雨披阅落后面貌,秉持国学的那群雅士,无不惭愧低首。而我们东面的日本,却因为科技进步成为先进国家。许多志士化愁为奋,誓为振兴中华而读书。

清光绪十三年三月二十(1887年4月13日),丁文江出生于江苏省泰兴县黄桥镇一个士绅之家,字在君,笔名宗淹,在兄弟七人中排行第二。

关于丁文江少年时代的情况,其侄丁明远在《20世纪的徐霞客——我的伯父丁文江》一文中曾有如下之忆:

黄桥镇的丁文江故居暨丁文江纪念馆(苏克勤 摄)

伯父丁文江(字在君),1887年4月13日出生于江苏省泰兴县黄桥镇。伯父在父辈七人中排行第二。从小聪明伶俐,备受祖父母宠爱,还在襁褓之中,祖母便教其认字。他五岁入私塾,尤喜读古诗词,读起书来朗朗上口,过目成诵。塾师惊其资性(智力)过人,试以联语属对,曰:"愿闻子志。"伯父脱口而出:"还读我书。"塾师击掌叫绝,又曰:"虎哮地生风。"伯父又对"鸠鸣天欲雨"。师遂叹其:"年才髫龄,志趣不凡,赞为神童!"泰兴县志中将这段问答误记为县令龙璋与丁文江,显然是借此凸显丁文江的聪明,或也有对县令的那么点恭维之意。当然,龙先生为清末民初的著名人物,他也当得起此等的恭维。

伯父九岁时,就好浏览《三国演义》等古今小说,还读了《纲鉴易知录》《四史》《史记》《前汉书》《后汉书》《三国志》《资治通鉴》《读通鉴论》《明夷待访录》《日知录》等经典著作。他最崇拜陆贽、韩愈和苏东坡、史可法等人。到十一岁时,他竟然作出了《汉高祖明太祖优劣论》这样洋洋数千言的文史论文。由于我祖母的谆谆教诲、塾师的殷勤指导以及他自己的博览自修,在十多岁时伯父就已打下了深厚的文字功底。

在伯父十四岁时,发生了影响他命运的一件事。当时初上任的泰兴县知县龙璋(字研仙,湖南攸县名士,谭嗣同的表兄弟)提倡新法,重视人才。听说少年丁文江有奇才远志,就叫我祖父带着二伯父到县衙,对他进行面试,出了一道考题叫"汉武帝通西南夷论"。伯父当场作文,论述中多所阐发,龙叹为"国器",当即收他为弟子,并极力劝我祖父送伯父去日本留学。这在当时的泰兴简直是破天荒的事!不少守旧亲戚朋友都心存疑虑,从中梗阻。但龙璋以恩师的身份和父母官的力量来不断劝导,又托他的湖南同乡胡子靖带伯父去日本,终于使我祖父下了决心,借债为伯父凑足了盘费,把伯父送上了出国求学之路。[1]

丁文江稍稍长成,即离开家乡,先后留学于日本、英国,归国后曾

---

[1] 引自钱理群、严瑞芳主编:《我的父辈与北京大学》,北京大学出版社,2006年版,第163~173页。

1910年,丁文江在苏格兰野外考察途中实地留影

任北京大学教授、地质调查所所长、北票煤矿总经理、淞沪商埠督办公署总办[1]、中央研究院总干事等职,在地理学、地质学、矿物学、社会学和军事学等领域,都有很深的造诣并取得了巨大的成就,被誉为"百科全书"式的学者,并被称为中国近代地质学的"开山祖师"。在开创中国地质事业的同时,丁文江发挥了"学术界的政治家"的作用,使中国地质界早在20世纪20年代就赢得了世界性的声誉。不少研究者都将"中国地质学之父"的桂冠戴在了丁文江的头上,但学术界对此有不同的看法,值得商榷。有人还认为,中国古代青铜文化举世闻名,中国人在数千年前就已经掌握了开矿技术和冶炼技术,再加上中国的瓷器,丁文江担当"中国地质学之父"的美称似有不妥,至少不能与"父"字相连在一起。尽管如此,但我们同时也应充分地看到,丁文江对于中国现代地质研究的贡献是巨大的,同时也是无人能超越的,与中国现代地质界的章鸿钊、翁文灏和李四光等三位大师级元老相比,他对中国现代地质学开创之功无疑应排在第一位。要不然,人们怎会对他有如此这般的推崇呢!

丁氏家族是黄桥镇的一等家族,也是泰州的望族之一。丁文江出生于这样的家族,也是他的福分。相比较于地方上其他一般的家庭而言,

---

[1] 淞沪督办公署总办,相当于上海市市长。

望族名族之后，往往能接受比同龄人更多的教育和文化熏陶。丁文江的父亲虽是一个商人，但他喜欢读书和藏书，对丁文江兄弟来说，家中就是一个"天然"的学习场所。那时，泰州城乡的很多家庭都有藏书，但多数人家只能找出有限的书籍，能像黄桥古镇上的丁家藏书颇丰的人家，则实属少之又少。

正因为从小开始的优质家庭教育，丁文江才有可能成为民国的符号之一、近代中国地质学的奠基者之一，也因而被胡适称之为开山大师。胡适的这个称谓应该是站得住脚的，这跟"地质之父"的提法有着本质的区别。

丁文江的笔名宗淹，乃是取"宗法范仲淹"之意。北宋名臣范仲淹，早年曾任泰州盐官，其间在当地建造海堤，造福一方。相比于对本地的另一名士郑板桥的态度，丁文江比较喜欢范仲淹，他特别喜欢范仲淹的"先天下之忧而忧，后天下之乐而乐"这句名言，并为之努力奋斗了一生。不少人谈到泰州文化时，都喜欢谈"泰州学派"，却少有人知道，在王艮创立"泰州学派"之前的宋朝，泰州就出了个文化名人胡瑗。胡瑗为"宋初三先生"之一，曾在泰州设"安定书院"讲学，深得范仲淹赏识。范仲淹曾修筑捍海堤，人称"范堤"。泰州人感其恩德，不少人改姓为范，可见范仲淹对于泰州文化的影响有多大。而胡瑗此后的扬名，则跟范仲淹的提携有关。胡瑗赖以成名的"苏湖教法"，正是在范仲淹的鼎力相助下形成的。丁文江能以范仲淹为榜样，可见其志趣之高，非常人所能比。就贡献与影响而言，丁文江与其同时代的胡适、鲁迅和李四光等人相比，也毫不逊色。但可惜的是，很多人只愿谈胡适、鲁迅和李四光，而不愿提及丁文江，这与丁文江曾任北洋军阀孙传芳的官有关。

20世纪20年代初期，丁文江一度对军事很感兴趣，一心想为中国训练出一支近代化军队，保家卫国，富国强兵。1925年，军阀孙传芳在杭州请他出来做事，丁文江有些心动，遂于1926年出任淞沪商埠督办公署总办,地位就相当于后来的上海市市长。孙传芳倒台后,丁文江被国民政府通缉,此后相当长一段时间,他都饱受国、共两党的冷落。在此情况下,抱着好人政治、文人参政、欲为国家出力想法的丁文江,也曾一度消沉。但他很快走出迷茫,东山再起,因为他有一个一流科学家的头脑和身份,更由于他并没有因当大官而发财,而对上海的形成做出过特殊的贡献,奠定了"大上海"的市政基础。此后,丁文江主要从事科学与学术研究,最后死于赴湖南的野外地质考察中。在今天看来,一个一流的科学家,一个著名的探煤专家和开煤能人,却因煤气中毒而死,想来也让今人难以置信,故人们都称赞他献身于科学,并不是溢美之词,他的确是为科学而生,因科学而死。他真正的名气,也正是在科学与学术上面。

丁文江生前在教科文界的名气和影响,就如江湖上的"带头大哥",与他同辈的单纯从事学术研究和科学的学者不同的是,丁文江的出身、求学、科研、为官等,无不充满着浓厚的传奇色彩,而且在民国学术界,他实在又是一个无法绕开的人物,虽经"湮没",但时至今日仍是研究民国学术的热门人物。很长一段时间里,作为民国学术代表人物之一的丁文江,被人为地隔在了历史的"闲壁"里。但"丁文江热"也不只是一种声音,对丁文江目前仍存在着不尽一致的看法。有人认为,丁文江生不逢时,他所处的时代,在容纳他的同时,又将他深深地抛弃;而且他的家庭也拖累了这位才华横溢、办事能力极强的干才,使他无法一门心思搞学术研究;他对政治的热情也影响了才华的施展,助长了他的偏颇行为,致使他仕途不畅而抱憾一生。再者,丁文江的身体也阻碍了他更大更快的发展,并导致他最终英年早逝。于是就有人定论:丁文江是那个时代的悲哀。还有人认为,丁文江属于前无古人、后无来者的独一无二的历史人物,甚至有人还将丁文江定为时代的"地标",堪与古代的圣贤比肩。

这些来自于学术界的不同意见,也反映出研究者不同的心情与态度。其实，丁文江在他所处的那个时代，做了一些为人称道的大事、好事和善事，得到了不少人的肯定，历史也曾给予他较高的"待遇"。但是，他确实也做过一些于国于民无益甚至反动的事，故造成了长时间人们不愿意多提及他。社会在发展，时代在前进，我们不能否定历史，也不必怪罪历史，还原一个真实的丁文江，给他一个恰当的历史定位，既是对历史的负责，也是科学研究的要求。对丁文江而言，历史给予他的安排多属于"无奈"吗？并非如此，丁文江是一位敢于冲锋且一直冲锋在前的正统科学家。就政治而言，确实很无奈，他算不上政治家，他虽然一生都在为政治效力，但与胡适等文人相比，他的政治热情是明显的，其从政行为甚至也可以说是极其危险的。

丁文江所处的时代，是一个激进的时代。当时的中国，积贫积弱，上承戊戌变法之功，再接五四运动之力，适逢国、共两党相继成立，各种思潮汇聚，有想法和有知识的文化人士纷纷登台亮相，成就了中国文化史上的又一大奇观。上一次奇观，当上溯至先秦时期，当时的百家争鸣引发的思潮，不仅砌筑起了中国文化的基本架构，也催生出了一批确有内涵的思想家，时至今日，我们将其定性为中国的传统文化的根源。甚至，以孔子为代表的儒学，正以孔子学院的形式在世界各地生根、开花、结果，国人也每每引以为荣。而五四新文化运动，则是向"孔家店"开火的文明运动，因为旧时的中国人太沉湎于孔孟思想，以致放弃了科学的发展，而这跟当时的世界工业革命是格格不入的。结果是中国越来越保守、越来越落后。接受了新式教育，特别是走出国门去求真知的文化学者们具有的这种文化的力量，为社会增添了无穷的情趣。从这个角度来看，丁文江又是一个时代的幸运儿。他事实上也成为一个幸运儿，他与康有为、梁启超这两位清末民初的大人物都有过交往，甚至成为康有为资助的对象，后来又成了梁启超的重要门客。再后来，他成了北洋军阀势力中的一支"文化力量"，在上海搞起了"大城市"建设。之后，蒋介石、张学良等人，又成为丁文江以文倾诉的对象。而与胡适、傅斯年、翁文灏、章鸿钊等名士的长时间交往，也使他荣登民国名流之列。这么多的幸运都集聚到了丁文江身上，想不成名都不可能。

但是，丁文江在此历史大潮中，却成为一个心里矛盾、做事矛盾、为人矛盾的矛盾中人。他是一个被朋友们称为欧化最深的人，对传统文化思想体系的攻击很烈。攻击归攻击，他一生用毛笔书写，所著文章虽接受西方文化影响很大，却终脱不了文言文的套路及手法，当然，这不包括他用外文所著的学术文章。他对文人从政也是有看法的，并成为文人积极参政的代表；他对民众的穷苦很上心，但他追求贵族生活，起居极讲究，强调生活质量；他对军阀混战及霸权行为恨之入骨，却有一段时间里紧跟其后，甚至与北伐及工人运动相对抗；他反对特权，但鼓励专制；他努力谋钱，但决不贪污；他不反对纳妾，但终身不纳妾；他对他人子女多关心爱护，可自己一生未育子女；他虽然接受了较好的传统教育，却不接受中医。太多的矛盾，集中在一个人身上的时候，传奇是免不了的。

当时，中国的各项现代事业才刚刚起步，有的还处在萌芽状态。丁文江用了近十年时间，到国外学习先进的科学知识及人类进步理念，这在当时，就是个奇迹，即使拿到今天来评，也极不容易。从一心向外张望，到认真学习外面的一切，学成的时候，心中便有了向内的动力，并循着童年的清纯，一步一步地把梦想和现实揉成团。丁文江选择回国虽然是家庭所逼，但他确实想改变中国的落后面貌。总想找回曾经的兴奋与激动，怎奈岁月不饶人哪！于是把一切的遭遇聚成努力，一刻不停地探求，慢慢地，虚无和缥缈的梦境如烟而退，代之而起的，是身边实在的土地，虽然还有荒凉，但五彩的芬芳不远。当时的丁文江真的很兴奋，也很努力。学成归来，服务于祖国，是那时许多留学生的选择。若论学习成就，比丁文江还要好的人，虽然不多，但也不少。跟同期的学人比，丁文江应属于上等人才。而事实是，丁文江在回国后，国家对他的安排也颇多倚重。丁文江的闯劲与科学的态度及办事的能力都得到了很好的发挥，他对于中国地质学的贡献最大，这也是人们至今不能忘记他的主要原因。

中国应当走现代化发展之路，丁文江是这一主张的积极倡导者。因为他有精湛的专业知识，又保持了对中国社会进步的热情（他对改造中国有一套完整的构想），甚至放下专业从政，为国家的进步玩命地工作。当然，那个时代也给丁文江们创造了较好的条件，使那一批有留学背景的人，都有机会跻身于社会的上层，成为那个时代上流社会的风云人物。但是，身为知识分子的丁文江们，并没有完全地追求物质的享受及精神的绝对自由，他们中的大多数人，都在国家需要的时候挺身而出，特别是国家遇到困难的时候，他们把民族大义与时代责任毫不犹豫地揽在身上，效忠国家。这对于今天的学人而言，是一种指引。另一方面，在国家和民族危难之际，他们敢于直面现实，甚至对国家政策予以批评，完全不顾个人之得失。而当理想和现实发生冲突的时候，他们义无反顾地选择了牺牲，这是多么的难能可贵。丁文江崇洋不假，但他不媚洋，身为科学家的他，并不迷信外国人，多次向外国的同行发出了质疑之声，甚至改写了很多的主张，这值得我们敬佩。丁文江的为人，也得到了许多外国人的赞赏，而有些人是丁文江直接批评过的人。

美国人夏绿蒂·弗思写过一本书，翻译成中文后定名为《丁文江——科学与中国新文化》。1987年，湖南科技出版社出版了这本书。2006年，新星出版社又重出了这本书，但作者的名字改成了费侠莉（中文名）。翻译者之一的丁子霖（另二人为蒋毅坚、杨昭）是丁文江的后辈中人。正如这本书的内容简介所说明的那样：主创人对丁文江先生复杂而有代表性的经历进行了介绍，并将其置于近代科学起步阶段和新文化运动大背景下，充分表现了丁文江所产生的巨大影响。但把丁文江定性为五四新文化运动的主将的提法有待商榷，而把丁文江确定为中国地质学奠基人的提法却是站得住脚的。为书写序的黄汲清教授本身就是著名的地质学家，且为中科院院士，更主要的是，黄汲清曾做过丁文江的学生。由于丁文江先生的人生经历非常丰富，其经历带有典型的时代特色，作为一部人物传记，代表了一段时代记录，这当然是可以肯定的。

丁文江对五四新文化运动有贡献也有负面影响。中国的五四运动，虽然没有产生统帅，却走出了像陈独秀、李大钊、胡适、郭沫若等这样的主将。丁文江因紧跟梁启超，故对五四新文化的贡献，都相对要少一些。在那个特殊的"战场"上，丁文江也是一名独特的干将，少了他便少了一份精彩。

西方学者夏绿蒂·弗思称丁文江是一位东西方文化之间的理性主义者，那是站在外国人的角度看中国人。丁文江首先是一位科学家，然后才是学者、旅行家、哲学家、诗人、政治家。许多评传把丁文江指定为中国的自由主义知识分子，这当然是中国人对那个时代知识分子的一种认识。理性与非理性的区别，可能就在认识世界的态度上。在那场科学与玄学论战中脱颖而出的丁文江，完全破除了传统思想的束缚，改以西方的新人文（进化论）看中国，其历史作用正是今天我们肯定的五四精神。但硬要将丁文江说成是五四新文化运动的主将，不但从历史上难以说明，而在文化上更找不到铁证。这是因为，丁文江亦师亦友的梁启超，并不是五四运动的领袖，虽然他的学说及思想对五四运动的产生有过影响。

丁文江曾经参与的《努力》和《独立评论》这两本杂志，确实是那个时代少有的具有独立精神的优秀刊物，但那里面的真正灵魂并不是丁文江，而是丁文江的好友胡适。称胡适是五四新文化运动的主将，这种说法是成立的，也是历史所印证了的。从哲学上讲，丁文江虽然有着独立的思考，但其思想体系却不如胡适明显，也没有胡适的名声大，对后世的影响也很有限。胡适则不同，作为留学国外并得到哲学博士学位的知名学者，不仅其诗文引领了时代之潮，而且其思想也带动了一大批追随者，此后成为社会科学的学科带头人。丁文江不属于社会科学的学科带头人，即使如跟丁文江笔战的张君劢先生，之后也成了社会科学的学科带头人。丁文江呢？其真正的影响力也只限于地质及中国的地质学。

丁文江属于将才、专才、正才、良才。可能正是因为丁文江的才情，才使他在那样一个特定的社会里不能伸展。

丁文江虽然算不上社会科学的学科带头人（他之所学也不属社会科学），但作为那个时代有影响的自然科学家，他的一部分言论，还是在社会上产生了不小的影响，对五四新文化运动是有贡献的。如"科玄"学术论

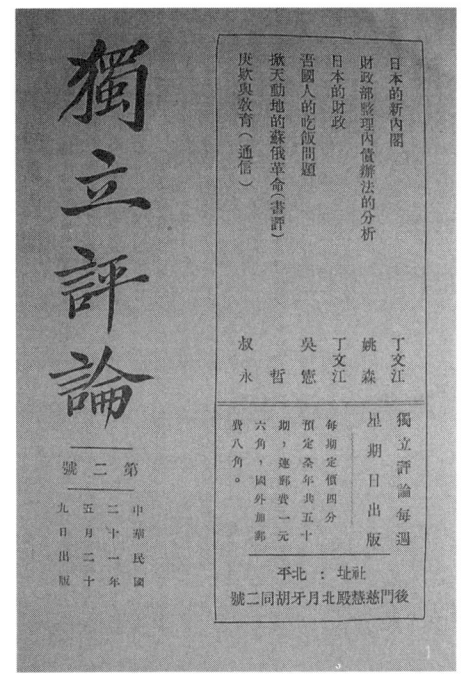

《独立评论》书影（黄桥镇丁文江故居纪念馆提供）

战生出了中国的"唯科学主义"，如在民主和独裁关系讨论方面所谓的"新独裁派"，如对苏联、对共产主义的独特认知生出的"马哲"热等，这些都是丁文江这个矛盾中人的独特之处，他确实可以担得起"敢说敢为"四个字，除此之外，他只是一名自然科学家。作为知识分子的丁文江，不可避免地肩挑着那个时代的职责。但是，千万别小看了丁文江对于中国地质学的贡献，单从地质上讲，丁文江完全当得起科学巨匠的称号，用一个较形象的词来形容，那就是光荣！时至今日，这种光荣也只能属于丁文江，而不是他人。丁文江在地质学方面的研究成果并不算最多，但他却让中国地质学走到了世界的前沿，其所依据的，正是"团结"两个字。为了中国的地质学，他不惜牺牲自己，主动走出去请来了最优秀的人才，这是多么伟大的人格！比起有些人占山头为王的做法，

丁文江的贡献是突出的，正因为突出，地质专业的后来者们才将他比作"圣塔"。

一群时代骄子一起站出来歌颂，因而成就了丁文江，使他成为那一时期里最耀眼的明星。蔡元培评曰：精于科学又长于办事，如在君（文江字）先生，实为我国现代稀有人物。傅斯年评曰：我以为在君确是新时代最良善最有用的中国人之代表，他是欧化中国过程中产生的最高菁华……这样一个人格，应当在国人心中留个深刻的印象。翁文灏评曰：我极盼他的治学精神与做人的准则能长留在后辈心中任我们的楷模。胡适评曰：在君是为了"求知"死的，是为了国家的备战工作死的，是为了工作不避劳苦而死的。20年的天翻地覆大变动，更使我追念这一个最有光彩又最有能力的好人。这个天生的能办事，能领导人，能训练人才，能建立学术的大人物。

上述这四位学界大佬，都是中国近代史上的杰出人物，个个称得起民族精英，但他们却极力称赞和推崇丁文江，可见丁文江并非浪得虚名。西方哲人罗素在英伦与人也曾谈过：丁文江是我所见中国人中最有才最有能力的人；美国学者弗思夫人也称：丁文江所渴望发挥的这种作用，科学家作为文化和政治的领袖，在中国的历史经验中是前无古人的。一方乡土懂得爱护自己的骄子，一个民族知道尊崇自己的英杰，不是关乎别的，关乎的是我们的文化自觉，广而论之，则是自重、自信、自强。

丁文江亲自教过的学生，后来都成为我国地质事业的中坚。没有子女的缺憾，却可以从弟子的群体辉煌中得以补偿，这是丁文江的伟大所在，更是社会的公道。他的学生，每每提到丁文江，无不用敬仰之词，可见丁文江的人格力量有多大。

将近知天命之年时，丁文江害怕了，并且十分担心，因为丁氏家族中男子早逝的规律，深深地困扰着他，也在时时地压迫着他，他因此要用最大的力气去做事。事无巨细，该管的不该管的，他都管上了。不存私念是假的，譬如怕死得早，担心会不辞而别，但这都不是停止不前的理由。他拼命地突围，却还是在49岁这一苦咒的边缘停止了呼吸。生命如此美丽，却又如此短暂。必须承认，那一时段的中国声音（包括政府）是为丁文江预备的，全国各地的传媒都在为丁文江的离世做文章。人无完人，金无足赤。因为政治上的原因，没过多久，丁文江便石沉大海，不见其影，不闻其声，这棵江东的银杏树成了枯树。我们无权去指责，更不能以自己之喜好去要求历史。作为历史人物的丁文江，已经完成了他的使命。他累了，困了，他要安息了。但新中国成立后，丁文江却没能安息，岳麓山阴的那座并不算太显眼的坟甚至被红卫兵挖过。文化因子就是棵棵大树呀！毁掉文化名人的坟就是在毁最优秀的灵魂，当然对不起当初曾为之而痛惜的大师们的情怀。一个大师数个大师也许说明不了问题，但那一时代的大师们一起为之而伤怀，那就应该慎重了。多像久旱的林区突发大火，对那些被烧的树来说，灼伤的不只是身子，还包括心，还包括文明的脸面及人杰的尊严。有些人毁掉的不只是文化名人的坟墓，还毁掉了数以百万计历史遗存。有些东西，失去也就永远不可复制，很多是外国侵略者想毁而没法毁掉的，是中华民族特有的财富呀！这才是中国文化的最大损失。好在历史公正，改革开放如同春风化雨，焦土上又长出了新叶。虽然那不是从前的叶片，也不是从前的藤枝，但文化生命在怒放，睡狮醒来。

　　泰兴是银杏之乡，百年、千年银杏在泰兴可不属于神话。风吹雨打，雷电轰顶，霜欺雪压，家常便饭，对银杏都是考验。到今天，丁文江终于可以享受赞扬了。

第三节　开山铸大成

— 。 —

光风转蕙千余里，烟雾绕云又天地。

风华正茂的丁文江，在其恩师龙璋的影响之下，终于踏上了东瀛的留学之路，并先东渡扶桑，后又奔赴欧洲，东、西洋的留学经历，为他日后的成就储备了充足的能量。

对于民国早期的中国科学而言，丁文江实在是一位真正的大师；但是，仔细地比较一下近代科技成果，丁文江并不能算作"泰斗"。可他又是那一时代里所有大师肯定的大师，因为他身上特有的开创精神。有学者声称，丁文江的科学精神，给予中国科技的促进是明显的，这种认识并非空穴来风。丁文江开创了中国近代地质学，人称其为"地质先驱"；丁文江开办了中国第一个地质科学研究机构，人称"鼻祖"；丁文江组织人员绘制了中国的第一幅地图，人称"丁氏地图"；丁文江领队进行野外调查，做出了中国第一份有价值的地质报告，人称"丁氏报告"；丁文江牵头培养了中国第一批有为的地质人才，人称"佛主"（其在地质研究所培养的十八位地质学生，后来都成为中国地质权威，人称中国现代地质"十八罗汉"）。丁文江如同火车头，牵引中国近代科学走上了快车道。他掌舵的地质学，在当时就已经排在世界先进之列。丁文江因此享受了地质学人的崇敬，即使是现在，仍然名气冲天，仍然有无数的后辈寻迹探幽，为这位科学巨子接送薪火。

成大师（事）者，并不全把心思和精力耗在儿女身上，虽然儿女情怀同样重要。丁文江无子女，学人称其为"如父若兄""丁大哥"。可见，世间的情感并不完全局限在家庭的传承方面，同志与朋友及战友学友,皆是情感的凝聚场。开山大师丁文江,不考虑子女的承继,这大概又是一种"开"性,回过头来看看民国期间的人物,不要子女者少之又少。真要跟佛学联起来考察的话,丁文江如同唐僧,舍去了"本我",获取的是"超我"。这样的人太少了,因为少,所以才显得独特与珍贵。但作为政治人物的丁文江,其出仕却历经磨难,一度甚至走到了极其危险的境地,好在他后来还是清醒了,而且为国家做了不少有益的事。

丁文江之于中国地质,就是一个领袖。他在英国求学七年的经历,也具有开创性的意义。这是因为,丁文江不仅学有所成,且对西方世界的了解与融合,较他时代的同侪,都胜出不少。因此,像胡适那样的留洋博士,还是要深叹丁文江是"欧化最深"的巨匠。

有些现象和事情过去的也就过去了,但丁文江的"欧化"在今天看来,仍需要仔细地去解读。首先,丁文江的欧化不属于叛国,他在那时段的西方名人眼中,也是一个人物,而且是代表中国人的,代表着先进的中国人。其次,丁文江的欧化,主要化在文明的层面,穿洋装、说洋话、留洋胡子、抽洋烟,这些,固然不能说明丁文江的精神独立,只能算是崇洋。丁文江也是个人,而且,当时的丁文江并没有成熟的思想,他还是个青年,青年对于新鲜事物的态度是无可厚非的。丁文江身处于那样的环境里,如果还留长辫的话,当时已经趋向文明的英国社会怕会拒绝其入境的。丁文江换装、换行为、换思想,这些都足以说明,青年丁文江应变能力强、紧跟时代潮流。此后,丁文江利用学习闲暇的时光,走进英国各式家庭中去了解他们的生活习惯、处事态度、为人为文的做派,甚至还向当地人学骑马,这些,都是必需的。事实上,丁文江很快成为当地人比较喜欢的来自中国的聪明留学生。这又是丁文江有别于一般留学生的地方,因为多数留学生其实没进社区,他们的大部分时间都在学校里。学校固然是一处可以学知识的场所,但学校之于社会,那又是一个独立的社区。对教育及社会文化有所研究的人,多会为学校的独立于世而担心。为什么？因为学校的生活跟社会生活是不一样的，学校里的那套生活方式，拿到社会上去，就会碰钉子，甚至格格不入。可能是基于对学校生活太多的了解，丁文江少时的私塾求学经历，既有助于他较早地熟悉中国文化，但也造成了丁文江对封闭式教育的抵触。私塾里的丁文江，虽然诗文出众，但他更喜欢读的并不是四书五经，而是新学方面的书，有的甚至还是禁书。到英国后，丁文江没有住校，而是租民房居住、生活、学习、交友。因为有了那样的国外求学经历，丁文江的欧化太过明显，这恰恰是丁文江优于他人的地方。因为丁文江不仅学到了先进的知识，还学到了他国的生活方式及处世理念。从大民俗的角度看，任何一种民俗都有其存在的理由，不让其他民俗存在的人，如希特勒者，代表的不是文明。

丁文江科学人生观最早应始于英国留学期间。当时，丁文江在格拉斯哥大学主修动物学，兼修地质学。因为常待在实验室里做各种各样的实验，一丝不苟的工作态度便慢慢形成了。丁文江注重实地考察，他曾在日记里记下徒步考察的习惯："我每天的习惯，一天亮起来就吃早饭……铺盖、帐篷、书籍、标本，用八个牲口驮着，慢慢在后面走来，到中午的时候赶上了我，再决定晚间住宿的地方，赶上前去，预备一切。等到天将晚了，我才走到，屋子或是帐篷已经收拾好了，箱子打开了，床铺铺好了，饭也烧熟了。我一到就吃晚饭，一点时间都不白费。"

对于学术界来说，丁文江是一种符号，他引领着一批有志于中西融合的学者，并成为当时的一道特别亮丽的风景线。当然，中国社会的遗老遗少们对丁文江肯定是不接受的，必然要称其为"假洋鬼子"，对此，丁文江并不理会，他认为科学的生活和研究方式，他就要坚持。顺便谈一下，丁文江一味地欧派也是一个问题，这一点便影响到了他的弟弟丁文渊。日本侵略中国，多数大学只能停办或移往后方。就在国破流亡途中，丁文渊仍然坚持有别于他人的出则坐轿、食则精致的贵族做派，最终导致同济师生的讨伐及驱赶，成为一时的笑料。丁文江当时已经不在世了，如在世，一定会训斥丁文渊的。

丁文江的欧化并不是绝对的。学成回国后的丁文江，首先要做的事是适应中国生活。丁文江买假辫子、戴瓜皮帽、穿长衫，并且参加了科举考试，考中了进士，"同年"中人就有李四光。可见，后来成为知名人士的那个时代的许多学人，是没有能力反抗社会体制的。而且，在家庭等的催逼下，他们只能走更为国人所接受的路。但这不能说明他们已经完全地屈服，他们只是在适应，适者生存，天下至理。只要条件许可，他们还是会敢为人先的。

20世纪20年代，中国经历了鼎革之变。民国初年，政治肯定不尽如人意，但作为脱离了封建皇权的北洋政府来说，对科技的热情还是非常之高，对留学生们十分重视。因为有了那样的重视，丁文江才有机会展露风华。

清廷政治上的误国误民，曾使近代的有识之士如张之洞、李鸿章等人后来成了在社会和历史上饱受非议的人。但是，他们兴办中国现代科技产业及学校的做法，仍然是应该肯定的，而那里面已经包括地质学。从这点谈，丁文江算不上"地质之父"。因为早在丁文江之前，为了培养地质人才，1898年10月，清政府在江南陆师学堂中附设矿务学堂，课程已经有地质学、矿物学等。而且，还培养出了第一批地质学专业人才，如周树人（鲁迅）、顾琅（黄石臣）等。早在1903年，周树人就著有《中国地质略论》。1905年，周树人又与他人合著《中国矿产志》。他们编制的《直隶省地质》是近代中国由中国人自己编著的最早的地质文献。1909年，京师大学堂（北京大学前身）理科，已经设置了地质门（后改为地质系），由德籍老师梭尔格教授授课，有学生3人。中山大学、清华大学、唐山交通大学、山东大学和北洋大学等学校也相继设立了地质系。虽然中国已经考虑到了现代科技的重要性，那其实也是被逼出来的，因为近代中国科技落后，成了列强窥视的弱国。落后挨打的中国人，都在努力寻找突破。上述各类学校设地质学门的做法就是证明。

我们没有理由怀疑丁文江作为中国近代地质开山大师的提法。为了改变中国地质落后的局面，丁文江从根本上改变了中国地质的形象，使中国的地质可以跟西方先进国家媲美。不只丁文江领出来的那一群后来成为中国地质大师的学人赞扬丁文江，当时西方先进国家的科学家们，也都异口同声地赞赏丁文江。他的这些贡献，确实不是什么人都能做得出来的，因此，丁文江是中国地质学开山大师的提法是完全站得住脚的。

一、成为开山大师

1902年，丁文江留学日本。1904年，转赴英国留学。1906年，丁文江考取英国的剑桥大学，后因学费无着而被迫退学。

1908年，丁文江考入格拉斯哥大学，学习动物学、地质学。有资料称，丁文江进入格拉斯哥大学是免试的，这并无问题，因为早在1906年他就考取了剑桥大学，要知道，在英国，剑桥大学的地位是很高的，能考取剑桥的学生，进格拉斯哥大学当然可以免试。

1911年，丁文江大学毕业并获双学士学位证书。他本可以再加把劲获得更高的学位，而且他也是完全有学习能力的，但他的家庭已承担不起他在国外留学的费用，故只能选择回国。归国途中，丁文江经越南进入云南昆明，又从昆明到贵阳。沿途用指南针测绘草图，用气压表测量高程，这是他第一次以学有专长的地质学人的身份考察中国的边疆。此次考察，他获得了岩石标本、图片以及化石标本等。此次的滇黔之旅，对丁文江来说，尚属于普通旅行，关于地质学的记录很少。

归国不久，丁文江便应聘到上海的南洋中学教书，时间一年。"躬身厉行"是丁文江对待地质学的态度。1912年1月，南京临时政府实业部矿物司设地质科，章鸿钊被任命为首任科长，"地质"二字这才进入中国行政界。归国不久的丁文江，因此时考得"格致科"进士（丁文江因此成为泰兴最后一位进士），于是上书农商部总长，提出改良矿政的办

民国初年的农商部地质研究所

法:"中国矿业不振,表面上看是资本不足,现代科技知识不足,其实最大的障碍还在于行政不良,许多小矿采用土法,稍有成效便人人争抢。全国矿产不是贪官把持就是劣绅垄断,征税过重,常使小矿财尽自闭。虽说一时无法解决资本和科技的问题,但改革这些弊政对中国矿物发展有极大好处。"[1]

1912年年底,中国现代地质界的领袖人物张轶欧函邀丁文江到临时政府实业部矿物司地质科任职。张轶欧在《地质汇报·序》中即说:"丁君初归自英,主讲于海上南洋中学,余以中学无所用其地质也,急约入部,俾专调查之役。"[2]这是丁文江跻身开创中国地质事业行列之始。

丁文江初到时的情形是:……自晨至夕无所事,觅图书不可得,觅标本亦不可得;出所携李希霍芬氏书读之,书言京西地质,中有斋堂地名,询之同官者,皆谢不知……余于张君有怨言。张君笑曰:"招君之

---

[1] 引自丁文江:《改良川东铜矿意见书》,原载《独立评论》第85期。
[2] 载《地质汇报》,农商部地质调查所,1919年印行。丁文江著:《地质汇报·序》,民国二十九年出版,第33号。

来,正以是也。百物具备,焉用君为? 且余固已有成议矣。"乃出示余吴兴章君鸿钊《中华地质调查私议》,议设研究所[1]。 他后来还对此回忆说:"我这一科里有一个佥事,两个科员,都不是学地质的。""'科'是一个办公文的机关,我的一科根本没有公文可办。 我屡次要求旅行,部里都说没有经费"。[2]

1913年1月5日,大总统袁世凯令:张轶欧署理矿物司司长。 张轶欧与丁文江开始谋划创办地质研究所。 此时,尽管章鸿钊仍任职于农林部,但张轶欧却说:"(张、章)嗣虽分隶农、工两部,而每事必咨,神未尝离。"[3]

1月24日"临时大总统令":"工商总长刘揆一呈请任命丁文江为佥事,应照准此令。"2月3日,国务总理赵秉钧、工商总长刘揆一联署,在为丁文江等呈请的"叙五等"公文说:为呈请事,本部续行荐任之佥事郑宝善、王季点、邢端、华封祝、丁文江五员,拟请按照初任官均叙五等……

丁文江履任后,把培养地质调查人才作为第一要务。 这主要是因为,"调查地质虽归行政系统,实属专门科学,非有专精研究之材,以严格的科学方法行之,则调查云者势必徒有虚名"。

章鸿钊、丁文江极力主张培养人才,"地学不兴,国无人焉"。 于是决定成立地质研究所。《地质研究所章程》明确宣示:规定入学资格、学科、学额、学资、学期、学课。 可见,由政府机关出面招生、授课以培养急需人才,实属不得已而为之。

研究所章程明确规定:本研究所专以造就地质调查员为宗旨。 章鸿

---

[1] 丁文江著:《地质汇报·序》,民国二十九年出版,第33号。 丁文江著:《漫游散记》(6),载《独立评论》第13号,第16页。
[2] 丁文江著:《漫游散记》(6),原载《独立评论》第13号,第16页。 1913年1月《政府公报》,总第9册,文海出版社影印出版,第80页。
[3] 1913年1月《政府公报》,总第9册,文海出版社影印出版,第80页。

钊在《农商部地质研究所一览·序》中也说，地质研究所者，为培养调查地质人员而设也。说起初创时期的地质研究所和地质调查所，以往的地学史著作总用"一主培养人才，一主规划久远"来表述，这最能体现两所之间密不可分、相依为命的关系。调查所如没有研究所，则调查所只是一个空牌子；研究所若没有调查所则亦无成立之必要。

7月1日，丁文江主持招生，"取学生三十六名"。三十六名学生中，"正取学生二十七名、备取学生九名"。《工商部试办地质调查说明书》所附招生广告称，要在北京、上海、广州三地招生。事实是，招生地只有北京、上海而无广州。7月30日，《工商部致财政部请设法先付地质调查项下款项以供急需函》称："已于本年7月1日在京、沪分别招考，考取学生三十六名，亦已发表。"此外，《工商部录取地质研究所各生通告》也明确说"7月1号招考地质研究所学生在京、沪业经分别试竣"。

开办地质研究所所需要的校舍、图书、仪器，均借自北京大学。丁文江在《地质汇报·序》中说："为育才计，时北京大学校长何□时、理科学长夏元□皆赞助之，许以大学之图书、仪器、宿舍相假，复荐德人梭尔格博士为讲师。于是招生徒、定课目，规模始稍具焉。"

9月4日，工商部饬令矿务司筹设地质调查所并任命丁文江为所长。部令称："特饬矿务司筹设地质调查、地质研究二所，于该司地质科原有人员外，酌聘中外地质专家分任职务，各以半年外出调查，半年担任教务，以期教学相长，切实进行。""委任本部矿务司地质科长、佥事丁文江为地质调查所所长……地质研究所所长一职暂由该佥事兼任，俟该佥事出发调查时，再派专员接任"。[1]

10月1日，地质研究所开学，共30人入学，章鸿钊"担任教务"。11月，丁文江奉命离开北京，先赴山西、后到云南调查矿产，"先后十

---

[1] 1913年9月8日《政府公报》，文海出版社影印出版。

1913年,丁文江与西方学者梭尔格等在河北井陉考察,前排左立者为梭尔格,右立者为丁文江

四月,与部中不相闻"。此一时期的地质研究所,便由章鸿钊"专理所务"。

丁文江主持中国第一个培训地质人才的学校——地质研究所,特别重视野外实习,倡议每周野外实习一次,作为必修课,进行地质考察。集体测得1∶100 000地质图,并撰成著名的《北京西山地质志》,成为早期北京第一部区域地质志。

11月中旬到12月下旬,丁文江会同梭尔格、王锡宾等人赴太行山地区调查地质矿产,并沿正太路进行地质考察,沿途填绘地质图,后编写成《正太铁路沿线地质矿产报告》。这是中国人自行调查地质之始,也是国人最早的区域地质调查。调查工作由三人分头进行,其中丁文江

坐落于江苏省南京市地质研究所旧址中的章鸿钊(左)、丁文江(中)、翁文灏(右)雕塑

负责正太路直隶界内之井陉县南部、山西界内之铁路以南及乐平,并与梭尔格一同调查太原西山煤矿硫黄。调查归来之后,丁文江写出《调查正太铁路附近地质矿务报告书》在1914年《农商公报》发表。这是第一篇用中文写成的地质报告。报告共分"直隶境内之地质矿物""山西境内之地质矿物"两部分。在第一部分,作者先分析了地层次第和地层构造,然后详细介绍井陉县之煤田,最后简介井陉县之五金。第二部分又分"太原府之西山""平定州""榆次县"三方面,其中"平定州"是研究的重点,详述该州的地层构造以及煤矿铁矿情形。

24日,张謇被特任为农商总长。27日,农林、工商两部解散,"同时组织农商部",张謇就任总长。

这一年出版的《地学杂志》第十号在介绍丁文江时说:"热心提倡地学,创办地质研究所。"章鸿钊说:"丁先生接办的时候,也觉得人才是最要紧的,所以到民国二年九月,便开办一个地质研究所,招生授课,实事求是地做去……"章鸿钊指出:"丁先生是偏于实行的。往往鸿钊想到的还没有做到,丁先生便把这件事轻轻地做起了。这不单是鸿钊要感激他,在初办地质事业的时候,这样勇于任事的人,实在是少不得的。"1

1914年初,丁文江的父亲去世。他先回乡奔丧,料理完父亲的丧事,便从上海出发,取道香港、越南,乘滇越铁路火车进入云南。这是他第二次西南边陲地区考察,用去一年的时间,遍及滇东、滇北各地,重点调查了个旧的锡矿和东川的铜矿。测得《个旧县地质图》《个旧附近地质总图》《个旧锡矿区地质概要图》;发表《云南东川铜矿》专文,撰成《改良东川矿政意见书》;两渡金沙江,调查研究了四川会宁、会理一带的地质矿产。每天"以管窥天,以锥指地",采集了大量化石和标本,绘制出各类地图。同时,对西南地区地层也进行了深入研究,那是我国当时能称得上志留纪的唯一地层,此行成果纠正了法国戴普拉德的错误论断,为建立滇东地层系统奠定了基础。

对于个旧锡矿,丁文江除说明矿场地之所在外,开采、洗堆及提炼等繁复情形,无不一一记载,详加解释。而描述负矿砂丁之工作,语多生动,令人有身临其境之感。章末所记销路、课税、产额各项。他利用西法,变更税则与改良交通三项,之后的二十余年中多已实现。甚至连个旧锡务公司成立之经过,资本之用途,机器之种类与作用,已开采之矿区,以及公司之成绩等项,记载翔实,使我们可以了解到民国初年锡务公司内的真相。虽时过境迁,却不失为矿业史的重要资料。如论个旧之前途:"苟开采得宜,当无发掘罄尽之忧。"又云,"将来若无新矿地发现,则锡价当不致低于千元以下也。当时矿政当局,或亲聆其议

---

1 引自章鸿钊:《中国研究地质学之历史》,原载《中国地质学会志》第1卷,中国地质学会1922年印行。

论,或争诵其抄本。是则此书之影响于个旧锡矿事业之改进者,当非浅鲜也"。[1]

为取得第一手材料,丁文江与时任地质调查所调查员的张景澄,在河北蔚县调查煤田时忽遇大雪,无所得食,乃购油麦和胡麻油充饥。再如,在云南野外考察期间,有的地方气温高达36摄氏度以上;但无论是严寒还是酷暑,都未影响他认真观察和做记录。丁文江的实地工作,不但是不辞劳苦,而且形成了一套科学的工作方法。翁文灏(地质学家)曾对这种方法加以总结:丁所长主张,调查地质者必须短装步行,亲身携带铁锥(敲石头)、指南针和倾斜仪(定方向,测倾斜)、放大镜(看微小矿石)和小刀(定硬度)。一路用心观察,采取标本,并用走路速度或步数为距离标准,将一切考察所得,记在图上。每天晚上,整理笔记,平面图和剖面图并重。他还鼓励大家学会用平板测量制作地质图的方法,认为这是我国调查地质和矿产的必要途径,必须看重。遇到登高行远的

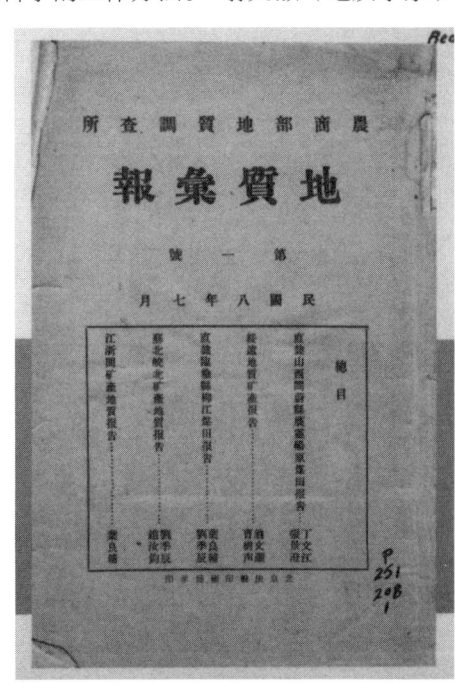

《地质汇报》书影(黄桥镇丁文江故居纪念馆提供)

---

[1] 引自尹赞勋著:《补刊〈云南个旧附近地质矿物报告〉序言》,载丁文江遗著《云南个旧附近地质矿务报告》,实业部地质调查所出版,1937年。

时候,他均嘱携带气压计以定高度,用望远镜以看环境。[1]

丁文江的这种工作方法,以后逐步成为中国地质学者实地调查采集的工作典范。不独学生,就是同辈人如翁文灏也在这方面受惠于丁文江者极多。据翁氏回忆,他初识丁文江时,每次见面都会谈及西南考察的情形,于是引发浓厚的兴趣,也从此时开始觉悟:"中国地质学者正当以跋涉山川,开辟此学术的疆域引为己责。"

丁文江对学术著述要求极为严格。他认为,"所贵于官书者,以其精且备也",不精不备,有何可取?他最痛恨的,是"割裂抄袭以成书,标窃一时之声誉"的欺世盗名做法。[2]

当时,我国第一个地质学博士翁文灏已在地质研究所任专任教员,瑞典人安特生、丁格兰也在地调所服务,因此,丁文江从西南归来看到的是:"一所之中,有可为吾师者,有可为吾友者,有可为吾弟子者,学不孤而闻不寡矣。"[3]

2月19日,张轶欧被委任为"矿政局会办并兼领第一科科长"。矿政局下属第一科、第二科、第三科、地质调查所和地质研究所职员的委任令下达。张謇签署命令,明令宣布地质调查所人员有:技正丁文江、王季点、章鸿钊,技士郑宝善、王锡宾。同日又签署委任令:"矿政局地质调查所所长丁文江现在出差,派章鸿钊暂行兼代。"[4]

2月19日,丁文江的地质调查所所长重新委任。因当时丁文江正在云南从事地质调查,农商部同时下达委任令:所长一职由章鸿钊暂兼代[5]。胡适对此也有回忆道:丁文江回到北京,担任地质研究所古生物

---

[1] 引自翁文灏:《回忆一些我国地质工作初期情况》,原载《中国科技史料》第22卷第3期(2001年),第198页。翁文灏在《对于丁在君先生的追忆》、黄汲清在《丁文江选集·序言》中也有论述。
[2] 引自丁文江:《地质汇报·序》,民国二十九年(1940年)出版,第33号。
[3] 引自《政府公报》,总第22册,文海出版社影印出版,第517页。
[4] 引自丁文江:《地质汇报·序》,民国二十九年(1940年)出版,第33号。
[5] 农商部第49号委任令,载1914年2月《政府公报》,总第22册,文海出版社影印出版,第517页。

学的教学工作，这是中国人第一次教授古生物学。据朱庭祜回忆，丁文江的教学工作，尚能胜任。丁文江亲自给学生们讲授古生物学。他鼓励学生独立工作，把学生分成小组，布置任务，自行完成。此外，他还主张选拔地质调查所优秀的毕业生到国外去留学。除教授古生物学外，丁文江还讲授"地文学"。此时的丁文江，给地质研究所师生印象最深刻的是他格外注重实地观察。其时，地质研究所学生即将毕业，须加以实地训练，丁文江等乃议每星期前后三四日间，分组外出实习，而由丁、章、翁三位各领一组分道前往。[1]

从山西调查归来后，丁文江的上司张轶欧即劝其发表报告，但他以教课繁忙为由推辞了。长年的野外调查，使他累积了大量的第一手材料。但整理、发表这些材料时，却总是慎之又慎。因此，"他已出版的著作虽已甚多，但与可出版而尚未出版的材料相比较，那便真正太少了。……所以未及充分发表者，实因在君先生对于科学文字看得非常重要，他必要将各种问题研究得彻底明白毫无疑问方肯下笔，而且又特别讲究绘图的精密，地形地质都一丝不能苟且，如此慎重当然出版不易很多了"[2]。

曾授命整理丁文江遗著的黄汲清也说："……他调查时讲求精密，注重系统，所以他存留下来的记录及图件特别丰富，他所采集的化石及标本动辄以吨数计。但是他对于出版报告十二分慎重。所以他已曾发表的地质论文比较不多，恐怕还不及实地工作之十分之一。"[3]

张轶欧曾对丁氏的做法甚不以为然，并与之辩论，"民国凡百设施，求一当时可与世界学子较长短，千百载后可垂名于学术史者，唯地质调

---

[1] 引自胡适：《丁文江的传记》，安徽教育出版社，1999年版，第31页。
[2] 引自翁文灏：《追悼丁在君先生》，载《地理学报》1935年第2卷第4期，第3页。另见黄汲清：《丁在君先生在地质学上的工作》，原载《独立评论》第188号，第23页。
[3] 引自黄汲清：《丁在君先生在地质学上的工作》，原载《独立评论》第188号，第23页。

查所而已"[1]。

1915年5月27日，因章鸿钊"奉派调查皖省铁矿"，丁文江被任命为地质研究所所长。在地质研究所学生毕业前夕，丁文江竭力主张停办地质研究所，而将培养地质人才的任务交给高等教育机构承担。丁文江《地质汇报·序》中说，民国五年夏，张总长乾若从余议，废地质研究所专力于调查。章鸿钊在《农商部地质研究所一览·本所沿革》也说，初议三年期满继续招生以图发展时，丁文江颇主停办，议遂寝。在这一点上，丁文江与章鸿钊、张轶欧的观点是有分歧的。

1915年底至1916年初，丁文江又有皖南、浙西一行，此行对皖、浙边境地质颇有贡献，其结果记载于《扬子江下游之地质》一书。

1916年1月12日，农商部派矿政司司长张轶欧兼任地质调查局局长，派丁文江、安特生充任该局会办，实际任事者仍为丁文江。

2月1日，山东枣庄煤矿因井下涌水而导致499名矿工遇难，损失惨重。丁文江受邀前往调查并写出报告，旋又拟定了三口钻眼的位置和深度，使该公司得以复兴。

此事不久，复辟战火又起，丁文江担心调查记录、标本等毁于兵燹，遂与同仁锐意分任编纂付梓事。事实证明，张轶欧的主张是有其远见的，而后来丁文江的教训亦可证明。由于丁文江早逝，加之战乱不断，他的大多数调查记录和数十吨标本就永久地散失了。这是中国科学史特别是地质史上无可估量的损失！

2月10日，农商总长周自齐又任命地质调查局会办丁文江兼任该局地质矿产博物馆馆长，翁文灏充矿产股股长兼地形股股长，章鸿钊充地质股股长兼编译股股长。这是我国地质史上第一任由政府任命的地质矿产博物馆馆长。丁氏担任馆长之职，到同年11月1日止，前后共8月有余。

---

[1] 引自张轶欧：《地质汇报·序》，民国二十九年（1940年）出版，第33号。

7月14日,地质研究所举行毕业典礼。经过3年学习,21人得以毕业,其中得卒业证书者18人,得修业证者3人,丁文江于7月14日出席"(地质研究所)学生成绩展览会"毕业典礼,即在其馆长任期之内,这被视作地质矿产博物馆诞生的标志性事件。由于丁文江格外重视野外调查,故采集到大量化石、标本(以吨数计),这些化石、标本不但变成地调所同人共享的资源,而且还丰富了馆藏。此外,丁文江还对矿产标本的鉴定、陈列等方面都付出大量心血。

10月6日,农商总局公函:部员勤劳卓著,拟请呈给勋章,请给予丁文江五等嘉禾章,翁文灏六等嘉禾章。

11月1日,丁文江被任命为地质调查所(地质调查局直属调查所)所长兼地质股股长(原股长是章鸿钊)。第126号部令称:"现在地质调查局业经呈准改地质调查所。所有办事、学习人员自应按照修正章程另行分配。兹派丁文江充该所所长兼地质股股长,翁文灏充矿业股股长,章鸿钊充编译股股长。"[1]

此后,凡遇丁文江出差,所长一职通常由翁文灏暂代。

丁文江和朋友们创立了中国历史上第一个地质调查所,并任第一任所长,任职时间前后共六年(1916—1921)。1921年,丁文江辞去所长一职,改做不支薪的顾问和名誉所长,实际上从未和调查所脱离关系。地质调查所在很短的时间里取得了令世界刮目相看的成绩。丁文江对当时中国的地质学以及地质学界存在的问题有清醒的认识,所以他所领导的地质调查所,能在很短时期内发展成为一个纯粹科学研究的机构,成为中国地质学稳步发展的领导中心。地质调查所建立的中国地质学和古生物学科在极短的时间里发展成为新石器和旧石器时代研究中心,并在1927年以后,先后发现四十几具北京猿人的遗骨,使当时的周口店成为该领域国内外学者趋之若鹜的地方。除纯科学的研究工作外,调查所还

---

[1] 1916年11月《政府公报》,总第55册之(一)分册,文海出版社影印出版,第73页。

兼顾到国家对矿业、石油、土壤等实用资源的需求。

张轶欧曾这样说："民国凡百设施，求一当时可与世界学子较长短，千百载后可垂名于学术史者，惟地质调查所而已。"[1]

回看地质调查所从无到有、从小到大，进而逐步发展成为中国地质学领导中心这样一个艰辛历程，丁文江做出的特殊贡献是不可抹杀的！

二、精心凝炼地质调查所学风

在地质事业初创时期，地质先驱们日益成长，地质调查团队不断壮大，逐渐形成了一种脚踏实地、实事求是、严谨求实、多元开放的学风。这种学风，是日后我国地质事业健康、稳步发展的宝贵财富。但在丁文江未进地质调查所之前，中国地质考察人员特别是官员身份的调查人员，很少身体力行。德国地质学家李希霍芬曾在《中国》中这样评价中国地质学人："中国学人动作之迟钝……在他们看来，步行是降低身份，而地质学家的工作则是任何人都能简单从事的。"[2]

应当承认，这样的评价大体不差。当丁文江和他的同事、学生用广泛的实地调查做出大量让世界震惊的实绩的时候，也就等于宣示：李希霍芬的评价已不再适用于中国的地质学人了。而丁文江之所以能改掉中国地质学人的陋习，和他所受的正规、严格的西方科学训练是分不开的。清末民初的中国，科学研究之风还没有盛行，特别是那些官办性质的研究机构，官僚习气很重。

丁文江的这种务实求实的科学研究之风以及他不畏艰难朝着既定目标不断奋斗的精神，应该说不仅指引了他的学生，也指引了我们这些并非地质专业的学人。作为学人，是生活在无忧无虑的花圃中好呢，还是生活在石缝、砖隙中好？当然不能生活在花圃之中！要在浪花上起

---

[1] 引自张轶欧：《地质汇报·序》，民国二十九年（1940年）出版，第33号。
[2] 引自丁文江为《中国地质学会志》写的英文序言。

舞，要在缝隙中求生。这一回答，是近代史中如丁文江等学术大师以实际行动教化而来的。当然，丁文江的艰苦奋斗，严重影响到了身体，这是不可取的。再好的事业，没有好的身体做支持，只能半途而废。对科学研究者而言，劳逸结合是必要的。

丁文江对学术著述要求极为严格。他认为，"所贵于官书者，以其精且备也"，不精不备，有何可取？他最痛恨的，是"割裂抄袭以成书，剽窃一时之声誉"的欺世盗名做法[1]。丁文江的这一个性，应该说是所有做研究者的"基本面"。用现在的话说，那就是注重知识产权，维护学者良心。做任何研究，引用是必要的，但必须注明出处，那既是对原著者的尊重，也是对自己负责，有些理论或记载，并不完全是正确的，你注明了出处，有错也不是你的。所以说，有没有知识，跟剽窃是没有太多关联的；相反，真正有知识的人，会不断地引用前人的经验与研究所得。适当地引用并注明出处，就不能算剽窃。

1917年春，丁文江去了河南六合沟和湖南、江西，此行主要目的在调查萍乡煤田和上株岭铁矿。关于后者，丁文江有简报在《中国铁矿志》发表。

是年年初，北京城发生了复辟事件，炮火见于京师。枪炮声震动了正卧病于医院的丁文江，"惴惴然唯恐或波及于调查所之官舍，使数年之心血成灰烬也。疾起，乃与同人锐意分任编纂付梓事"[2]。如此这样，复辟炮火催生出了《地质汇报》和《地质专报》。其后，丁文江在发表学术著作方面这种严谨求实、一丝不苟的作风依然如故。

几乎与此同时，上海黄浦江水道总局总工程师海登斯塔姆（Von Heidenstam）通过安特生找到丁文江，请求做一份黄埔港和扬子江口的地质报告。丁氏提议必须做粗略的地质测量，并得到农商部的正式许可。

---

1 引自丁文江：《地质汇报·序》，民国二十九年（1940年）出版，第33号。
2 引自丁文江：《地质汇报·序》，民国二十九年（1940年）出版，第33号。

正式调查工作在1917年9月底才开始，调查路线是：从浙江莫干山，到安徽广德。经建平、高淳进入江苏。然后，考察溧水、溧阳、宜兴和苏州以及附近的丘陵山地。丁文江的调查工作曾得到叶良辅等人的帮助。事后，丁文江根据大量第一手材料，又查阅了关于此课题的全部既有文献（包括关于扬子江流域的日文书籍和新出版的关于中国南方地质的著作），写出了《芜湖以下扬子江流域地质报告》并于1919年发表。作为一份重要的区域地质报告，该文共分"地层学""构造地质学""地文论"和"扬子江口的历史"部分。在该区地层研究方面，丁文江认为依次是震旦系、泥盆系、石炭系与二叠系。对此及其他部分的论述，黄汲清在《丁文江选集·序》中有精到的专业评价。

9月22日，农商部就发布命令："丁文江现出差，派佥事翁文灏暂行兼代地质调查所所长，此令。"[1]

据1917年12月农商部所编《职员录》中，地质调查所人员有：丁文江、翁文灏、章鸿钊、王臻善、曹树声、张景澄、李鸣□、叶良辅、赵志新、王竹泉、谢家荣等。非常有趣的是，当时的地质调查所人员，除王竹泉是北方直隶人外，余者皆为江浙籍人。这其中有两个原因：一是实际主管张轶欧、丁文江是江苏人；二是江浙一带较之其他地方开化，人们容易接受新事物。上海当时隶属于江苏。

1918年，丁文江对山东峄县煤田曾做详细研究，并著有《调查山东枣庄中兴公司矿区地质报告》。报告书中附有地质图，并拟定钻采地点。报告虽由中兴公司作为整改的指导性文件，但当时并未印行。是年，丁文江对豫晋边境黄河两岸调查，此行发现三门系及其动物群，结果见安特生著《中国北部之新生界》。年底，丁文江陪同梁启超到欧洲

---

[1] 农商部第171号命令，见《农商公报》4卷3册，总第39期，《政事门》第33页，1917年10月15日。

从事民间外交，农商部于12月14日发布命令，派翁文灏代地质调查所所长一职。[1]

1919年，地质调查所编印的出版物主要有《地质汇报》《地质专报》《中国古生物志》。《地质汇报》是不定期的综合性地质调查报告集。其第1号印行于1919年7月，收入地质矿产报告5篇。其中，丁文江、张景澄《直隶山西间蔚县广灵阳原煤田报告》，发表于《地质汇报》第1号之首。《地质专报》分为甲、乙、丙三种，为中国地质矿产矿床专著。

这一年，在欧洲访问的丁文江想方设法，将葛利普[2]、李四光先后罗致到北大任教（二人同时亦在地调所兼职）。而且，丁文江在随同梁启超赴欧洲访问考察期间，曾购置一批地质方面的外文图书，并委托正在德国求学的朱家骅帮忙。朱氏后来还回忆说："民国九年，他（按：指丁文江）为地质调查所汇集有关地质学和古生物学的德文杂志图书，要我替他在德国选购，这样才和他开始通信。"[3]

丁文江对地质图书馆最重要的贡献是由他发起募捐，建立了独立的图书馆馆舍。丁氏共从中兴公司、开滦煤矿等单位和个人募集捐款3.9万余元。[4]

当时，实业界人士之所以愿意慷慨解囊，主要是丁文江领导的地质调查所常在技术上给予他们很多切实的帮助。"不论是测量矿区图，或是地质图，化验矿质，决定打钻地点，只要是真正办矿的人，地质调查所

---

1 农商部第163号命令，见《农商公报》5卷6册，总第54期，《政事门》第2页，1919年1月15日。
2 葛利普（Amadeus William Grabau）(1870—1946)，德裔美国地质学家、古生物学家、地层学家。
3 引自朱家骅：《丁文江与中央研究院》，载胡适等著《丁文江这个人》，台北传记文学出版社，1967年版，第153页。
4 位于北京兵马司9号地质调查所图书馆故址，内中有一石碑，碑文铭刻着捐款人姓名及捐资额数。胡适在1922年8月5日《日记》记云："在君邀我吃饭，请的客都是曾捐钱给地质调查所图书馆的人，有朱启钤、刘厚生、李士伟等，共十三人。"

都愿意帮他工作，帮他计划，个人与机关都不收任何的酬报"。[1]

最典型的一例，中兴公司曾因井下涌水导致499名矿工遇难，丁文江前往调查，写了报告，拟定了三口钻眼的位置和深度，使该公司迅速复兴。新建图书馆楼位于兵马司9号，1921年年底竣工，由德国雷虎公司设计建造，二层结构。工程完工时尚有余款，其中1万元购置图书。1922年7月17日，图书馆开幕，已有藏书4000余册，丁文江为中国地质图书馆倾注了大量心血。从当时的工商部致各省民政长调图书函中就能看出，这是我国有文字可查的最早的图书馆建设。现在的中国地质图书馆，是全国最大的专业图书馆。

丁文江是近代我国从事实地调查涉猎区域最广、花费时间最多、取得成绩最多的地质学家。他以地质调查所所长的身份，走南闯北，以实际行动发挥表率作用。1919年丁氏自谓："……（七年中）南游于滇黔，东游于皖浙，西至晋秦，东北至鲁，今年复游欧美。计先后居京师，实不及四载……"[2] 黄汲清曾将他比作"20世纪的徐霞客"，而成就又远远超过徐霞客。

丁文江是近代中国研究工程地质之第一人。1921年前，丁文江曾研究北京马路上的石料，他所写的报告《北京马路石料之研究》也发表于《农商公报》第7卷第11期。从石料的硬度、固度和损伤度等数据出发，他对四种岩石，即周口店纯石灰岩、南口硅质石灰岩、亮甲店变质砂岩和三家店辉绿岩进行测试，认为辉绿岩最合用，南口硅质石灰岩次之，亮甲店变质砂岩最劣。地质调查所开办之初，丁文江等人的研究重点是中国矿产，特别是煤铁。据统计，从1916年到1921年发现的新铁矿有1亿吨之多，他们对北方所有重要煤田都予以研究，第一次对中国煤铁储量有了比较科学的估量。丁文江、翁文灏合编《中国矿业纪

---

[1] 引自丁文江：《我国的科学研究事业》，中国第二历史档案馆档案，全宗号393，案卷号480。
[2] 引自丁文江：《地质汇报·序》，民国二十九年（1940年）出版。

要》作为《地质专报》丙种第一号印行。他们的学生谢家荣、王竹泉等，后来成为中国煤田地质学的奠基人。

1922年1月27日，26名中外地质学家在北京兵马司9号地质调查所图书馆集会，参加会议的26名地质学家，即为中国地质学会"创立会员"，他们是：章鸿钊、翁文灏、李四光、谢家荣、李学清、安特生、董常、丁文江、王宠佑、王烈、葛利普、叶良辅、袁复礼、赵汝钧、钱声骏、周赞衡、朱焕文、朱庭祜、李捷、卢祖荫、麦美德（女）、孙云铸、谭锡畴、仝步瀛、王绍文、王竹泉。他们讨论成立中国地质学会事宜，丁文江是会议主席。与会人士逐条讨论学会章程。丁文江提议成立由章鸿钊、翁文灏、王烈、李四光、葛利普五人组成筹委会，负责推举学会职员候选人。关于学会章程，袁复礼曾回忆："为了加强国内地质工作者之间的联系，为了与外国的地质学会进行学术交流和交换刊物，我和谢家荣于1921年冬提议成立地质学会（当时我和谢都是地质调查所技师，丁文江任所长，翁文灏任副所长），于是丁、翁委托我和谢担任筹备工作，起草《中国地质学会章程》，起草后由葛利普教授修改，交翁文灏定稿。"

是年2月3日，大会通过了学会章程，宣告中国地质学会正式成立，并选举出1922年度职员：章鸿钊为会长，翁文灏、李四光为副会长，谢家荣为书记，李学清为会计，丁文江当选为评议员。学会刊物《中国地质学会志》同时创刊，主编丁文江。丁文江在大会上发表了《中国地质学会之目的》的演讲，他说：

> 本会将为我们从事的科学的原理和问题，提供一个充分和自由讨论的机会。而在我们的政府机关中，则必须集中精力于经常性的工作上，因而不可能做到这一点。本会还为我国各地的科学家定期召开大会，这样的交流和交换意见必然有益于所

有的与会者,从而在我国的科学生活中形成一个推进的因素。[1]

丁文江期冀地质学会在中国地质事业中发挥推进作用,事实证明,学会的作用远远超出了他的设想。作为一个严肃的学术团体,地质学会不久便成为中国地学界人士交流知识、发表论文的园地,《中国地质学会志》分为甲、乙、丙、丁四种,甲种为植物化石类,乙种为无脊椎动物化石类,丙种为脊椎动物化石类,丁种为古人类研究类。该刊以反映地质科学最新、最高的研究成果为特色,吸引了当时最先进的地质力量,被国内外读者视为中国地质界最高水平的学术刊物。"可算得是自然的变化,跟着时势的要求来的"。[2]

胡适曾对中国地质学做出评判:"中国学科学的人,只有地质学者,在中国的科学史上可算得已经有了有价值的贡献。"[3] 胡适称丁文江为"地质学的开山大师"。胡适曾这样评价丁文江任地质调查所所长的六年:"在君的最大贡献是他对于地质学有个全部的认识,所以他计划地质调查所能在很短的时间内树立一个纯粹科学研究的机构,作为中国地质学的建立和按部就班发展的领导中心。"

须知,取得这种骄人的成就,是在军阀时代、腐败衙门、经费匮乏的情况之下。胡适对丁文江尤为赞赏,他觉得丁文江身上有一种迎难而上、"知其不可为而为之"的坚韧品格。而在1922年以前,地质调查所编印的出版物已有《地质汇报》《地质专报》和《中国古生物志》。《地质汇报》是不定期的综合性地质调查报告集。第1号印行于1919年7月,收入我国7位地质工作者提交的地质矿产报告5篇,涉及煤田20处、铁矿4处、铅矿1处、石灰岩矿1处。其中,丁文江、张景澄《直

1　载于《中国地质学会志》创刊号,1924年第1卷,第8页。
2　引自章鸿钊:《中国研究地学之历史》,载夏湘蓉、王根元《中国地质学会史》,第247页。
3　引自胡适:《丁文江的传记》,载欧阳哲生编《胡适文集》(7),北京大学出版社,1998年版,第434页。

隶山西间蔚县广灵阳原煤田报告》，发表于《地质汇报》第 1 号之首。《地质专报》分为甲、乙、丙 3 种，为中国地质矿产矿床专著。甲种第 1 号为叶良辅之《西山地质志》，印行于 1920 年；乙种第 1 号为翁文灏之《中国矿产志略》，印行于 1919 年；丙种为丁文江、翁文灏开创的矿业编年史纪要。可见丁文江等人已经先行试了一阵子，这为中国地质学会的顺利发展起到了关键的引领作用。

这一年，丁文江从北京到承德，来回察看地质。也是这一年，丁文江向第 13 届国际地质大会提交《滇东的构造地质学》论文，列举龙爪山脉、扬子弧之红色高原、鲁南山脉、扬子江之变质杂岩、东川侵蚀平原、牛栏江之褶皱山脉、宣威高原、东经 104 度以东之交界山脉、罗平高原等 9 个构造单位，论其构造特点。

1926 年，丁文江用近一年时间，跟着孙传芳，当了个相当于上海市市长的官。此举差点要了他的性命。

1927 年，中国地质调查所将李四光的第一部地质科学专著《中国北部之䗴科》作为"古生物专著"特予出版。书中，李四光特意把新发现的最后两个䗴科中的新属之一，命名为"丁文江属"，以表示对丁先生在开拓中国地质事业中所做贡献的尊重[1]。李四光此举，是冒很大风险的。因为当时的丁文江处境十分尴尬，他应孙传芳之邀担任淞沪督办总署总办，在国民党看来纯属"反动派"，所以要通缉他。共产党方面也认为他是"军阀帮凶"。从这一点上也可看出，当时的地质学人对丁文江的关爱之情。当然，丁文江投靠军阀的做法确属站错了队和跟错了人，他在政治上的不成熟可见一斑。

1928 年，丁文江受铁道部委托和广西政府的邀请踏勘川广铁路线，探查广西矿产，重点考察南丹河池锡矿及迁江一带煤田，注重地质构造

---

[1] 引自浦庆余：《拓荒者的光彩——纪念丁文江诞辰一百二十周年》，载《中国地质教育》，2008 年第 1 期，第 3—9 页。

和地层系统调查与研究。是年,他主编成书《徐霞客游记》。

1929年,地质调查所组织力量,丁文江任总指挥,再度进行西南地区的地质考察,这是他第三次西南边陲地质考察。队员有黄汲清、赵亚曾、李春昱、曾世英、谭锡畴、王曰伦等。这次地质考察是丁文江考察规模最大的一次。不幸的是,这次考察途中,年轻的地质学家赵亚曾不幸遇匪殉难。丁文江深感悲痛。

1935年12月,丁文江调查粤汉铁路一带的煤矿储藏量和开采现状,后又赴谭家山勘矿。

翌年1月5日,丁文江因过度劳累和煤气中毒不幸去世。

1936年1月18日,中央研究院在南京的中央大学大礼堂举行了丁文江追悼会,竺可桢的忆文中记载了当时的情况:蔡先生报告在君在院两年来之工作。次咏霓述在君生平,关于地质方面其最大贡献在于西南,尤其是云南、贵州两省,其提倡实地考察与古生物之功尤不可没。次适之报告在君对于朋友、学生及家属之感情交谊及其在上海商埠督办任内不苟取一钱之事实。次罗志希说数语,最后在君之兄弟致答词即散会。蔡元培论其行政工作,翁文灏评其专业成就,胡适述其个人交谊,这样的安排十分恰当,也颇为得体。

为何安排胡适褒扬丁文江?反映了丁文江在工作、学术之外,还有其成功的另一面——交友有方。胡适在《独立评论·纪念丁文江先生专号》撰写《丁在君这个人》一文,主要称誉的也是丁文江的为人处世之道。故胡适在《丁文江传》的引言中写道:

> 二十年的天翻地覆大变动,更使我追念这一个最有光彩最有能力的好人,这一个天生能办事、能领导人、能训练人才、能建立学术的大人物。

1936年丁文江去世后,王曰伦系统地整理了丁文江赴云南的考察研究成果,并写成《云南东部寒武纪及志留纪地层》一文发表。

1937年,尹赞勋整理丁文江资料,并写成《云南个旧附近地质矿物报告》，作为《地质专报》乙种第 10 号出版。其第一章论地质，于地形之特征，地层之嬗递，以及锡铅银煤之分布与成因。

有人说科学家是没有灵魂的，因为他们不相信灵魂。其实不然，科学家也是有灵魂的，即使他们自己因科学的缘故而不承认灵魂的存在，但他们的研究成果就是泽被后世的灵魂。对此，黄汲清在《我国地质科学工作从萌芽到初步开展阶段中名列第一的先驱学者》中曾指出，作为中国地质事业初创时期最主要的拓荒者，丁文江功不可没。1

丁文江在该领域的重要贡献，不仅在于自身研究为本学科提供了一套全新典范，更重要的是利用个人办事才能，积极营建出学科成长的健康环境。丁文江曾对陶孟和说："中国地质学已经进步到这个地步，就是无论在中国或外国毕业的地质系学生，无论他是学士或博士，他都可以认识他在中国地质学界的地位。现在中国地质学工作的质与量都摆在这里，任何人来了提出他的工作，他的地位便决定了。"2

但这种健康环境的形成，往往是在牺牲自己的前提下取得的，李济曾有这样的评价："……他想征服这种遗憾的困难，于是牺牲了自己的兴趣，想法子造出一种环境，使来者可以享受他享受不到的工作机会。到现在，至少在地质学方面，青年有为的都有一条康庄大道可走。……丁在君是在这个开荒时期的最大领袖之一，虽说他未能见全功，他已经为中国学术开辟了一个新纪元。"3

"奋斗的精神，合作的态度，眼光的远大，领导的成功"，这是黄汲清对丁文江等先驱的评价。4

---

1 黄汲清在《我国地质科学工作从萌芽到初步开展阶段中名列第一的先驱学者》中曾指出，丁文江有七个第一；又见王鸿祯主编：《中国地质事业早期史》，北京大学出版社，1990 年版，第 31 页。
2 引自陶孟和：《追忆在君》，原载《独立评论》，1936 年第 188 号，第 33 页。
3 引自李济：《怀丁在君》，原载《独立评论》，1936 年第 188 号，第 34 页。
4 引自黄汲清：《三十年来之中国地质学》，原载《科学》，1946 年第 28 卷第 6 期，第 250 页。

丁文江曾这样评论他的同事："……而卒能稍有成绩者，鼓吹有张君轶欧，教育有章君鸿钊，组织有翁君文灏。"1

第四节　地质教育家

曲水飘香去不归，梨花落尽成秋苑。

曲水流殇的清闲要让位于上下之求索，哪怕过眼之后皆冷秋。丁文江无私地将自己在西方学到的先进知识灌输给中国地质的后来者，经他亲自培养起来的中国第一批地质专门人才，正式毕业生十八人，史称他们是"中国地质的十八罗汉"。丁文江桃李遍天下，但这十八罗汉个个都为丁文江争得了光彩。丁文江收获的，是整个中国的地质成绩，是科学方面的质量。

丁文江任教时间虽然不长，先后任教的校、所有南洋公学（1912年）、地质研究所（1913—1916）、北京大学（1931—1934）。经他培养的学生，多数能独当一面，研究成果丰硕。

丁文江算不上教育家，他的一生，大部分的时间用在了非教育领域。但丁文江完全可以担当得起地质教育行家的称号，无论是对地质学专业学生的培养，还是相关专业的教学方面，或是对教育的倾心及自觉的努力方面，都可以得到证明。

丁文江没有能够形成自己的教育理念，这不能怪他，他抽不出时间去整理思想，他走得太早，很多事还没来得及梳理。倘若把丁文江跟胡适做一个比较，就可以很明显地判别出两人在学术及影响力方面的差

1　引自丁文江：《地质汇报·序》，民国二十九年（1940年）出版，第33号。

距。丁文江所缺的就是梳理，而胡适则有相当的时间去整理自己的"文化经历"。可能正是基于这方面的原因，胡适很早就开始为丁文江"叫屈"。丁文江的英年早逝确实是那一群文化人的损失，也是中国近代文化的损失。

任何一种文化现象，都不可能孤立于时代之外，它们的体系里，有着必然的时代特性。作为清代最后一批私塾走出来的名士，丁文江的思想总有些让人说不清楚的感觉。身在矛盾场中的丁文江，其自身的矛盾性，跟他所处的时代息息相关，清末民初，矛盾打堆。

置身于清末东南小镇上的丁文江，一开始并没有意识到清政府对于中国的危害有多深。留学日本，丁文江有了新的认识，开始反清，并与蔡锷等人一起著文，提倡共和。应该说，这不属于自省，而是被早期的革命者所唤醒。辛亥革命爆发后，丁文江离开"皇城"，回到了家乡，办团练，助共和，开始用实际的行动为革命做事。那一时段，大凡有留学背景，且具有创新精神的青年，大多已不可能紧随大清皇帝。但是，丁文江不是同盟会员，丁文江也不属于那一时期里的革命者，而且，丁文江心里边是非常矛盾的。早在留学期间，丁文江就已经跟康有为等新派人物有过接触，随后，又跟梁启超过从甚密，可是，他没有跟着康有为和梁启超去当"保皇派"，他希望推翻帝制、建立共和。

任何思想都源于经历，丁文江的教育理念，便在那样的经历中自觉形成。

力所能及不只是动词，还是一个哲学命题。出山与在山，哪个更好？丁文江的体会很深，说出山要比在山清，这就是说，人在世上，当局常迷，旁观更清，做入世的事业，还必须有出世的情怀或说精神。世事累心，小事烦身，关键不在轻松，而在目标。有目标与没目标的人，一眼就可以看出。对有目标的人而言，搬一座金山给他，他不见得心情开朗，但有了前行的力量，哪怕负重，他也会愉快。对没有目标的人而言，这个世界是没有山峰的，甚至他会把山峰看成拖累，他们当然尝不了成功的喜悦。

从英国留学回国后的丁文江，很快就被上海南洋中学校长王培荪邀请担任化学及西洋史等课程的教学工作。因为丁文江地质学的背景，学校还专门开设了地质学"选修课"。丁文江发现，上海南洋中学师生不知地质学为何物，学校也没有这方面的教科书。丁文江只能把英国学习时的课堂笔记做参考，编成简易的教材。上海南洋中学属于很开放的学校，居然没人知道地质学！中国当时的大学，情况也不妙，少有人知道地质学。不过，丁文江自此算是做过教师了，之后，丁文江对教育的热情一直没减，而且在地质教育方面，付出了很多的精力，做出了非凡的成就。

南洋中学这样的学校，不是丁文江这类学有专长的留学生长期待的地方。丁文江在南洋中学只待了短短几个月。

1912年，南京临时政府成立，设立实业部，实业部设有矿政司，何橘时任司长，何橘时与刚从日本专修地质专业归来的章鸿钊筹建地质科，由章鸿钊出任地质科科长。在何橘时等支持下，章鸿钊草拟《地质调查咨文》，并在《地学杂志》上发表了《中华地质调查私议》，章鸿钊指出："专设调查称以经营之基，树实利政策，以免首事之困，兴专门学校以育人才，立测量计划以制舆图。"

1913年，何橘时调到京师大学堂。北洋政府工商部矿政司长张轶欧深知中国开创地质事业的重要性和迫切性，他看中了丁文江欧洲留学的"底子"，加上国家急需要学有专长的科学家服务，于是便向当时的工商总长刘揆一提请，急调丁文江进京，并任命其为矿政司所属佥事。于是，袁世凯发布命令："工商总长刘揆一呈任命丁文江为佥事，应照准。此令。"

丁文江随即赶往北京，进入工商部矿政司工作。到任后才发现，没有实际的工作可做，科室里只有一个佥事，两个科员都不是学地质的。丁文江屡次要求地质考察，可就是没有经费。这种情况下，张轶欧希望丁文江"补缺",并支持丁文江撰成《工商部试办地质调查说明书》。《说明书》强调了地质调查的重要性:"吾国地大物博……矿产之富,土地之肥,山泽之利,甲于全球……今日实业之不可复缓,盖实业者,无不取材于地……夫欲大兴行业,必先知矿质之优势,矿床之厚薄。"《说明书》对地质研究所的设立、教材、教师设置提出了大胆构思。"今拟设地质调查团,其团员以研究所教员兼任之;一年之中,平均以半年从事于教授,半年从事于调查,唯须依团员任事之时期定课程之次第,使学生终年不致废学"。

6月,第一个培训中国地质学家的机构——地质研究所正式成立。于是贴出布告:"本部试办地质调查所事宜,特设研究所,以造就地质人才。三年毕业,充任地质调查员。第一学期招生30人,免收学费,食宿自理。……凡中学毕业或同等学力者,17岁以上、20岁以下皆可报名。"原定招收学员30名,实际报到入学者为22人。其中有5人来自南洋中学,报考地质研究所显然受丁文江影响。

10月,工商部改名农工商部,张謇担任农工商部总长,刘厚生担任次长。张轶欧改任地矿局长。张謇曾是大清状元,又是知名的实业家。刘厚生家属于江苏的世家,家底厚,他本人亦是实业家。地质调查所虽然成立了,可就是没经费。刘厚生变卖了自己收藏的几件古玩,筹款50 000元,作为地质调研所的启动经费,地质所和丁文江都遇上了难得的伯乐。丁文江开始"大干"。50 000元可不是小数,当时的北平警察月薪只有8元,大学教授,月薪不超过200元,可见刘厚生能够一下子拿出50 000元来办地质调查所,其心胸与气度有多大。如果说丁文江对中国的地质事业做出了贡献,那么,刘厚生对中国地质事业的贡献尤大,他们都应当载入史册。

丁文江等人还得到了何橘时的大力支持。何为京师大学堂的负责人,故能借到京师大学堂的校舍。地质研究所址,坐落于景山东街。所需图书仪器、标本及各种教学设备,都来自京师大学堂(后来的北大）地质系。地质研究所成立之初，丁文江为所长，担任古生物学、地史学（研究地球发展历史及规律性的学科，主要研究地球地壳和上地幔顶层发展历史，又称历史地质学）教学。后来由章鸿钊继任所长，担任地质学、矿物学等教学，聘请了刚刚从比利时获地质博士学位的翁文灏任专职教师，担任构造地质学、矿床学教学。兼职教师有张轶欧、朱锟、李彬、张景光、沈瓒等。丁文江倡议，每星期必须由教员率领分组到北京郊外进行地质考察，每组必须撰写报告。于是请来瑞典学者安德森、德国地质学家梭尔格等教授野外调查。

叶良辅、王竹泉、谭锡畴等写成了《北京西山地质志》，并绘制出1:100 000的北京西山地质图。这就是由他们自己测制的第一幅区域地质图。《北京西山地质志》系统描述了学员在北京西山地区进行地质调查的情况，是最早反映首都附近地质概貌的重要文献。

同学们对丁文江的印象是：记忆力相当好，对很难记忆的古生物名词记得很熟，讲解时没有发生错误；科学知识很丰富。教地史学是要分析宇宙间一切自然现象来推论地球历史如何发展的，他讲起来左右逢源，还要讲一点天文和气象知识，以为野外工作如测量地形及方位等方面之用。

当时在地质研究所学习的朱庭祜回忆，丁文江由云南回到北京，在地质研究所兼授古生物学及地史学。1915年春天，丁文江带领学生到京西一带做地质考察。山高路险，初次经受锻炼的这些手不能提、肩不能担的青年学生叫苦不迭，丁文江便用种种办法鼓励大家。他自己精力充沛，如将到目的地而时间尚早，必多绕一些山路多看一些地质，沿途还要出题考问学生们。作为一个地质学家，只要一开始考察，他就像打了鸡血一样兴奋。11月，他又带领学生到山东考察，登上了泰山，沿途便研究泰山的地质及岩层。

丁文江告诉他的学生们，泰山就是地质史学上所称最标准的太古界杂岩层。而后又到新泰、蒙阴、大汶口，一路都是荒山野岭，学生们疲惫不堪,加上吃饭只有几个馍,这使学生们极不习惯,精力不济,但丁文江却精力充沛,还用唱歌、背古诗词鼓励学生们坚持向前。

翁文灏回忆,彼所注意者,尤为如何增加学生实地工作之时间与机会,原定课程,重新排列,使野外旅行成为必修科目,并扩大其范围。在每次旅行中,均详细指示学生如何观察绘图及采集标本等事,且任何工作,先生无不以身作则,即余亦因追随调查,颇受其益。师生足迹所至,遍及数省。

丁文江对学生既严又爱,对后辈的提携则成为佳话。他曾给叶良辅的《北京西山地质志》和谢家荣的《地质学》写序。担任过丁文江助教的高振西回忆说,他教书的时间,并不很久,似乎是无关轻重。但是他确是一个极端优秀的"教师"人才,配做教师先生们的模范的!直接听过他的课的学生,同与他在一块儿教书的同事,没有人不承认这个事实的。我们曾得到直接受教的机会,而且相处有四年之久。我们真正地觉得,丁先生不只有做教师的资格,而且能全部地尽了他做教师的责任。这种评语,是对老师的最高奖赏。

李济先生回忆说:1916年,地质调查所经改组充实后正式成立,丁文江众望所归被推任为所长。莅任之始,即抓"扎硬功夫"。从训练学生起,训练调查人员,先叫他们下煤矿做苦力工作,训练完了,成绩不合格的,仍是不用他们。一切野外工作,他都领导先干,以身作则。[1]

胡适也回忆说:调查所日常事务的处理,丁文江亲力亲为,始终坚持和提倡"案无留牍""今日事今日毕"的原则。他锐意革新,地质调查所短时间内被改造成一个生机勃勃的科研机构,进而发展为"中国地

---

[1] 引自李济:《怀丁在君》,收入《丁文江这个人》,传记文学出版社,1979年版,第59页(原载《独立评论》第188号)。

1916年农商部地质研究所合影

前排左起:翁文灏、章鸿钊、丁文江(丁文江故居纪念馆提供)

质学的建立和按步发展的领导中心"[1]。

《农商公报》载:7月19日,丁文江呈文农商部,报告地质研究所第二学年年终考试成绩。考试科目为地史学、古生物学、高等矿物学、岩石学、地质学、分析化学、德文、植物、测量图画。除学生陈树屏、张蕙、李捷、祁锡祉、杨培纶、唐在勤等平均分数皆在60分以下,其余学生尚称热心向学,性行无疵。该所遂择成绩最优,平均分数在80分以上者,每人授以仪器一台,责其分赴直省各煤铁矿附近,单独调查,详细测量,以为毕业成绩。其余成绩在60分以上者,三二人为一组,于

---

[1] 引自胡适:《丁文江的传记》,载欧阳哲生编《胡适文集(7)》,北京大学出版社,1998版,第434页。

暑假中在所居地附近练习，来年春再从事毕业报告。60分以下者，旅费自备。[1]

是年6月，地质研究所也由景山东街马神庙北京大学预科旧址，移至西城丰盛胡同原北京师范学校旧址。

丁文江认为，"要使学生能独立工作，必须给他们许多机会，分成小组，自行工作，教授的责任尤在指出应解决的问题，审定学生们所用的方法，与所得到的结果"[2]。据《农商部地质研究所一览》所载，该年4月、8月、9月、10月、11月，都有地质研究所学生分组实习的记录。

9月23日—26日，地质研究所学生分成四个组，其中地质实习三个组，测量实习一个组，分赴宛平、昌平实习，安特生、章鸿钊、丁文江各带地质实习一个组。

10月1日—3日，地质研究所师生分地质实习两个组，测量实习一个组，分赴宛平实习，翁文灏、丁文江各率地质实习一个组。

10月14日—17日，地质研究所师生又分别赴房山、宛平、昌平实习，其中章鸿钊率一组，翁文灏与丁文江共率一组。

11月13日—23日，地质研究所师生分赴山东泰安和直隶宛平、房山实习，其中翁文灏与丁文江共率17名学生赴山东，曾到泰山和徂徕山一带。

让学生到野外去实习，丁文江的这种想法和做法是非常好的，学生的能力就是在一次次的野外实习中和在老师的言传身教中养成的。地质研究所培养出的18名正式毕业生，个个能独当一面，且能做出实绩，与当年老师的这种训练是有直接关系的。

1916年7月，地质研究所学生18名分任调查员或学习员，此时的地质调查所也"增置图书，陈列标本，分室而居，比屋而读，出行有期，

---

[1]《农商公报》第2卷第1册，文海出版社影印出版（未标明出版年月）。
[2] 引自翁文灏：《对于丁在君先生的追忆》，原载《独立评论》1936年第188号，第15—16页。

居守有责，不复若前此之简且陋矣"[1]。地质研究所图书室移交给地质调查所，地点在丰盛胡同三号。当时有图书室三间，有专门书刊400余册。是年，中国地质学首届毕业生中的18人立即被聘用。地质研究所的毕业生大多数都进了地质调查所，成为中国地质学界的骨干力量。丁文江忠告他们：第一，不可染留学生习气，要考虑本国国情，不计较个人薪水和办事条件；第二，不可染官僚习气，要勤俭自励。他勉励，诸君能尽出所学，实心去做，使吾国对于此种学问，此种事业有一班真有能力之人，则国家之兴，未始不可以此为嚆失。他们中不少人成为中国地质学界名家，如叶良辅、谢家荣、朱庭祜、李学清、刘季辰、王竹泉、李捷、周赞衡、谭锡畴、徐渊摩、徐韦曼等。丁文江用心培养人才，他身边的年轻人，只要接受过实际锻炼做出一定成绩，即派出留学。如谢家荣被派去威斯康辛大学（1918—1920），叶良辅被派去哥伦比亚大学（1919—1921），朱庭祜被派去威斯康辛大学和明尼苏达大学（1920—1923）等。20年后，这些人均成为中国地质事业的中坚力量。叶良辅曾任中央研究院地质研究所代理所长，是该院首任评议员之一，后又担任中山大学地质系主任；谢家荣曾任北京大学地质系主任，后长期担任资源委员会矿产勘测处处长，1948年当选为中央研究院首届院士，1955年当选为中国科学院学部委员；王竹泉1955年当选为中国科学院学部委员；李学清曾担任中央大学地质系主任；朱庭祜曾任两广地质调查所所长、贵州地质调查所所长；周赞衡一直服务于地质调查所；谭锡畴长期任职中央研究院地质研究所……于此，中国地质调查工作才真正开始起步。

地质研究所的存在，使中国地质教育延续下来。自1913年北京大学地质学停止招生，到1917年北大地质学恢复，这中间"中国教授地质

---

[1] 引自丁文江：《地质汇报·序》，民国二十九年（1940年）出版，第33号。

者实唯地质研究所是赖"[1]。

有了地质研究所,中国的地质教育才没有被割断。

1919年梁启超(前中)、蒋百里(前左二)、丁文江(后左二)等赴法国的留影

地质研究所成功的办学经验,被很好地移植到中国地质教育部门特别是北京大学来。本来,地质研究所开办之初,即与北大有密切的合作关系。地质研究所停办后,这种良好的合作关系,在地质调查所和北大之间延续下来了。正如《中国地质调查所概况·沿革》所说,"从事于教育及调查之专家实际上仍互相辅助,避兼差之嫌而有合作之实"。在稍后的北大地质系改造中,丁文江也发挥了重要作用,为北大成为国内地质教育中心做出了他人不可替代的贡献。

在此之前,丁文江虽然没有在北大任教,但他十分关心北大的地质系,总在想方设法提高北大地质教育的质量。当年随梁启超先生出国访

---

[1] 《中国地质调查所概况·沿革》,中国地质调查所出版,1931年,第2页。

问，该办的大事不少，丁文江硬是挤出时间来给北大地质系"挖宝"。

胡适曾说，北大地质系第一批毕业生，不少人跑到了地质所，丁文江亲自出题，试试北大学子成绩，结果一塌糊涂。丁文江对胡适说："适之，你们地质系是我们地质所人才的源泉，我是特别关心。可你们的毕业生来我们这里找工作，我亲自给他们出了一个很简单的考试，每人分到十种岩石叫他们辨认，结果没有一个及格的！"胡适不相信，一看试卷，果然是"满江红"。于是建议找校长蔡元培说清楚情况，丁文江则不好意思起来："这不是干涉北大吗？"胡适说："蔡先生一定会欢迎你的批评。"蔡校长看了成绩单后，非常感谢丁文江，并定下邀请世界地质专家到北大任教的事。

胡适在回忆中说：1919年初的巴黎和会以后，丁文江随梁启超等到瑞典、英国等地考察。并在英国见到了李四光，他在谈到中国需要培养自己的地质人才的迫切性时说："培养地质人才是当务之急。"于是就建议李四光归国后到北京大学任教。是年秋，丁文江又让在伦敦的四弟丁文渊与在伦敦的丁口林（即丁西林，丁文江的族叔，著名物理学家）一同去康为尔锡矿山（李四光当时在该矿山考察），找李四光再谈回国任教之事。[1]

1919年下半年，丁文江赴美国了解到著名古生物学家葛利普教授的情况。葛利普，1900年获哈佛大学理学博士学位，1905年起任哥伦比亚大学教授，1890年至1920年发表论著153篇（部），因为德国血统，第一次世界大战期间失去了哥伦比亚大学的职位。丁文江决定把葛利普教授"挖"到北大。葛利普教授于1920年11月初到北大任教，讲授地史学、古生物学、地层学、高等地层学、中国古生物学、高等古生物学、进化论、中国地层学等课程，同时兼任地质调查所古生物室主任。

李四光接到北大蔡元培校长电邀，曾给刚从北大到英国的傅斯年写

---

[1] 引自胡适：《丁文江传》，海南出版社，1993年版第20页脚注。

信，询问北大情形，后应蔡校长之邀，任北大地质学系教授。1920年9月，本已排定李的课程，但他尚未到校，便由章鸿钊、王烈、翁文灏三位代课，1921年1月李四光到校，开设过矿物学、岩石学及实习、地质测量及构造地质学、高等岩石学及实习、高等岩石实验等课程。

葛利普、李四光到北大，是北大地质学系发展史上的大事，对地质学系的教学和科学研究工作，对地质人才的培养，对东西方地质科学交流等都有重要影响。丁文江对地质教育的热忱，眼光所及，真可谓高瞻远瞩！丁文江推荐这两位，确实是对北京大学的贡献。他虽然才高，但并不自傲，更不自满，敢于把比自己更有学问的人请过来，这样的气度，真的就是君子遗风。

1931年，应北京大学校长蒋梦麟之聘，丁文江任北大地质系教授，讲授普通地质学等课程。丁文江精心编写讲义，准备挂图、标本也力求完备，本校不够的，就托中外朋友帮忙，常常以三倍于别人的时间备一课。他讲课深入浅出，诙谐生动，常用掌故、小说、戏曲、歌谣、故事打比方，加以科学解释。但丁文江更看重的是实践，这是他求学时的经历，也是在地质研究所时的经验。到北大后，丁文江常常带学生去野外实习，哪怕牺牲自己的假期和休息时间。预定实习地点，丁文江先走一趟，然后再带学生去。野外实习时，吃饭、住宿、登山、休息，他与学生完全一致，一切所需物件都要求齐备。丁文江说，固然有些地方可以对付，但是不足为法！带领学生必须照规矩，以身作则。不如此，学生不能有彻底的训练，且有亏我们的职责！

丁文江在北京大学任教期间，学生中不乏中国地质学界的骨干，如赵金科、王钰、张文佑、孙殿卿、崔克信、阮维周、卢衍豪、郭文魁、岳希新、叶连俊等。对他来说，倾力地质学科建设，必将影响自己的研究，对于其中的得失，李济曾非常中肯地评断道："以在君的才力和学力，要是生在已经现代化的国家，他的研究工作的成绩一定可以使他站在最前线。……但中国的社会却不让他尽全力于这个方向。他想征服这种遗憾的困难，于是牺牲了自己的兴趣，想法子造出一种环境，使来者可以享受他享受不到的工作机会。到现在，至少在地质学方面，青年有为的都有一条康庄大道可走。……丁在君是在这个开荒时期的最大领袖之一，虽说他未能见全功，他已经为中国学术开辟了一个新纪元。"[1]

丁文江重回学术部门担当行政要职，发挥其办事能力，已到20世纪30年代中期。之前，他在中英庚款委员会、中华教育文化基金会等团体中任委员，参与文化教育、学术研究资源分配。对于他在其中所发挥的作用，胡适有一段评价最为公正："你的意见虽然有些太偏，有些是自己矛盾的，但大体上都是很可以作为多数人的antidote（解毒剂）。"[2]

关于丁文江的教育思想，葛利普曾作如是之评：丁博士与其他曾受国外训练之领袖，均感觉此种教育工作之困难，丁博士乃运用其特有之能力以解决此科学教育问题。渠确认基本之科学训练，必须在本国讲授，于是需要适当之教师。渠自任相当之课程，其他课程，若不能在留学生中选得相当人才之时，则请外国人士相助。为求更高深及更专门之训练，渠确认必须将中国学生送出留学。但第一条件，必须淘汰成绩欠佳之学生，毫不姑息。唯其最适当者，方可予以留学之机会。[3]

即使与当时的学界大佬胡适相比，丁文江也并不逊色，他对学生最是热心，对课程也最下功夫，每每谈及学生时总会眉飞色舞：班上学生天资如何，功力如何，他都记得清清楚楚。对此，胡适便面有赧色地说："我对他常感觉惭愧。"丁文江是星，不是月；丁文江是灯，不是灯塔，他身上有一种特殊材料制成的真火。有星月的夜晚，思绪是不肯就

---

[1] 引自李济：《怀丁在君》，收入《丁文江这个人》，传记文学出版社，1979年版，第60页（原载《独立评论》第188号）。

[2] 《胡适致丁文江（稿）》，中国社科院近代史所中华民国史组编《胡适来往书信选（中）》，中华书局，1979年版，第271页。

[3] 引自葛利普：《丁文江先生与中国科学之发展》，原载《独立评论》，1936年第188期，第20~22页。又见雷启立编：《印象书系——丁文江印象》，学林出版社，1997年版，第85~86页。

睡的,而且翻飞。每人身上都有三盏灯,一盏在头顶,另外两盏在肩上和心头,这便是人的"三昧真火"。但世上除了有三昧真火外,也有三杯苦酒,一杯是软弱,一杯是自卑,一杯是懒惰。三昧真火并不常现,但三杯苦酒却常常袭扰,世人多抵御不住三杯苦酒的蛊惑,每受一次蛊惑,身上的真火就会失去一部分,灯就会被鬼怪们吹灭一盏,灯全部被吹灭时,鬼怪们就可以恣意妄为了。其实,胡适在中国文化史上的地位是要高过丁文江的,这也让我们看到真正的文化人是多么的谦虚。就现在及后来而言,胡适和丁文江都是学子们推崇的良师益友。注定,如胡适、丁文江者,不会被那些霸风占云者所喜欢。这不奇怪,孔子虽有万世之尊,当世却并不得意,这也是真文化人之于文化的宿命。

第五节　快意一文人

— 。 —

晓凉暮凉树如盖,千山浓绿生云外。

江东银杏的冠盖,是无数文人慨叹的由头,但真正会赏江东的人,多不会缠绵于树下,他们会放眼田野,那里才是大自然休养生息的大本营。其实,文章也如此,斟词酌句之后,往往归心于平淡,把平淡之文作好了,那才是文章老手。丁文江在当时名人眼里,完全是一位"写手"和"斗士",比起他踏遍千山万水做地质调查,其在文化方面的闯荡并不逊色,他后来写过一句"出山要比在山清",足见其对人生与文化都是有过深刻思考的。

古人讲以文会友,以文明志。丁文江在做研究之余,很喜欢"卖弄"文笔,事实上,他的文章写得很传神,他是一个快意文人。

文人相交轻财物,重情谊、才学,多以诗文相赠答,扬才畅怀,以表心态，唱酬是通行的方式。宴饮聚会，更是不可有酒无诗，流行尽觞赋诗。丁文江便时常跟朋友们诗书联谊。从社会文化的角度去看丁文江，他所做的一切，其实并没有背弃传统文化，虽然有人说他是欧化最深的人。传统的仁义礼智信，都是克己敬礼的具体表现。丁文江反抗的是玄学对科学的压制，那是中国数千年封建社会的家当。现在来看，近代中国的百年耻辱，跟玄学是有关系的，这是不争的事实。当西方世界加紧工业革命时，本来领先世界的中国，却还在封建礼教里挣扎，结果是：中国越来越落后，西方工业国家越来越先进。落后挨打的命运就这样落在了中国民众的身上。处身于那种特定思想氛围里的丁文江，敢于大胆地批评玄学，本身就值得颂扬。说他是一名斗士，并非溢美。国家危亡之际，需要清醒者！丁文江的引领是科学的，也是必需的，他虽然批评玄学，但不藐视传统文化；他一生写过许多歌颂传统的文章，且文章中的古文功力不凡。提倡科学，提倡近代教育的丁文江，终生对传统文化保持着浓厚的兴趣，作古体诗，读古诗文，为徐霞客写年谱，整理《徐霞客游记》《天工开物》等，一生不改用毛笔写书信的习惯。

丁文江以先进学人敏锐的观察力，发现社会本质：外人所以能在中国逞强，就因为有科学优势。中国如能在科学上赶上西方，那中国的颓局将改变。这一发现，放在今天仍然具有先进性。丁文江抱着科学救国和实业救国的念想，想要成为改变现状的先行者。所以，他要在有关的文章里阐述。那一时期的先进文人，多半靠著文张扬自己的主张，提出救国救民的措施。丁文江完整的西方学习经历，使他的思想发生了革命性转变。生物学是丁文江在国外学习的主课，他接受的是赫胥黎[1]传播的社会达尔文主义，奠定了其世界观。丁文江认为，科学推理能对人类肯定可知的一切事物提供唯一的向导作用。用比较流行的说法则是

---

[1] 托马斯·亨利·赫胥黎（Thomas Henry Huxley，1825—1895），英国博物学家、教育家，达尔文进化论的最杰出代表。

"物竞天择,适者生存"。激烈斗争中的英雄行为,社会协作中的利他主义和自我牺牲行为都深深影响了丁文江,他提出,精英人物要为国家的振兴与发展做出自我牺牲。这样一些观念的提出,使丁文江很快得到了支持者,他的名气也越来越大。而且,丁文江一直在用自己的行动说明问题,他三去云南,北上热河,于中原大地风餐露宿,当初那位满怀"读书救国"理想的少年,终于成长为富有献身精神的科学家。

快意文人丁文江留着翘胡子,叼着雪茄,请来外国同仁,领着学生,有时还雇来仆人,快意地行走在祖国的大好河山之间,勘探资源、寻找矿藏、测量高度,一次次推翻外国专家的观点,一次次记录下野外考察的结果,一次次提升了中国地质学的地位。信念支配着丁文江,也培养了他的生活和工作习惯。

文人多意气用事,但丁文江从不凭感觉发表不实言辞,这是他跟那些惯于纸上谈兵、坐而论道之人的最大区别。因为有了这个区别,丁文江把快意两字写得很真实,很有人情味,很具社会规律性。最重要的是,丁文江把科学精神及实事求是做事的原则嵌进了快意之中。与他同时代的人,可以批评他的文人干政,可以批评他与革命对抗,但少有人批评他的做事态度,绝没有人批评他的为人。

丁文江曾对一本书特别感兴趣,这本书是《读史方舆纪要》,该书是一部内容精巧、注重细节、架构宏大的书。可惜的是,这本中国的奇书被日本人夺走了。值得庆幸的是,日本人虽得《纪要》之用,却未通《纪要》之体。丁文江虽未像左宗棠那样用上几年时间专门研读《纪要》,却能在对祖国大好河山的勘测中,自悟其体用。不仅对华夏河山有一番自己的战略解读,而且能将这个解读与当时的国际关系相结合。当时,中国的基层军官普遍素质不高,很多人上完军校还不能读图。丁文江认为军校一定要改革,要做到:教员的选择必须采取严格的学术标准;学生的选择必须废除保送制度,必须用严格的入学考试来选拔最优秀的人才;学校必须有第一流的历史、地理、政治、经济等学系,要使学军事的人能够得到军事以外的现代学识。这三点建议,他向孙传芳说过,后来也对蒋介石说过,可惜都没有得到落实。早在民国十六年(1927年)的四月,丁文江在写给胡适的信中就提到"中国存亡安危之关键在于日本"。四年半后,日本果然发动"九一八事变",侵略东三省。不久,天津《大公报》就登载了丁文江的文章《苏俄革命外交史的一页及其教训》,向国民发出呼吁:"华北是我们的乌克兰,湖南、江西、四川是我们的乌拉尔山……云贵是我们的堪察加……我愿我们大家准备退到堪察加去!"丁文江此文一出,南京政府高层震动,第一反应就是认定这中间发生了泄密事件,于是展开秘密调查。调查的结果是根本就没有泄密,而是丁文江自己找到了相同的答案。于是情报部门采取了冷处理的方法,既不支持也不反对,总之不发表意见,以免弄巧成拙,引起日本的注意。而日本没有想到这就是中国的整个战略,更没想到中国人能够以空前的组织力和极坚强的意志力将之实现。有惊无险之后,据说蒋介石事后也不得不对丁文江的战略眼光表示佩服,连胡适也惊呼是"一个真实的爱国者""最后的哀呼"。更能体现"丁氏快意"的还是那场著名的"科玄之争"。

一、科玄之争

20世纪二三十年代,"科玄论战"曾轰动一时。所谓"科玄论战",即一方为科学代表,一方为玄学代表。哲学上后来成为主流的马克思主义(马哲),当时还不算主流,其思想才刚刚进入中国,且进入中国的方式很隐蔽(禁)。但胡适、丁文江这一批从西方学成回国的"海归"们,却搬来了当时美欧最流行的哲学思潮,哲学上统称为"西哲"。

有人说科玄之争是中国传统文化与西方现代哲学之间的斗争,其实不然。以丁文江为首的科学派,并没有特别的哲学观念,但他们抱定了科学救国的真理,以科学发展作为唯一的人文选择。以张君劢为首的玄学派,其实并不是传统哲学(中国古哲)的代表,张君劢完全站在流行哲学的立场上,就哲学而谈哲学。

丁文江一派的正确性在于科学确实已经在推动世界的进步与发展。其错误在于全盘否定哲学,把人文一类归之于玄鬼,这是对哲学的误断。

张君劢一派的正确性在于哲学是一切社会理论的总结,其精神引领了社会思潮及生活方式。其错误在于没有把哲学与科学紧密相连,人为地把哲学与科学分割开来。

我们先来看所谓的玄学,它是本体论的形而上学,即哲学。1923年2月,张君劢在清华大学做《人生观》讲演,认为人生观有不同于科学的特点,所以人生观问题的解决,"决非科学所能为力,惟赖诸人类之自身而已"。

1923年4月,丁文江在《努力周报》上发表《玄学与科学》一文,反对张君劢的主张,骂张君劢为"玄学鬼"。丁文江认为,人生观要受伦理学的公例、定义、方法的支配。论战就此拉开大幕。

论战展开后,张君劢一派的主力是张君劢、梁启超、林宰平,丁文江一派的主力则是丁文江、胡适、吴稚晖等人,双方都是学术界的大佬和重镇,可谓势均力敌,旗鼓相当。

而论战主要还是在丁文江和张君劢两人之间进行,因此也有资料称其为"张丁论战"。

张君劢觉得,天下古今之最不统一者,莫若人生观。他认为,科学之要务,在求事物之公例,而人生观则无公例可求,所以科学无论怎么发达,也不能统一人生观,指出:第一,科学为客观的,人生观为主观的。第二,科学为论理的方法所支配,而人生观则起于直觉。第三,科学可以从分析方法下手,而人生观则为综合的。第四,科学为因果律所支配,而人生观则为自由意志的。第五,科学起于对象之相同现象,而人生观则起于人格之单一性。张君劢认为,人生观是主观的、直觉的、综合的、自由意志的、单一的,因而断言"惟其有此五点,故科学无论如何发达,而人生观问题之解决,决非科学所能为力,惟赖诸人类之自身而已"。

张君劢的所谓"玄学"人生观,主要受法国现代生命哲学家亨利·柏格森(1859—1941)和德国现代生命哲学家倭铿(1846—1926)以及德国生命哲学家杜里舒(1867—1941)的影响。张君劢自欧洲返国,受柏格森与倭铿之影响,鼓吹"人类有思想有自由意志"之学说。此乃哲学层与玄学层上之立言。

张君劢具有西方文化背景,他以现代西方非理性主义柏格森等人的生命哲学为基础,把西方的人本主义与中国儒家文化相结合,奠定了玄学派的人生观。客观而论,张君劢攻击的是"科学万能",而非科学本身。

张君劢看到了科学的局限性,认为"科学无论如何发达,而人生观问题之解决,决非科学所能为力"。[1]

张君劢主张"科学之所重者,厥在因果律之必然性"。而"真心理之必无因果"。故"不尽因于物质"。他据此认为"欲以因果律概括一切,则于人生现象中,如忏悔,如爱,如责任心,如牺牲精神之属于道德方面者,无法以解释之"。为了标举精神价值的优先,张君劢将管子的名言颠倒为"知礼节而后衣食足,知荣辱而后仓廪实"。[2]

第一次世界大战结束时,梁启超作为赴欧观察组的领头人,回国后发表《欧游心影录》,阐述了对战后欧洲思想状况的看法。他以毁灭性战争为例,声称现代文明的"科学破产"。梁启超从1898年起便开始主张学习西方科学,但在《欧游心影录》中却大谈科学破产,因此引起了轰动。

---

[1] 引自张君劢、丁文江:《科学与人生观》,山东人民出版社,1997年版,第38页。
[2] 引自张君劢、丁文江:《科学与人生观》,山东人民出版社,1997年版,第75~119页。

1923年4月12日，丁文江针对张君劢发表的《人生观》一文，立即写出一篇《玄学与科学——评张君劢的"人生观"》，发表在《努力周报》第48期和第49期上，劈头即宣战："张君劢是作者的朋友，玄学却是科学的对头。玄学的鬼附在张君劢身上，我们学科学的人不能不去打他。"

　　丁文江提出了不同的观念，具体有八项：①人生观能否同科学分家；②科学的智识论；③张君劢的人生观与科学；④科学与玄学战争的历史；⑤中外合璧式的玄学及其流毒；⑥对于科学的误解；⑦欧洲文化破产的责任；⑧中国的"精神文明"。

　　对于张君劢"科学方法不能解决人生问题"，丁文江反驳说："我们且先看他主张人生观不受科学方法支配的理由。"

　　张君劢的理由是，人生观"天下古今最不统一"，所以科学方法不能适用。但是人生观现在没有统一是一件事，永久不能统一又是一件事。……何况现在"无是非真伪之标准"，安见得就是无是非真伪之可求？不求是非真伪，又从哪里来的标准？要求是非真伪，除去科学的方法，还有什么方法？

　　对于张君劢提出的科学与人生观五个异点，丁文江反驳说人生观不为论理方法所支配；科学回答他，凡不可以用论理学批评研究的，不是真知识。丁文江说，纯粹之心理现象在因果律之例外；科学回答他，科学的材料原都是心理的现象，若是你所说的现象是真的，决逃不出科学的范围。他再三地注重个性，注重直觉，但是他把个性直觉放逐了论理方法定义之外……他说人生观是综合的，全体也，不容于分割中求之也。

　　对于张君劢提出的欧洲文化破产的原因是科学，丁文江反驳说，欧洲文化纵然是破产（目前并无此事），科学绝对不负这种责任，因为破产的大原因是国际战争。对于战争最应该负责的人是政治家同教育家。这两种人多数仍然是不科学的。

丁文江说张君劢的玄学是"中外合璧式的玄学",一面讲柏格森的直觉,一面讲孔孟、宋明理学家内心修养。丁文江认为,精神文明有什么价值? 配不配拿来做招牌攻击科学……今之君子,欲速成以名于世,语之以科学,则不愿学;语之以柏格森、杜里舒之玄学,则欣然矣。以其袭而取之易也。

丁文江针锋相对地提出:"惟有科学方法,在自然界内小试其技,已经有伟大的成果,所以我们要求把他的势力范围,推广扩充,使他做人类宗教性的明灯:使人类不但有求真的诚心而且有求真的工具,不但有为善的意向而且有为善的技能!"[1]他强调的是"科学的万能,科学的普遍,科学的贯通"。[2]

在科学与玄学的论战中,丁文江写了不少文章,表明他的科学主义立场。在对待政治的问题上,丁文江、胡适、陶孟和的观点却有微妙差异。丁文江的这种见解受到胡适的高度赞赏,认为"这是一个真正懂得科学精神的科学家的人生观"[3]。

"科学派"除丁文江、胡适、吴稚晖外,还有唐钺、任鸿隽、王星拱等人。王星拱的观点更激进,认为科学可以解决人生问题,因为科学所凭借以构造起来的,有两个原理:一是因果之原理,二是齐一之原理。这两个原理,存在于宇宙之间,所以数学、物理学、化学等科学可以凭借它们而构造起来。同样,人生的各种现象,如"生命之观念""生活之态度",都是可以用科学支配的。王星拱给出的结论是:科学是凭借因果和齐一两个原理而构造出来的;人生问题无论为生命之观念,或生活之态度,都不能逃出这两个原理的金刚圈,所以科学可以解决人生问题。

---

[1] 引自张君劢、丁文江:《科学与人生观》,山东人民出版社,1997年版,第205页。
[2] 引自张君劢、丁文江:《科学与人生观》,山东人民出版社,1997年版,第53页。
[3] 引自胡适:《丁文江的传记》,见《胡适全集》第19卷,安徽教育出版社,2003年版,第445页。

林宰平则形容坚持科学信仰最力的丁文江"简直像个教主"，具有宗教统一的欲望，"用同一的形式同一的信仰，把人生圈入一定的轨道中"。丁文江是当时中国最杰出的科学家之一。傅斯年称他是"欧化中国过程中产生的最高的菁华"，是"用科学知识作燃料的大马力机器"。故胡适在肯定傅斯年所评的"最确切的评论"的基础上，又盛赞丁文江"不愧是一个科学时代的最高产儿"，"是一个欧化最深的中国人，是一个科学化最深的中国人"[1]。

　　丁文江在科玄论战中说，我们所谓科学方法，不外将世界上的事实分起类来，求它们的秩序。等到分类秩序弄明白了，我们再想出一句最简单明白的话来，概括这许多事实，这叫作科学的公例。他从科学方法的这种特点，得出科学方法对于物质现象和精神现象普遍适用的结论："科学的方法是辨别事实的真伪，把真事实取出来详细的分类，然后求它们的秩序关系，想一种最简单明了的话来概括它们"。[2]

　　丁文江认为，爱因斯坦谈相对论是科学，詹姆士谈心理学是科学，梁任公讲历史研究法，胡适之讲《红楼梦》，都是科学。[3]

　　夏绿蒂·弗思认为，这在实际上只是突出科学方法中的逻辑原则。这种科学方法的泛化，减轻了人们对"科学"的神秘感和畏惧心理，但本身包含着简单化的弊端：它在突出科学方法的逻辑原则的同时，往往使人轻视或忽略近代科学方法更重视的实验原则。这显然与他念念不忘科学信念的普及和自己的启蒙角色有关。[4]

　　胡适与丁文江一样，深信科学研究方法的普遍适用性，他曾断言：

---

[1] 引自胡适：《丁在君这个人》，原载《独立评论》第188号。
[2] 引自丁文江：《玄学与科学：评张君劢的〈人生观〉》，载《科学与人生观》，山东人民出版社，1997年版，第39页。
[3] 引自丁文江：《玄学与科学：评张君劢的〈人生观〉》，载《科学与人生观》，山东人民出版社，1997年版，第49页。
[4] 引自夏绿蒂·弗思：《丁文江——科学与中国新文化》，丁子霖译，湖南科技出版社，1987年版，第104~107页。

"我们也许不轻易信仰上帝万能了,我们却信仰科学的方法是万能的。"[1]

"大胆的假设,小心的求证",这十个字,被文化学者们冠为"十字真言",是胡适终生服膺的"科学"信条。在胡适看来,"科学"几乎等同于"科学方法论"。而他坚持的"科学方法",完整的表述是:"细心搜求事实,大胆提出假设,再细心求实证。"[2]

科学与玄学的论战,西方文化史上早已讨论过。中国近代,因为文化落后,"到现在才讨论这个问题……进步虽说太缓,总算是有了进步"。汪晖认为,丁文江将"求真""为善"的希望一并寄托于科学,体现着这一代学人所受到的时代影响。19世纪末到20世纪初的中国社会,是在"格物致知"概念的基础上接受"科学"概念的,这样的内在渊源和传承关系,使源于"格致"观念本身固有的因素很容易渗入科学概念之中,"格致诚正修齐治平"的道德修养信条,随之也渗透到科学信仰中。[3]

很多人称赞丁文江"真是一位理学大儒"。丁文江如果死而有知,读了这句赞语定会大生气!他幼年时代也曾读过宋明理学书,但他早年出洋以后,最得力的是达尔文、赫胥黎等一流科学家的实事求是的精神训练。他自己曾这样说:

> 科学是教育同修养最好的工具。因为天天求真理,时时想破除成见,不但使学科学的人有求真理的能力,而且有爱真理的诚心。无论遇见什么事,都能平心静气去分析研究,从复杂中求简单,从紊乱中求秩序;拿论理来训练他的意想、而意想力愈增;

---

1 引自胡适:《我们对于西洋文明的态度》,原载《现代评论》1926年第4卷第83期;又见《胡适全集》第3卷,安徽教育出版社,2003年版,第9页。
2 引自胡适:《我的歧路》,见《胡适全集》第2卷,安徽教育出版社,2003年版,第469~470页。
3 引自汪晖:《科学的观念与中国的现代认同》,见《汪晖自选集》,广西师范大学出版社,1997年版,第315~316页。

用经验来指示他的直觉,而直觉力愈活。了然于宇宙生物心理种种的关系,才能够真知道生活的乐趣。这种活泼泼的心境,只有拿望远镜仰察过天空的虚漠,用显微镜俯视过生物的幽微的人,方能参领的透彻,又岂是枯坐谈禅妄言玄理的人所能梦见?[1]

论战归论战,但丁文江和张君劢仍然是好朋友。自此之后,张君劢的思想体系中也或多或少地加进了一些科学的成分,而丁文江的很多文章中,则更多地关注人文,这是论战的"好处"。张君劢后来成为哲学大师,丁文江则成为中国地质的开山大师,两位大师的论争,也在中国社会的不断变化之中慢慢地归于平静。对当时的中国而言,论争可以解放思想,但实际的问题还得用实际的手段去解决,社会发展也不是几个人的争论就能解决的。

通过这场争论,使丁文江和张君劢都名声大振,尤其是丁文江,俨然成为科学的代表。这场论争的胜利者是丁文江这一派。

胡适赞叹:这是一个真正懂得科学精神的科学家的人生观,这是丁在君的人生观。

丁文江科学人生观最早应始于英国留学期间。

丁文江作为五四时期的知识分子,当然期待中国也来一次文艺复兴。他不像梁启超以复古为革新的尝试,没有像胡适挖掘非儒学派与西方近代文化的同构关系,寻找西方思想文化在中国生根发芽的土壤。他认为,在唐代的自由与艺术文明衰落之后,宋代出现了一股反动逆流,那些打着新儒学旗号的理学家们以一种愚弄人的形式主义毒害知识分子。宋明理学从表面上看是致力于通过佛教思想改头换面成为一种玄学启蒙,实际上是反知识的,是不讲方法的烦琐哲学,是没有信仰的宗教。直至17世纪初,明智的知识分子开始对他们所处时代的知识感到不满足,再加上政治上的不满强烈刺激了知识分子思想上的活跃和探索

---

[1] 引自《玄学与科学》,《努力周报》第49期。

精神，大多数知识分子从沉睡中被唤醒，开始注意西方传教士带来的新思想与新方法，并将这种方法成功地运用到对传世经典的研究上。这场运动可以称之为中国的文艺复兴，它始于对传统经典的品评，以引进西方科学和哲学而结束。丁文江指出："在这场伟大的运动中，宋应星和徐霞客两人占有非常重要的位置，他们怀疑博物史中的传统记载，因为关于自然的真理只能通过第一手的观察才能较好地确定下来。而且，由于是把观察到的现象而不是把史书上的记载当作根据，这显然具有近代科学的意味，他们'为了追求真知和达到精神上的满足，餐风露宿，废寝忘食，这正是文艺复兴精神的体现'。"

明末科学家宋应星（1587—1661），字长庚，江西奉新人，他撰写的《天工开物》对中国古代的各项技术可以说是一个系统总结，并构成完整的科学技术史体系。该书收录了农业、手工业、工业，其中诸如机械、砖瓦、陶瓷、硫黄、烛、纸、兵器、火药、纺织、染色、制盐、采煤、榨油等生产加工技术，对机械则有更详细的记述。先后被译成日、英、法、德等国文本，被外国学者誉为"中国17世纪的工艺百科全书"。丁文江对该书进行了认真研究，丁文江对宋应星强调的人类要和自然相协调及人力要与自然力相配合的提法尤其赞赏。丁文江甚至将他在英国所学的地质知识拿来与宋应星的著作进行比较，但此后这项工作并没有继续深入下去。究其原因，除了丁文江的工作繁忙之外，就是丁文江研究的兴趣转向了徐霞客。

徐霞客（1587—1641），名弘祖，字振之，号霞客，明代伟大的地理学家、旅行家，明南直隶江阴马镇南阳岐人。他博览群书，摒绝仕途，矢志考察山川地貌奥秘。徐霞客在旅途中，三十年如一日，每天晚上休息之前，把当天见到的听到的都详细记录，即使在荒山野林里露宿的日子，也总是在篝火旁，伏在包袱上坚持写日记。后来，人们把他的日记编成一本《徐霞客游记》。这部书是我国著名的古代游记，也是我国古代地理学上的宝贵文献。徐霞客并不是单纯为了寻奇访胜，而是为了探索大自然的奥秘,寻找大自然的规律。他在山脉、水道、地质和地貌等方面的调查和研究都取得了超越前人的成就,他是世界上最早的石灰岩地貌学者,他对火山、温泉等地热现象也都有考察研究,对气候的变化,对植物因地势高度不同而变化等自然现象,都做了认真的描述和考察。此外,他对农业、手工业、交通的状况,对各地的名胜古迹演变和少数民族的风土人情,也都有生动的描述和记载。

徐霞客对丁文江的影响是巨大的,丁文江曾对徐霞客的游记进行了整理,因此被人们称为徐霞客研究第一人。丁文江之于科学的用心,是值得今人学习并借鉴的。

毋庸置疑,在20世纪科学主义的大潮中,最著名的"赶潮"人,应首推丁文江。

二、干预政治

20世纪20年代初,丁文江经常代表北票煤矿外出旅行,这给了他深入研究奉天、直系两系军阀的机会。他在军中广交朋友,已经大致了解中国北方的军事情况。

1920年后,丁文江积极议政。《努力周报》的发起是丁文江超越专家身份履行知识分子职责的显性开端。五四运动后,中国自由主义者开始结集,对于他们的早期活动,丁文江并未预闻其事,不过《努力周报》的创办丁氏确有首倡之功:"在君是最早提倡的人,他向来主张,我们有职业而不靠政治吃饭的朋友应该组织一个小团体,研究政治,讨论政治,作为公开的批评政治或提倡政治革新的准备。"[1]

《努力周报》第二期推出的《我们的政治主张》是以胡适、丁文江为首的小群体矢力于政治的纲领性文件,该主张宣示的改革进路,"第一

---

[1] 引自胡适:《丁文江的传记》,载欧阳哲生编《胡适文集(7)》,北京大学出版社,1998年版,第442~443页。

步在于好人需有奋斗精神","凡是社会上的优秀分子,应该为自卫计,为社会国家计,出来和恶势力奋斗",以勠力促成"好人政府"目标的实现。 文章发表后,引起了知识阶层的广泛关注,包括《努力周报》、北京《晨报》《益世报》、上海《民国日报》以及《先驱》等各具背景的报刊发表了多篇回应之作,由此在全国范围内掀起了一个"好政府主义"的讨论。 丁文江积极参与其间,并就有关观点往返辨析,使自身的立场得到了进一步的明晰澄清。《答关于〈我们的政治主张〉的讨论》涵括了其在《我们的政治主张》基础上的进一步思考,他为知识阶层确立了一条"救火"兴邦的问政途径。 在丁文江看来,"政治糜烂是凡百事业不可为之的主因,因此改良政治实为变革社会的首要之图,也是最易着手最易见效的环节;知识阶层应肩负起议政的责任,与此同时不忘加强自身修养,尤其应用科学的态度尽可能地研究政治的各相关层面,以作改良政治之依据"。[1]

尽管胡适等人所倡导的好政府主义很快就失败了,但这是中国知识分子干预政治的一次非常可贵的努力。《努力周报》仅仅办了一年半就停刊了。 停刊的原因,胡适认为是因为反动的政治已到了登峰造极的地步。

丁文江在面向燕京大学青年学生的讲演中直接将国内政治的"不上轨道"归诸"少数人"("好人")的袖手旁观,他认为,遗传及境遇都有"相当遭际"的人理所当然地成为"社会的天然领袖""国家的中流砥柱",自然应负起相应的责任;他相信只要这些"少数人"能够空其所傍咬定牙关,不再把政治视作军阀官僚的私物而能勠力合心积极问政,政局必将为之一变。[2]

---

[1] 引自丁文江:《答关于〈我们的政治主张〉的讨论》,原载《努力周报》1922 年 6 月 11 日,第 6 期。
[2] 引自宗淹(丁文江):《少数人的责任》,原载《努力周报》1923 年 8 月 26 日,第 67 期。

丁文江之所以将政治改良寄托于"少数人",胡适认为,除"吾曹不出如苍生何"的传统士大夫意态隐约作用、与个人"实干家"的秉性若合符节外,还建基于他对近代中国各权势集团的分析判断。近代式训练的匮乏几乎是他对所有权势集团的共同诊断。长久萦绕其心间的创办新式军官学校的愿望就是一个极具提示性的例子:军阀的割据称雄各逞其私是近代中国的祸乱之源,丁文江并未对一般时论随声附和,他在分析后认识到军人中虽不乏爱国志士,但受制于近代知识的缺乏,致使在事态之判断与应对时往往为盲动颟顸所夺,成为政治社会中的消极力量。所以应创建一所"最新式的最完备的高级军官学校"。[1]

将军人集团改造成责任心及能力兼备的建设性力量,相当长时期内在其心间跃跃欲动。1925年8月,他在与孙传芳杭州晤面谈及自己的"出山"设想时就明确表达了这样的愿望。

以《努力周报》的创刊为始点,丁文江之后较多涉足政事,在其长达十几年的与政治剪不断理还乱的姻缘中,他或通过向政府建言或偶一出而从政的方式,构成了"少数人"思想在特定条件下的双重实践。

在《努力周报》上,丁文江发表过一系列有关国内各派军队的文章,丁文江介绍了满洲、湖南、广东军队的现状,并分析了第一次直奉战争。这些文章经过加工,充实了某些内容,印成一册名为《民国军事近纪》的书,旨在成为一部简短的历史,以记载1925年的中国北方各省军队的情况,及对军队诸派别的结构、地位、规模及备战状况的分析。"完全裁兵,不仅是减少军队数量"。这是丁文江个人为《努力周报》宣言提出的口号,在《努力周报》上,丁文江还提出,用对裁兵问题的具体研究取代对军阀的口诛笔伐。他赞扬他的朋友蒋百里写的一本书,认为他是有知识的军人在这个问题上做出的罕见的尝试之一。丁文江希

---

[1] 引自胡适:《丁文江的传记》,载欧阳哲生编《胡适文集》,北京大学出版社,1998年版,第474~475页。

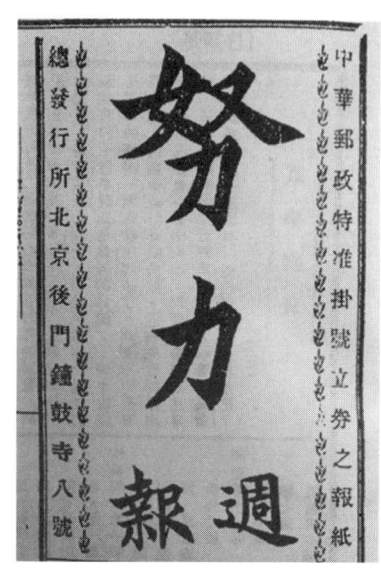

《努力周报》封面

望通过对军队的科学分析,制定趋于和平的军事政策。丁文江一直希望通过教育来驯化军人。丁文江认为中国军事教育是"全世界最差的"。他哀叹本国军官从未学过现代史、政治、经济学,更加令人吃惊的是他们军事科学基础方面的无知。作为一名地质学家和企业经营者,使他得以亲身了解军队在测绘知识、战略知识和后勤供应知识等方面是多么匮乏。他指出,由日本下级军官学校的毕业生通过翻译授课,同时,学员使用翻译过来的外国教科书——这种做法早已被普通大学摒弃多年了。丁文江秉持"军官需要教育"理念,认为如果找不到儒将,就一定要培养出来。于是,丁文江产生了一个十足的雄心:建立一所现代化的军事学院。十年后,丁文江还对人讲,进行军事教育改革仍然是他所怀有的壮志。

丁文江对于军事的热情,也曾得到过发挥。他在家乡组织乡团(护院性质的地方地主武装)并亲自培训,应该是有过一些政治和军事上的"想法"的。但他后来没有坚持做下去,一方面是条件不允许,另一方面,则跟泰兴当时的政治气候有关。当时的泰兴,已经出现了红色游击队和农民自卫队,不久,红十四军也在泰兴活动。再后来,新四军来到了泰兴,并在丁文江的家乡打了关键性的一个大胜仗(黄桥决战),而丁文江的故居,也成为陈毅和粟裕等新四军将领的一个临时指挥所。丁文江如果再坚持下去,那他就有可能成为人民的敌人。

1923年8月,丁文江在《努力周报》上发表了《少数人的责任》一文,文中说:"我们中国政治的混乱,不是因为政客官僚腐败,不是因为武人军阀专横,是因为'少数人'没有责任心,而且没有负责任的能力。"他宣称:"只要少数里面的少数、优秀里面的优秀,不肯束手待毙,天下事不怕没有办法的。""中国的前途全看我们'少数人'的志气"。[1]

丁文江高估了当时的军人领导,只是认为广大军官队伍达不到使他满意的程度。围绕痛恨外国压迫,丁文江个人的爱国主义既有民族主义成分,又有文官成分。他把一整套纯粹消极的特点当成了军人的"爱国主义"。各派军阀在自己的领地内实行和平政策,禁止其军队奴役当地人民,拒绝接受外国强迫的贷款并且不增收附加税,控制贪污,不找外国人的麻烦,这些模仿文官美德的做法,赢得了丁文江的赞赏。作为一个出身士绅阶级的文官,丁文江认为一个督军的行政机关可以用来强化政治进步,而不是去支持军事占领。

著名学者蒋廷黻对军阀素有不满,于是就问丁文江:"这些人搞政治会产生什么好结果?"丁文江责备他说:"廷黻,你不懂军人。你没有资格责备他们。我了解他们,他们很多是我的朋友。我可以告诉你,如果他们中任何一个有你那样的教育程度,他们一定可以,而且绝对可以比你对国家更有贡献。"他说:"我们中国政治的混乱,不是因为国民程度幼稚,不是因为政客官僚腐败,不是因为武人军阀专横——是因为'少数人'没有责任心而且没有负责能力。"胡适支持丁文江,打破了不谈政治的誓言,"我实在忍不住了",于是就在北大演讲"好人政府主义",他说:"好人不出头,坏人背了世界走。"

作为一个现代民族主义者,丁文江认为热爱祖国必须穿上民族主义的服装。他自己对军人的爱国主义充满信心。怀着这些幻想,丁文江在本省江苏深陷危机的时刻投奔了孙传芳。

1924年,所谓的"好人政府"的部队与奉系军阀之间爆发了新的战

---

[1] 引自王仰之编:《丁文江年谱》,江苏教育出版社,1989年版,第31页。

争,并以曹锟政府的垮台而告终。从1924年11月开始,首都由所谓"执政府"统治,张作霖在他们之中享有军事优势并发挥支配性作用。在北方动荡不定的冲突期间,中部沿海各省饱受动荡之苦。

1924年的9—10月,及1925年1月,江苏自1911年辛亥革命以来首次卷入战事。其对手是浙江,争执的问题是关于上海市及其丰饶岁入属谁控制这个长期存在的问题。孙传芳利用江浙之间的这场冲突,迅速由福建基地向北推进,1925年这一年中,他巩固了自己作为浙江、江苏、安徽、江西和福建等五省的军事统治者的地位(五省联军司令)。

这一年,江苏的士绅,对张作霖及其同伙因军队组织涣散、敲诈勒索、横征暴敛以及与日本人秘密勾结非常反感。第二次直奉大战,吴佩孚大败,张作霖挥师入关,直逼江浙,丁文江忧虑奉系军阀一旦得逞,会使中国政治变得"更无法纪,更腐败,更黑暗"。丁文江放出话来,他说我作为江苏人,我是不能眼看着胡子来蹂躏压榨我们江苏同乡的,所以说我不会坐视不管,奉系如果说南侵的话,我一定要出山、出头。他为了这件事,辞掉了北票煤矿公司的总经理职务,1925年他说我要专心做政治,政治的重心就是阻抗奉系。

丁文江作为北票煤矿的代表,曾与奉系打过交道,使他对奉系只有憎恶而不存在任何幻想。面对奉系大规模南侵,江苏有识之士成立了"救援江苏"的秘密社团,丁文江与其朋友兼同乡刘厚生和陈陶遗在其中积极活动,因而以"江苏人"参与此事,去与岳州的吴佩孚、杭州的孙传芳联络。1925年七八月间,丁文江分驰岳州、杭州试图运动吴佩孚、孙传芳出兵反奉。孙早有反奉之心,自五卅运动起就一直积极备战,因此应允于适当时机出兵。面晤时,孙传芳曾问丁文江,把奉军赶出江苏之后,肯不肯来帮自己。丁文江考虑后表示同意。孙传芳关心社会治安状况和部队纪律,抑制税收,并公开宣称为爱国而献身,不失为一个"好"军阀。丁文江甚至一度希望孙传芳的军队能带来军事上的统一。

丁文江愿意为孙传芳做事情，除了"苏人治苏"的政治原因外，还跟丁文江背靠的"北系"有关。纵观丁文江一生仕途的发展，他与北洋政治集团的关系，要密于南方的革命政权，这可能就是他此后没有被蒋介石重用的原因所在，甚至，北伐时蒋介石还下了通缉丁文江的命令。这当然就成了丁文江一生的"硬伤"，并因此让丁文江承受精神的重压。

20世纪初，中国知识分子寄托厚望的国民思想改造，其背负的文化遗产不可避免地发生作用；而且，在对旧传统的攻击和破坏中，新文化人将"科学"置于与儒学信仰对立的地位，希望科学取代儒家信仰而进入国人的思想和灵魂，很自然地赋予它以"信仰"伦理功能。1928年，南京政府成立时，国民党根据孙中山的理论，在确立一党专制的同时，开始对人民实施"训政"。胡适等"新月派"自由知识分子对此质疑。自从鸦片战争以来一直困扰中国如何迅速实现"现代化"的问题，又重新引起人们的思考和关注。1933年7月，《申报月刊》集中发表20余篇文章讨论这一问题。

胡适的文章首先招来最要好朋友丁文江的批评。丁文江的《民主政治与独裁政治》刊登在1934年12月18日《大公报》，后被《独立评论》第133号转载。文章提出一个困扰人的问题，中国是一个文盲大国，80%的老百姓不识字，且根本不关心政治。文章说，即便是西方社会，大多数人对政治也不感兴趣，人们识字的目的，不过是为了看体育新闻和读侦探小说。何况那些"靠政治吃饭的人又发明了一种骗人的利器——宣传。宣传是要组织的，组织是要钱的，于是就是在西欧选举权普遍的国家，实际的政权"也会落入有钱人手里。紧接着，文章对胡适的"民主宪政是一种幼稚园的政治制度""好处在于不甚需要出类拔萃人才"等观点做了批评，得出"在今日的中国，独裁政治与民主政治都是不可能的，但是民主政治不可能的程度比独裁政治更大"的结论。丁文江认为独裁政治在中国是不可避免的。他强调这是一种与旧式专制不同的"新式"独裁制度,并提出独裁者必须符合他所提出的四个条件。

胡适对丁文江的观点非常失望,因此在《独立评论》第133号以《答丁在君先生论民主与独裁》为题做了回应。他首先承认西方国家那些"看体育新闻""读侦探小说"的人对政治是不感兴趣,也往往会上当受骗,但是他们第一次上当了,第二次、第三次就可能不会上当。因此民主政治的好处就是需要那些平时不关心政治的人到选举的时候来"画个诺,投张票,做个临时诸葛亮,就行了。这正是幼稚园的政治,这种'政治经验'是不难学得的"。相比之下,现代独裁政治就大不一样了。独裁者为了"不让那绝大多数阿斗来画诺投票",除了需要一大批专家外,还要收买一部分阿斗充当自己的工具。这些人被组织起来以后,"自以为是专政的主人,……天天以干部自居,天天血脉贲张拥护独裁"。为了达到这个目的,独裁者还要"充分利用他们的劣根性,给他们糖吃,给他们血喝,才能领他们死心塌地替你喊万岁,替你口除反动,替你拥护独裁"。文章最后针对丁文江和钱端升所谓新式独裁的说法,还强调指出:"中国今日若真是走上独裁的政治,所得的决不会是新式的独裁,而一定是那残民以逞的旧式专制。"文章写好后,胡适还在一封短信中对丁文江说:"那时我也许早已被'少壮干部'干掉了,可是国家必定也已弄到不可收拾的地步。那时你们要忏悔自己误国,也来不及了!"[1]

在《独立评论》上,陶孟和以明生为笔名发表《双周闲谈——穆勒论独裁》参与讨论。陶孟和主要是介绍了约翰·穆勒关于民主与独裁的精彩论述。

对胡适和陶孟和的意见,丁文江以《再论民治与独裁》为题,在1935年1月20日的《大公报》做了回应,《独立评论》第137号予以转

---

[1] 引自《胡适日记》第六册,山西教育出版社,1997年版,第427页。

载。丁文江一方面重申自己的观点,一方面表示,这也是国难当头的无奈选择,并在《再论民治与独裁》一文中旗帜鲜明地陈述自己的立场:"在今日的中国,新式的独裁如果能够发生,也许我们还可以保存我们的独立。要不然只好自杀或是做日本帝国的顺民了。我宁可在独裁政治之下做一个技师,不愿意自杀,或是做日本的顺民!"[1]

这场关于"现代化"的大讨论,可以看到当年思想界对于如何实现国家统一、如何赶上世纪潮流的种种意见。学理和实践,重在实践。纸上得来终觉浅,绝知此事要躬行。中国的现代化,终于在改革开放后提上了议事日程,而且有了明确的时间表,中国的现代化虽然不能说指日可待,但毕竟不远了。从这一点上谈,当初那群论争现代化的志士们是多么的难得。无论旧权威专制,还是新权威专制,本质上一脉相承,不仅不要民主,而且不要自由。现代化建设与民主政治并不矛盾,关键在实践,现代化实现只是时间问题,而民主政治也在不断完善之中。

丁文江曾在《大公报》上撰文《我的信仰》,里面谈到了他出游美苏的观感,里面说:"我尽管同情于共产主义的一部分(或是大部分),而不赞成共产党式的革命。"后面又说,"做统治设计的工作,政体是不成问题"。"政体是不成问题的",为提倡"新式独裁"打了伏笔。丁文江所以有此主张,与当时的世界潮流有关。

20世纪30年代的世界,随着德国纳粹的兴起、苏俄共产主义的推广以及日本军国主义的扩张,独裁政治再次成为潮流。这些独裁国家在当时都显得很强大,因此,为了使中国快速强大起来,为了抵抗日本帝国主义的侵略,中国最好的方式似乎是以独裁对抗独裁。在丁文江看来,为了国家领土的完整,作为一种生活方式的自由主义应该抛弃,他的意见与主张都集中地反映在《再论民治与独裁》一文当中。

---

[1] 引自《独立评论》第137号,第22页。

除了当时的国内、国外形势外，丁文江主张新式独裁还与其本人的思想有关。一直以来，丁文江都坚持"少数人的责任"的主张，对于那些没有知识的文盲，丁文江虽然同情却也轻视。在丁文江看来，要使中国政治走上轨道，主要靠领袖人物的新式独裁，那些没有知识的人只需要跟从领袖指明的方向就行了。

丁文江认为，当时的中国根本没有实施民主政治的基本条件。他认为民主宪政的实现需要很高的条件，要实现民主政治，至少绝大多数人都应识字，同时还需要绝大多数人对政治有热情，能够积极参与。而当时的中国，还存在大量的文盲。

丁文江的这种主张，与胡适所主张的"民主政治只是一种幼稚园的政治"完全相反。在胡适看来，让一个不会游泳的人学会游泳，最好的方式就是让这个人立即下水。而在丁文江看来，既然这个人学会游泳的时机还没有成熟，那就不要去学游泳。丁文江这种"人民素质低下不宜实施民主宪政"的主张很讨专制者喜欢，也容易被专制者利用。

在民主与独裁论战中，双方的分歧并非民主好还是独裁好这一价值判断的问题，参与者中无人否认民主政治的价值。他们所争论的只是在国难深重的形势下，采取什么样的管理国家的方式更见效用的问题，提倡新式独裁也好，或主张权威主义也罢，在丁文江等人心目中，不过是面对无奈现实的一种权宜之计。

新式独裁论纳入了丁文江对中国的思考，并非一时心血来潮之论，但作为一个现实感强烈的知识分子，呼唤新式独裁究竟会有一个怎样的结果，胡适提出的问题仍然是丁文江无法回避的。他自己心目中的理想的新式独裁无疑是罗斯福新政，但淮橘成枳的事情在中国还少吗？他后来在《再论民治与独裁》一文中实际上同意了胡适的观点，他说："中国人的专制向来是不彻底的。所以我们饱尝专制的痛苦，而不能得独裁的利益。"直到多年以后，胡适在《丁文江传》中还说这段话最使他"感动"。爱国的知识分子激烈的内心冲突，具备巨大的感染力。

从上海黯然而退后，丁文江过了一段稍稍"远离"政治的生活，但在私人场合中，他与胡适等朋友的话题仍然是不脱离政治的。1931年8月，胡适应丁文江之邀赴秦皇岛消夏，二人在交换时局看法时，即已觉察到日本终有一天会侵略中国。日本的蚕食鲸吞对胡适、丁文江等造成了很大的刺激，"总而言之，大火已烧起来了，国难已临头了"。日益深重的国难危机给这些平日以"好人"自居的知识分子提出了新的课题。正是在这样的背景下，希望向全社会贡献"一些公心的，根据事实的批评和讨论"的《独立评论》应运而生。《独立评论》为国难时期丁文江的发言议政提供了非常重要的平台，以文章数量计算，该刊的作者群体中，丁是仅次于胡适的最活跃的撰稿人。

丁文江这一时期问政的相关议论覆盖了时局所有重要方面……如在发表《假如我是张学良》一文后，前努力社友人汤尔和写信给胡适直接讥其为"纸上谈兵"。1

在对国难时期青年责任的冷静观察中，丁文江因主张只有回到书斋读书才有可能更有效率地达成救国目标的言论，也受到一些青年的严词直斥。他们认为现今学生运动的万马齐喑，丁等实在是难辞其咎应当"痛切自责"的。2

1933年，中国面临的最大威胁是日本对华北领土的觊觎。丁文江在《独立评论》上发表《假如我是蒋介石》一文，指出："我们是极端反对自杀的。任何国家，无论环境如何困难，都要有决心在万死中求生存。"丁文江希望认清这样的事实：第一，日本是得步进步的，它要实现所谓的"全亚洲主义"或"亚洲门罗主义"，绝不是割一小块土地，就能保全一大块土地。第二，日本的实力不是无限制的，它要吞并整个

---

1 引自《汤尔和致胡适》，见《胡适来往书信选（中）》，中华书局，1979年版，第132—133页。
2 引自《吴世昌致胡适》，见《胡适来往书信选（中）》，中华书局，1979年版，第276—279页。

中国不是可以不计代价的。我们的唯一生路就是尽我们的力量来抵抗，要让日本付出最高的代价，而不是拱手相让。第三，无论我们如何抵抗，日本都不可能因此放弃他们的计划。我们要生存当然要靠国际的均势，但是先要自己肯牺牲，有牺牲的办法，我们才会得到别人的援助。如果我们对自己的国土都不爱惜，希望别国的人来替我们抵抗，天下怎么会有如此便宜的事。如果这三点是对的，主张抵抗就不是一种高调，而是最低的低调；不是基于一时的情感，而是从十分的理智出发的；不是谋自杀，而是图生存。有了认识，才会有决心；有决心，才可能找到办法。要提出具体的办法，不但要清楚许多未公布的事实，而且要了解军政权在握之人的心理和能力，否则，空言办法也不可能真的实行。国家虽不是蒋介石一个人的国家，抵抗也不是蒋一个人的工作，但因为蒋的特殊地位，其所负的责任比任何人都要重大。他说，假如自己是蒋介石，他的办法有三条：第一，立刻完成国民党内部的团结。丁文江说"假如我是蒋介石，我一定立刻使胡汉民了解我有合作的诚意，用极诚恳的忏悔态度，请胡到南京。天下惟诚可以动人，何况在现在的情形之下"。第二，立刻谋军事首领的合作，与曾经反蒋的阎锡山、冯玉祥等人达成彻底的谅解。第三，立刻与共产党商量休战，休战的唯一条件是在抗日期内彼此互不攻击。丁文江说："以上三件事实际能做到如何的程度，虽然没有把握，但是以蒋介石的地位与责任，是应该要做的，做到十分，我们抗日的成功就可以有十分的把握；做到一分，也可以增一分的效能。"

在抗日这个大是大非的问题上，丁文江独树一帜，与其他懦弱的知识分子有着迥然不同的态度。对此，胡适说"主和最彻底的莫过于在君"，他既谈中国的工业化问题，也研究日本的内政、外交。作为科学界的一面旗帜，他的高谈阔论再次引起当权者的注意，蒋介石甚至一度考虑让他出任中华民国驻苏联大使。通缉早已经取消了，丁文江又重新活跃在各个领域，北大聘他做地质学教授，带领地质调查所挖掘北京猿

中英庚款委员会成员赴华代表团合影(左起:胡适、安德生、王景春、威灵顿、丁文江、苏慧廉)

人头骨。 科学的发展与政治密不可分,丁文江的努力问政便是要造成一种政治清明的环境。 到现在,至少在地质学方面,有为的青年都有一条康庄大道可走。 这个好的影响已开始传布到别的类似机关了。 若是我们的民族生存不遭意外的危险,中国的科学研究在最近的将来一定可以发展很快的。 现在是地已耕了,种子已播了,肥料也上得很多了,只待发芽向上长。 丁在君是在这个开荒时期的领袖之一,虽说他未能见全功,但他已经为中国学术开辟了一个新纪元。

纪念丁文江诞辰130周年活动期间,丁文江的远房外甥、泰兴政协主席丁亚满怀深情地写了一篇《真正的爱国者》的文章,应是对丁文江爱国精神的真实写照。 这篇文章在全国产生了较大影响。

三、君子大哥

丁文江所以受世人推崇、景仰，才学之外，人格魅力是重要一端。

丁文江上任淞沪总办伊始，即公开明确表示："我敢说我对于淞沪市政，没有丝毫私人利害夹在里面……我来担任这个职务，决不想弄一笔钱，买一所房子享清闲福。"丁文江勤政，他每日要处理大量的公文、私函，但"案不留牍"；有关商埠计划、会审公案他都亲手料理。连查处毒品，他都与警察厅厅长一道去现场督察。他利用早餐时间看报，饭未毕，司机已在楼下打火待发了。任内，亲戚、朋友托请谋职者烦不胜烦，丁文江一不想培植私人势力，二不愿任人唯亲，打发的方法只有一个——送钱。加之家刚由津迁沪，经济上捉襟见肘，没办法时便打电报给胡适，请他代为催讨英国庚款委员的津贴。丁文江廉政，他最恨人说谎，最恨人懒惰，最恨人滥举债，最恨贪污。他不允许任何人贪污，包括拿干薪用私人，滥发荐书，用公家免票做私家旅行，用公家信笺来写私信等。

丁文江想通过从政实现"好人"理想，但在那样一种政治环境下，他的愿望只能搁浅，别无选择。强打精神去应付时，悲哀会爬上心头，他感觉理想的树正在萎谢。做自己喜欢做的事，做那些无伤于社会的事，说起来容易，做起来却是十分的难，但丁文江还是做到了不去随波逐流且难能可贵地把持住了清廉。之后，急流勇退的丁文江穷苦难挨，但依然对科学研究倾注了全部的热情，而且完全凭良心做事。

到了 1931 年，国家资源委员会送他每月 100 元，他拿来分给几个青年编地理教科书。到中央研究院后，经济委员会给他每月 200 元津贴，他均分给 3 位助理，令各做一件事。生命最后一个月，他到湖南考察煤矿，老友朱经农怕长沙旅馆不清静，在省招待所为他定了房间。他谢绝："我此次来湘，领有公家的旅费，不应该再打扰地方政府。"接待的人再三相劝,他只同意暂住一夜,次日便迁入客栈。

丁文江曾说:"一个人没有良师益友,如何能成通人?"

朋友很多,胡适、傅斯年、任鸿隽等,大家都喜欢称他"丁大哥",因为他对朋友真诚。

丁文江戏称梁启超为"小孩子"。丁文江自与梁启超结伴游欧后友谊日深。他劝梁专心学术研究,每遇政客、朋友邀梁出山时,丁第一个跳出来反对。梁住院时,丁文江"调护周至"。梁逝世,丁文江送的挽联是"生我者父母,知我者鲍子。在地为河岳,在天为日星"。之后,丁文江又向友人募捐,为梁造像。拟为梁编年谱(未竟),后由翁文灏接手编就。

"爱憎能做青白眼,妩媚不嫌虬怒须。捧出心肝待朋友,如此风流一代无。"这是胡适纪念丁文江的一首诗。丁文江待友之诚,胡适的感受是最深的。尽管在政治见解上他们有分歧,甚而对立。在政治问题上丁曾告诫友人"不要上胡适的当"(不谈政治),胡适在巴黎多次对傅斯年说将来要"杀"丁文江。但他们却相互尊重、关爱。丁文江不喝酒,某次见胡适醉了,真心相劝,还从《尝试集》中挑出几句戒酒的诗,请梁任公书在扇子上送胡适。胡适患病岁月,经济不裕,居住条件不好,丁文江让他搬家,为他看房子。胡适嫌房子贵,丁表示他每月代垫10元。

1934年翁文灏在浙江出车祸,丁文江正卧病协和医院,他从报上获悉后,马上下床要去杭州探视,后被医生强阻。当时大家以为翁文灏无救,翁家境贫寒,丁文江在病床上着手翁的后事安排,并做好收养翁的幼子翁心钧的准备。

对李济一生影响最大的朋友,当是"丁大哥"。丁文江的情谊,如同黑暗中的灯火。1923年,李济留美回国。一开始,丁文江就把他推至国内最高学术舞台,帮助李济进行了河南新郑的第一次田野试发掘,鼓励他与美国弗利尔艺术馆合作进行科学考古,促成他去清华国学研究院，推荐他加盟史语所。就在丁文江去世一年前，正当李济对殷墟第十一、十二次发掘，开挖侯家庄大墓经费缺乏一筹莫展时，丁文江出谋划策拨了特殊的经费给予支持。

美国弗利尔美术馆以珍贵稀有的东亚文物闻名于世，其中以中国和日本藏品最多。美术馆创始人弗利尔醉心于中国文化，因此通过各种渠道获得了很多中国古代珍宝。1920年夏，李济转入哈佛大学攻读人类学。在哈佛人类学研究院，李济是唯一的外国留学生。1923年6月，李济被授予哲学博士学位，这是中国留学生在哈佛取得的第一个哲学博士学位。1925年4月，清华国学研究院成立，王国维、梁启超、陈寅恪、赵元任被聘为教授，29岁的李济受聘为唯一讲师。这年，美国、法国、瑞典等国的考古队纷纷到中国"寻宝"，其中，美国史密森研究院弗利尔艺术馆委员毕士博，听说李济是中国第一位哈佛大学哲学博士，即来信邀请李济参加他们的考古队。1926年5月，毕士博与清华校长曹云祥商定了合作事项，即弗利尔艺术馆与清华国学院合作，由李济先生主持，经费主要由弗利尔承担，发掘报告中英文各一份，所得文物暂由清华保管，后交中国国立博物馆。

中美双方的学术界一拍即合，其后便迅速展开了工作。

1935年夏，丁文江还在为殷墟考古工地发生的董作宾"偕友风波"当"和事佬"四处调停。河南考古组大将董作宾，事先未向傅斯年、李济说明，带女友到工地，又住史语所办事处。傅斯年自觉失职，"汗流浃背，痛哭不已"，要自请革职。李济认为傅不应当承担责任，他是代理所长，故主动要求辞去考古组主任一职。而董作宾知道后，感到由于自己的冒失，连累他人，深感不安，立即表示要辞职"以谢贤明"。这些都是考古大将，如辞职不干考古便要泡汤。丁文江面对这连环辞职案，从容疏通。他先写信给董，分析"偕女友"引发的后果，晓以大义；又打电报给胡适，让他做董的工作。董作宾最后心平气和地返回考古一线工作。一场沸沸扬扬的连环辞职风波有惊无险，终告平息。直到 20 年以后，董作宾对此还作有这样的回忆："他（丁文江，笔者注）曾一再写长信劝我，他摆出一副老大哥面孔，写了许多诚诚恳恳的话语，举出许多他自己的经验，谆谆教导我，使我看了非常感动，于是，放弃自己的偏见，服从在他的指示之下。"

对于有幸遇上恩师龙璋，丁文江终生不忘。在他去世的前一个月的 1935 年 12 月 5 日，曾赴衡山列光亭龙璋（研仙）先生的墓前祭拜，还向好友朱经农讲述了当年幸遇龙先生的经过，并说："若不遇龙先生，我的一生则会完全不同。"

丁文江对弟侄们的悉心照顾，不只是良心使然，还有个家族观的思想根源。丁文江虽然接受了来自西方的良好教育，但骨子里的思想仍是传统的。他全力支持家族中人的做法，跟西方世界的做法还是有着很大的区别。当时，丁文江的哥哥文涛也想出国留学，然而雄心勃勃、聪明绝顶的弟弟却先发制人对他说："不有居者，谁侍庭帏；不有行者，谁圆国事？家与国，尔与我当分任之。"家族中的精英如果挑起了责任，那么，这个家族的整体面貌必然出奇。为了承担四弟丁文渊的留学费用，丁文江曾一度放弃做官，放弃做研究，转而从商。当有人出主意让其弟申请国家费用时，丁文江却极力阻止，认为比丁文渊更困难的留学生很多，他们更需要难得的国家经费。

丁文江的得意门生赵亚曾在云南考察地质时被土匪杀害，丁悲痛欲绝，打电报给云南王龙云，请他派地方官将赵的遗体运到重庆，自己赶往重庆将赵的遗体运回南京，又牵头为其遗孤赵松彦征募抚恤金。丁文江调到南京后，怕赵松彦少人管教，执意让他转学来南京，留在自己身边，督促功课。暑假，丁文江与夫人外出避暑，也把赵松彦带上，视如己出。

有时候，丁文江行为虽然怪异，但讲究科学人生，"丁大哥"首先是一个君子，然后才是固执。工作再忙，睡眠必须保证 8 小时，饮食起居，讲究卫生。在饭馆用餐，必用开水涤器皿，酒席上，不喝酒，但要用酒洗筷子；终身不吃海产品；吃无外皮的水果，也要在凉水里浸上几十秒。他最恨奢侈，但注重生活的舒适，每年夏天要带夫人到凉爽地避暑。他有机会坐头等车，绝不坐二等车；有安静的地方可以安顿，绝不去喧嚣的地方凑热闹。他认为这是积蓄精力，以便更好地工作。

某年的冬天，丁文江的左脚大拇趾经常发麻，于是前往协和医院询医："要紧不要紧？"医生答："大概不要紧。"丁文江再问："能治不能治？"医生说："不能治。"丁文江听了医生的话，立刻放心走了。他后来对朋友说："若是能治，当然要想法子去治。既不能治，便从此不想它好了。"丁文江对疾病的这种态度，最为科学，有病就治，既不能治，就坦然面对。丁文江笃信西医，早年有脚痒病，西医嘱赤足疗效最佳，他就终年穿多孔皮鞋，在家常赤脚，到熟人家也常脱袜子与友聊天，自称"赤脚大仙"。他有20年烟龄，医嘱戒烟，他立马戒绝。他不屑中医。太太有病，胡适觅到一方中药膏，他碍于情面收下了，带回家却不让夫人用。老友钱伯庄为此同他"抬杠"，说假如你到僻壤考究地质，忽然病了，当地无西医西药，怎么办？丁文江断然回答："不，不！科学家不得自毁其信仰节操，宁死不吃中药，不看中医。"某年他偕友到贵州旅行，同行者病倒，那儿没有西医，他打电话到贵阳去请。同行者都病死了，人们劝他先服中药，他终不肯破戒……

大至政治主张，小至对待家人、朋友和先生，丁文江都显示出既不是中国旧式文人，也不是"洋"味十足的"假洋鬼子"。在他身上既可以看到中国传统文化美德，也可以看到近代西方文化的科学、民主精神。但这并不是说他的所有看法、所有主张都有道理，都正确。

丁文江真心待朋友，朋友也真心待他。他49岁去世，噩耗传来，学界同悲。中央研究院院长蔡元培缅怀他："精于科学又长于办事，如在君先生，实为我国现代稀有人物。"傅斯年哀痛至极，他写道:"李济先生说,'在君的德行品质,要让英美去了解'。这是何等可惜的事!我以为在君确是新时代最良善最有用的中国之代表;他是欧化中国过程中产生的最高的菁华;他是用科学知识做燃料的大马力机器;他是抹杀主观,为学术为社会为国家服务者,为公众之进步及幸福而服务者。这样的一个人格,应当在国人心中留个深刻的印象。"

胡适在《丁文江传记》中写道:"在君是为了'求知'死的,是为了国家的备战工作死的,是为了工作不避劳苦而死的。""二十年的天翻地覆大变动,更使我追念这一个最有光彩又最有能力的好人:这个天生的能办事,能领导人,能训练人才,能建立学术的大人物"。[1]

1935年1月24日,李济写下了《怀丁在君》一文。他在文中这样写道:在君之死,不但使认识他的朋友泪流满襟,一般有民族意识的公众,莫不认为是国家的一种不可补偿的损失。这种自然流露的情绪,不是偶然发生的。这可以证明他所领导的各种事业之价值,已渐为大家所能了解……他办地质调查所,先从训练学生起;训练调查人员,先叫他们下煤矿做苦力工作,训练完了成绩不合的,仍然不用他们。一切的野外工作,他都领导先干,以身作则。这种实事求是的精神,可以说是地质调查所成功最重要的原因,地质调查所工作的成绩,已为世界所公认了。出版物中,他写作的东西并不多,他的功夫完全消费在这些合乎科学标准的工作能继续地发展下去……以在君的才力及学力,要是生在已经现代化的国家,他的研究工作的成绩一定可以使他站在最前线。这是我们可以信得过的。但中国的社会却不让他尽全力于这个方向。他想征服这种遗憾的困难,于是牺牲了自己的兴趣,想法子造出一种环境,

---

[1] 引自胡适:《丁文江传》,人民出版社,2009年版,第2页。

使来者可以享受他享受不到的工作机会。[1]

大恩不言谢。李济在文中旨在彰显丁文江对发展中国科学事业之功绩,并无对其人恩厚的追叙,但内心的潜流,仍汩汩而出。

丁文江一生仅娶史久元为妻,他们夫妇没有儿女,他本人死后也未葬回泰兴黄桥老家,尊重他遗言,葬在了死的地方。湖南岳麓山左家垅的丁文江墓仍在,而且得到了当地政府的有效保护。

狄丽娜在《丁文江研究》中指出:丁文江是中国近代史上具有卓越贡献的人,但由于时代和自身的局限,丁文江作为一个历史人物远非完美无憾。这就是君子大哥的悲喜人生。

四、思想体系

在中国革命史、近现代史、中国科技史、中国地质史上,丁文江都是一个无法抹去的人物。

丁文江不是革命家,算不上革命者,但他一生都在斗争,有时跟命运斗,有时跟自然斗,有时跟社会斗,有时跟思想斗,有时跟自己斗,他是一个很有个性、企图改变中国命运的斗士。在他同辈的那一群人里,丁文江完全称得起领子或袖子。事实是,如胡适等人都把他看成是最具革命精神的人,当然,丁文江的革命精神主要体现在科学发展方面。

丁文江不是政治家,充其量也就是个热衷政治的改良派分子,但他对政治倾注了热情,积极地参与政治,曾一度成为"上海市长",虽然那是北洋军阀孙传芳恩赐的一个官。丁文江在上海主政不到一年时间,却干出了令人佩服的成绩,上海大都市的框架,是在他的预谋及推动下逐渐形成的。

---

[1] 原载《独立评论》第188期;另见《李济文集》(卷5),上海人民出版社,2006年版,第159~161页。

丁文江不是军事家，可他曾一度想考军校。在其有了一定的名气之后，先是身比张学良、接着身比蒋介石，谈的都是军事。他能够为孙传芳干事，也出于军事，一开始，他并不愿出任上海的官，他希望为孙传芳这个五省联军总司令办一所军事院校，他的脑子里肯定有过通过军事统一中国的梦。

丁文江只是个学者，当过教授，最终的名望在"科学家"三个字。因为他，中国的地质学可以自立于世界地质学之林。有人称他"中国地质之父""中国地质权威""中国地质第一人"，特别是那些中国近代地质的领军人物，他们对于丁文江的敬重，是写进骨子里的。丁文江不到50岁就离开了人世，他的离世，被冠之为"献身科学"，确实，他死在最后一次的地质调查活动中。他是中国现代科学的开创者之一，他的学生，多成为学术方面的专家。丁文江完全担得起中华民族精英的称号。但"中国地质之父"与"中国地质第一人"的说法显然有些过头，早在先秦时期，中国的地质事业就已经闻名于世，特别是金属矿藏的开发及青铜制造术，都跟地质有关。但丁文江是近代著名科学家及近代中国地质开山大师的提法是完全可以成立的。

丁文江的思想，在政治主张上，更倾向于极权，是不彻底的自由主义。1932年7月，丁文江发表《中国政治的出路》一文。在文中，丁文江主张：第一，国民政府绝对地尊重人民的言论、思想自由。这是和平改革政治最重要的条件。……第二，国民政府停止用国库支出供给国民党省县市各党部的费用。……第三，国民政府明白规定政权转移的程序……[1]

为了反对日本侵略者，丁文江主张中国的新式独裁。这一观念被胡适所批判：缺少了自由的自由主义，就像"长坂坡里没了赵子龙，空城计里没了诸葛亮"。20世纪30年代，丁文江在参观苏俄后，曾

---

[1] 引自《独立评论》第11号，第4页。

在《独立评论》中连载他的《苏俄旅行记》，其中就有许多赞美苏俄的文字。当丁文江离开苏俄的时候，在火车上，他曾自问自答："假如我能够自由选择，我还是愿意做英美的工人，或是苏俄的知识阶层？"他毫不迟疑地答道："英美的工人！"他又问道："我还是愿意做巴黎的白俄，或是苏俄的地质技师？"他也毫不迟疑地答道："苏俄的地质技师！"[1]

月光在丁文江那轮廓鲜明的脸上流动，并显示出黑白相间的条纹，那上面尽是些凹凸的灵魂，善于思考和总结的丁文江，其思想相对激进，有时又相对保守，却常怀君子之心。是那个时代培养了丁文江，是他的家族给了他精神的源泉，丁文江就这样成为一个矛盾中人。

沈庆林在《丁文江的政治思想》中指出，难能可贵的是，他的一生虽然主要献身于科学事业，但对政治十分关心。他认为国家的衰弱、社会的腐败，与政治有密切关系，把政治问题看作是国家兴衰的头等大事。

在人生观方面，丁文江提倡舍己为群："为全种万世牺牲个体一时。"胡适曾系统地批评丁文江的这种观念，他写道：但是他（丁文江）的"宗教心特别丰富"的情感使他相信"为全种万世牺牲个体一时"就是宗教。他的情感使他不能完全了解这种宗教心可以含有绝大的危险性，可以疯狂到屠戮百千万生灵而还自以为是"为全种万世而牺牲个体一时"。

经济方面，丁文江对"经济平等"的偏爱也使他的自由主义主张不纯粹，在《我的信仰》中，丁文江写道：我一方面相信人类的天赋是不平等的，一方面我相信社会的待遇（物质的享受）不可以太相悬殊。不然，社会的秩序是不能安宁的。近年来苏俄的口号："各人尽其所长

---

[1] 引自《独立评论》第137号，第21、22页。

来服务于社会,各人视其所需来取偿于社会,是一个理想的目标。"1

在丁文江看来,资本主义自由竞争的结局就是社会阶层严重地贫富分化,而贫富的分化则会带来社会秩序的紊乱。由此他对苏俄的试验抱有很大期待,在《评论共产主义,并忠告中国共产党员》中,他写道:"我虽不赞成共产主义,我却极热忱地希望苏俄成功。没有问题,苏俄的共产是一个空前大试验。如果失败,则十五年来被枪毙的,饿死的,放逐的人都是冤枉死了,岂不是悲剧中的悲剧?而且我是相信经济平等的。如果失败,平等的实现更没有希望了。"2

吴凤鸣在《一代宗师丁文江》一文中指出:丁文江,在中国近代史上是一位具有开创精神的科学家、思想家、教育家。由于历史原因,公众对他的了解不多。作为中国现代地质学的开创者和奠基人,他对中国现代地质学的形成和发展做出了巨大贡献。在思想上,他把西方近代科学的基本精神介绍到中国,试图改变中国的传统文化心理,作为国家变革和民族复兴的精神动力。3

近代,外国人之所以能胜于中国,就是因为他们有科学优势。如果中国能在科学上赶上西方,那么中国的颓局将彻底改变。为此,丁文江立志要成为中国的技术专家,成为改变现状的先行者。而在生物学方面,丁文江接受了赫胥黎传播的社会达尔文主义,奠定了他的世界观:科学推理能对人类肯定可知的一切事物提供唯一的向导作用。丁文江对后世影响最大的思想是科学思想。

费侠莉所撰的《丁文江——科学与中国新文化》一书,对丁文江一生的思想有比较深入的分析,特别是分析了丁文江思想的复杂性,其所受自由主义思想的教育,在中国处境中表现出的困境,比如在"科玄"学术论战中,何以会埋下了中国后来"唯科学主义"的萌芽?在民主和

---

1 引自《独立评论》第100号,第11页。
2 引自胡适:《丁文江传》,人民出版社,2009年版,第192页。
3 引自《国土资源》2008年第4期,第60-63页。

独裁关系的讨论中，何以丁文江一度会成为主张新独裁的代表？ 对苏联、对共产主义以及其他社会思想对丁文江的影响，费侠莉都有一些自己的理解和分析，对于后来中国学术界很有启发。

在费侠莉的笔下，丁文江"或许是少数受过西方教育的科学家中最著名的先驱者"。"他是第一位这样的中国人：在西方既从技术观点又从哲学观点研究科学；感到根据科学的思想原则教育同胞是自己的责任"。 费侠莉认为丁文江集地质学家、政府官员、新闻记者、企业家、政论家和教育家于一身，在旧中国混乱的年代里，演绎着东西方"超人"的神话。 费侠莉特别重视丁文江的缙绅家庭身份和孔儒教育背景，强调孔儒思想塑造了丁的自我意识并决定了丁所能接受的知识类型。

当代各高校研究丁文江的人多了起来，他们也都提出了各自的观点。

2010 年，马丽娜在其硕士论文《丁文江的社会改革思想评析》中指出，丁文江的社会改革思想，正是他面对这一剧烈变动的历史时期，作为一个精英知识分子以对国家、民族的责任心对国家前途这一时代命题做出的思考……丁文江对于国家社会问题的思考，不同于其他欧美派知识分子的纯理论宣传，他更侧重从解决现实问题入手，他的思考涉及政治、经济、教育、国防等多个方面。 现代化的目标、突出的科学理性、浓厚的实用精神、精英政治的信念是他社会改革思想的突出特点。 丁文江的社会改革思想的不足在于理论性不强，思想不系统、不完整。 同时，丁文江对中国社会问题思考的一个基本态度是改良，这在革命渐成主流的 20 世纪二三十年代注定无法实现。

2012 年，谢双双在其硕士论文《丁文江科学哲学思想研究》中指出，丁文江科学哲学思想的认识论来源于赫胥黎的存疑主义，只是他对赫胥黎的存疑主义进行了另外一种解说，就变成他自己的"存疑唯心论"。 物体的概念属于心理上的一种现象，故为唯心；而至于物质是否真实地存在，应该存而不论，故为存疑。 这是"存疑唯心论"的一个比较明显的含义。还有另一层含义就是强调在认识过程中要注重证据,防止主观和武断的错误,这是一种值得赞扬的科学哲学精神,也就是怀疑精神,即不畏强权,不屈服于权威理论,敢于怀疑,敢于向权威理论和传统理论挑战的批判精神……丁文江的科学方法论是科学辩证法与实践经验和逻辑的方法,也就是对待问题要用一种联系的、发展的眼光看问题,处理问题时要用实践经验和逻辑方法来解决问题。丁文江科学哲学思想的怀疑与实践的精神,给我们年轻学子留下深刻的启示。但也存在一定的缺陷,例如唯科学主义思想的局限性。

冯夏根在其硕士论文《丁文江对近代中国社会改造问题的探索》中指出,在近代中国社会剧烈变幻的历史背景下,丁文江以一个自然科学家的立场、思维和逻辑,对近代中国社会改造问题进行了深入的思考,付出了艰辛的努力。冯夏根甚至分析了丁文江不同时期里的思想。

19世纪末,丁文江既受到传统儒家文化的熏陶,又深受当时西方的实证主义、自由主义和科学思潮的洗礼。中西文化的深厚底蕴构成了他日后倡言社会改造的思想资源。

五四时期,面对中国社会道德和信仰层面的意义危机,丁文江力图以科学主义重建社会的价值——信仰体系。科玄论战中他对科学精神的极度高扬即用意在此。

20世纪20年代,面对中国社会政治层面的秩序危机,丁文江积极倡导"好政府主义",以之作为变革中国社会的政治模式,但其渐进改良的变革方式无力扭转中国政治的无序和混乱。

"九一八事变"后,在对日问题上,丁文江先主张"低调"抗日,后要求坚决抵抗,并提出了不少有价值的抗战主张。从总体上看,其对日主张是爱国的、进步的。

20世纪30年代,丁文江提出了树立公共信仰以团结人心,建立"新式独裁"以重建权威,推行"科学化的建设"以振兴经济,发展军事教育和现代化生产以巩固国防的现代化方案。

丁文江社会改造思想的主要特点体现为浓厚的科学理性色彩,渐进的政治变革道路,强烈的精英政治信念和高度的社会关怀意识。丁文江的社会改造思想体现了一位爱国科学家对近代中国前途命运的深切关怀。从他身上所体现出来的强烈的政治责任感、坚定的科学理性立场、高度的社会关怀意识和可贵的探索精神,值得充分肯定。

张桂霞在《在科学和社会之间——丁文江及其政治思想浅析》一文中指出:

> 丁文江作为中国近代史上的地质学家,却具有深切的政治关怀,一生徘徊于科学和社会之间。在学理层面上,他具有形而上的眼光,能够超越实用主义的狭隘眼界;在实践层面,他具有形而下的实干精神,他认为中国不能振兴的责任不在武人、政客,而在于有责任有能力却不敢承担责任的知识领袖。[1]

高泳源在《丁文江晚年的政治思想》一文中指出:他的政治思想的主流是进步的。他主张抗日,反对"围剿","同情于共产主义的一部分(或是大部分)"。文中同时指出:丁文江晚年政治思想上的一些模糊和错误的认识也符合当时一部分知识分子思想发展过程。[2]

五、欧化最深

丁文江15岁留学日本,开始是向着军事去的,但因为日本有规定,自费生不能学军事,所以在日本的两年,他并没有进正式的军事学校,而是一边学语言一边谈政治、写文章。这样的留学生活,显然不是丁家需要的,也不是丁文江需要的,他知道家里供他留学实属不易,他开始考虑去西方求学。当时,吴稚晖在英国爱丁堡读书,对于丁文江等人的遭遇有些"同情",所以劝丁等人去英国留学。丁文江于是来到英国爱

---

[1] 引自《阜阳师范学院学报(社会科学版)》2002年第1期,第72页。
[2] 引自《自然科学史研究》1989年第2期,第179页。

丁堡，想不到这一去就是七年。

丁文江是个有心人，他对英国东部司堡尔丁乡村小镇特别留意，特别是那里的古朴的民风、淳厚的人性。只身在外的丁文江，既需要得到人性的关怀，又希望掌握异地的知识。丁文江曾回忆，我们在此地，中国人一个不见，终日所交际的都是诚意的村人，且司密士（斯密勒）的家庭亲友，经司密士介绍后，都把我们当自己人看待，家庭琐碎决不对我们有所隐瞒，更兼格灵胡（Greenwood）为尽其教育的责任，对所见所闻，处处对在君此后对英国人的心理和思想，用正当的眼光去观察，不至于误解他们了。

丁文江勤奋好学，善于思考，且又善于与人沟通。通过各方面的努力，他很快得到了当地人的认可。特别是他那求学的"特异功能"，更让当地人刮目相看。从一年级起，一年跳三级，丁文江两年就考上了剑桥大学。

由于缴纳不起昂贵的学费，丁文江半年后不得不辍学。此后，他利用半年的时间，到欧洲大陆进行游历。

1907年夏，丁文江来到了苏格兰的格拉斯哥，主修动物学，兼修地质学，后对地质学显示出了更大的兴趣，于是就将地质学改为正科。英国本是世界近代地质学的发祥地，创建于1451年的格拉斯哥大学是英国地质学的重镇。在格大两年多的专业训练下，丁文江的精神气质、思维方式发生了重要变化，传统的人文理性经过西方现代科学的洗礼，带上了严密的逻辑盔甲，铸就了他科学化的人格。

格拉斯哥是英国第三大、苏格兰最大的城市，也是一座闻名世界的商业都市。它坐落于苏格兰中部的克莱德河西岸，以其辉煌的文化和传统闻名。格拉斯哥人素来热情好客，风趣幽默。格拉斯哥大学（University of Glasgow）成立于1451年，格拉斯哥大学由苏格兰国王詹姆士二世（King James Ⅱ）建议，并由罗马教皇尼古拉斯五世（Pope Nicholas Ⅴ）创立的一所公立大学，有着近600年历史的一所久负盛名的公立综合性大学，历年被英国《泰晤士报》及美国 U. S. News 评选为全球前 80 名最优秀的大学之一。格拉斯哥大学的科研和教学在国际上享有盛誉，并在英国的文化和商业生活中发挥着举足轻重的作用。格拉斯哥大学，同时也是国际大学组织 Universitas21 的缔造者之一，以及有英国的常春藤联盟之称的英国罗素大学集团（Russell Group）的缔约成员。

傅斯年将丁文江七年的留英思想收获的内容概括为七个方面：①行为思想要全依理智，不可放纵感情压倒了理智；②是是非非要全依经验，不容以幻想代替经验；③流传的事物或理论，应批评之后接受，不容人云亦云；④论事论人要权衡轻重，两害相衡取其轻，两利相衡取其重；⑤一切事物的价值，全以它对社会福利和人类知识上的关系而定；⑥社会是一个合作团，人人要在里边尽其所有之能力；⑦社会之不公、不合理，及妄费之处必须改革的，社会上没有古物保存之必要。

丁文江留学英国的最大收获，莫过于文化人格的科学化、理性化，中国传统的人文理性受到了西方现代科学理性的整合，"先天下之忧而忧"的救世情怀与"科学主义"结晶为"科学救国"的蓝图。

七年的欧洲学习与生活，使丁文江身上烙上了较深的"欧化"印记，回到国内后的丁文江，无论是生活习惯还是治学态度，都跟国内的学者有所不同。所以，胡适等人称其为"欧化最深的人"。

六、家乡呵护

江苏人民出版社 1993 出版的《泰兴县志》记载，泰兴自北宋始至清末，共出 74 名进士，其中武进士 14 人。泰兴县是周边各县中出进士最多的县。自建县以来，在外地做官的泰兴人不少，但奇怪的是，泰兴籍官员里没有一人能位列三公，最大也就做到御史一级。丁文江及其同时代的丁西林（丁文江的族叔）、曾涛等人，也只做到副部级的官，丁文江所做的官，最高是总办。孙传芳自封五省联军总司令兼淞沪总督，拉丁文江任淞沪商埠督署总办，时上海属江苏，这个官，许多人都说相当于市长,其实不是,上海成为特别市,是在丁文江辞职不干总办之后,总办这个职务,有实权但位不高。之后的中央研究院总干事,可以算是副部级,因为丁文江上边还有院长蔡元培,这个院,类似于今天的中国科学院。即便如此,丁文江在其家人及家乡人眼中,已是一个不小的官。

江苏泰兴,自古以来文昌学盛,儒雅是泰兴的主要名片。此间,曾出过不少以文而兴的世家,如张门、季门、何门、丁门……但无论哪一门,都不能跟山东曲阜的孔门相比。这不奇怪,因为整个的中国,能够称得起世族的门庭只此一家。以一家之名盛代表国家或民族之盛的,全世界怕也只有孔门了。说明什么呢?儒家文化的伟大力量!中国的尊孔,其实是尚礼,这是一个民族的品德。现在,世界各地都在建孔子学院,孔子已经成为中国文化的象征。传统的仁义礼智信,讲究的是克己敬礼、和衷共济。而这,跟当今世界的发展是有联系的,也可以说,中国道德的思想基础,已经成为世界发展的正能量之一。9年(2年日本,7年欧洲)的外国游学的经历,培养了丁文江独特的思想及做事原则。但是,儒家思想对丁文江的影响更大。科学思想与传统思想共同支配着丁文江,使他在关键的时候,不再与军阀同流合污,使他能够为专制呐喊。甚至,在自己生活仍不能保证的情况下,全力支持家族成员求学。他廉洁自爱,虽然做过大官,却从不贪污,以致穷困,这些都是中国士大夫传统的做派。

江苏省泰兴市,对丁文江的影响很大。

银杏之乡泰兴,地处长江北岸,南与常州隔江而望,北连泰州,西接江都,东邻如皋。新中国成立之前,泰兴曾有一段有名的民谚:泰兴一城,不如黄桥一镇;黄桥一镇,不如横巷一村。其时,横巷七大家独立"震东市",无论是钱财还是社会地位,"七大家"都是本地的一股"强势"。其中,亦有丁家,可见丁家在黄桥一带是望族。黄桥地处泰兴东乡,从区位优势上谈,相对闭塞的黄桥不比沿江一带乡镇;从经济条件上谈，黄桥亦不是沿江乡镇的对手。但是，作为泰兴仅有的"全国历史文化名镇"的黄桥，却是典型的文化富集区，特别是何氏、丁氏、王氏、韩氏等望族，把平原中的黄桥古镇打造成为"文化高地"。《泰兴县志》第二十三篇《文化》载：泰兴文化在清代就比较发达，旧志上曾有"全省文风，以通属为最，而泰兴又为通属各县翘楚云"之句。

《泰兴县志》第五章《遗闻轶事》中载：丁文江从小善对。据传，清光绪二十八年（1902年），泰兴县知县龙璋与黄桥绅耆丁臻祺商讨县政后，看到丁臻祺之子、时年14岁的丁文江眉清目秀，有才子相，于是信口问询："试言尔志。"丁文江随声对答："还读我书。"龙璋凭窗远眺，又即景咏出一上联："鸠鸣天欲雨。"丁文江不假思索，答出下联："虎啸地生风。"龙璋喜其天资聪明，志向不凡，又出一句："隔水问樵夫。"丁文江随即应对："落日照渔家。"龙璋十分赏识丁文江，后以公费资其留学日本。这一段记载虽然有误（问者非龙璋，而是丁文江的塾师），但丁文江自小聪明好学是一个事实。

神童丁文江的美名就此传开。《泰兴县志》的这段记载有误。首先，丁文江的父亲，丁氏家谱上写得很明确，是丁祯祺，而非丁臻祺。其次，丁文江从小善对不假，但所对之句，并不都是县志上所载与知县应和。县志中所载的丁文江从小善对的最后一个对子才是知县龙璋与丁文江的对句，其他是塾师跟丁文江的对句。丁文江出名后，收入不低，但他却没有挥霍，而是尽己之力，帮助落魄的族人，这一

泰兴市政府环湖西路被命名为"文江路"，这是路旁绿地里的丁文江雕塑。

点，他的前辈中人或有人做到，但没有记载。泰兴民风，兄弟分家后即各自过日子，丁文江无私接济亲人的做法是反常规的。丁文江26岁自英国归国后，其收入完全用来赡养父亲和教育兄弟的责任，从26岁到48岁这22年间，他每年都要支付给舅舅500元的赡养费，此外每年还要资助一位贫困兄弟300元。他之所以这样做，有三个原因：第一，他没有子女，他把弟侄们当子女看待；第二，他曾得到龙璋、康有为等人的接济，有能力帮助他人，本身就是一种幸福；第三，他希望家族中人都可以出人头地，为国家做事。

丁文江完全可以进先贤之列，因为他不仅是世界知名的地质学家，还是江苏泰州暨泰兴走出来的名士。

好在，历史是公正的，泰兴也没有忘记丁文江。除了建丁文江纪念馆外，还以丁文江的名字命名了市区主要街道，泰兴市文江路位于泰兴市政府西首，文江路上有丁文江的半身塑像。泰兴黄桥战役纪念馆跟丁文江纪念馆同处一院，看上去总觉得不伦不类，地方政府正在设法同时保存两处遗迹，这是对历史负责的做法。

丁文江故居位于黄桥镇米巷的丁家花园，新落成的史料陈列馆占地400平方米，展出内容包括古镇神童、留学生涯、培养第一批地质精英、太行之旅、科玄论战、出任淞沪督署总办、担任总干事等，比较完整地反映了丁文江先生开创中国现代地质科学的事迹，并展示了丁文江在思想界、政界活动的种种风采。

在泰兴市委、市政府的积极准备下，2007年12月9日，纪念丁文江先生诞辰120周年学术研讨会在北京举行。学术研讨会由中国地质学会地质学史研究会、中国地质调查局、中国地质大学联合主办。来自北京大学、中国地质大学、清华大学、中国地质学会地质学史研究会、中国地质调查局的代表，丁文江先生亲属，《丁文江传》的作者林任申及林林等在研讨会上做了精彩的发言，回顾了丁先生在地质学、现代科学等方面的历史功绩，对其深远的影响给予了高度评价。参加会议的学者提交与丁文江先生有关的研究论文十余篇。

2008年10月30日，江苏省徐霞客研究会丁文江研究分会在南京山水大酒店成立，并举办了学术研讨会，来自北京、江苏等地研究丁文江的专家学者30多人参加了成立大会。会议确定由南京大学地球科学与工程学院的王德滋院士、中国科学院的陈梦熊院士、清华大学的丁海曙教授、中国科学院研究生院的潘云唐教授担任丁文江研究分会顾问，江苏省地质调查研究院副院长詹庚申担任研究分会主任，江苏省国土厅科技处助理调研员戴静芬等六位同志任副主任。在丁文江研究分会学术研讨会上，中科院院士王德滋教授作了《丁文江与中央大学地质系》、丁海曙教授作了《伯父丁文江对科学事业的卓越贡献》、宋广波作了《1931—1935年丁文江对中日关系的观察》、张尔平[1]作了《丁文江与兵马司胡同九号》等学术报告，黄桥历史文化研究会副会长林任申[2]也作为丁文江先生的家乡代表作了《丁文江的家乡情结》的发言。会议确定编印《丁文江研究分会学术研讨会论文集》，作为《地质学刊》增刊出版，并拟在南京珠江路700号原中央地质调查所旧址前竖立丁文江先生的雕像等。

2017年4月13日上午，纪念丁文江先生诞辰130周年大会在泰兴豪庭大酒店四楼会议室召开，泰州市委常委、宣传部长常胜梅，泰兴市委副书记、市长刘志明，秦兴市委常委、宣传部长张红霞，秦兴市人大常委会主任孙云，秦兴市政协主席丁亚到会，刘志明市长做主旨报告。丁文江先生的侄女张筱玮女士（丁文江六弟丁文浩之女）代表丁氏后辈发言。中国地质博物馆馆长贾跃明代表地质博物馆发言。中国地质调查局党组副书记、副局长王研代表地质调查局发言。会上还举行了矿石标本和部分文献的捐赠仪式及电影《丁文江》开机仪式，以及"丁文江

---

[1] 张尔平，地质学史专家，工作单位：中国地质图书馆。
[2] 林任申，原泰兴市黄桥历史文化研究会会长，著有《丁文江传》。

研究会"揭牌仪式,本书作者之一的张明乔应邀参会,并被特聘为丁文江研究会研究员。2017年4月13日下午,丁文江学术思想研讨会在泰兴三馆多功能厅举行,本次研讨会有中国地质调查局、江苏省泰兴市人民政府、中国地质学会地学史专业委员会联合举办,泰兴市政协主席丁亚、副市长谢红官到会,数名院士及研究丁文江的学者进行了论文交流活动,本书作者之一的张明乔参加了此次活动。

第六节 失意的政客

金塘闲水摇碧漪,老景沉重无惊飞。

如果谁说丁文江的一生毁于8个月从政的话,一定会被历史所笑话;但是,上海那8个月的"文人从政",确实拖累了丁文江。丁文江写过多篇积极干政的文章并付之于实践,然而,他所专注的"好人政治"研究及他所接触的政治家,都没把他当回事。当时的政治,主要是军人政治,军阀混战的大气候下,丁文江这位留学归来的科学家,又能有多大能量? 丁文江对于政治的热情,也就在那一群军阀的玩弄下成为"悲剧"。说穿了,丁文江不过是当时政局里的一潭闲水,他想波澜起伏,可现实却逼着他归于沉静,哪来的什么"惊飞"呢!

丁文江是中国自由主义运动的首倡者,但却不是政治上的独立派。

丁文江的从政路,一开始便不顺。此后的发展,更不顺。开始从政是出于爱国爱家,但却没能得到重用,之后的发展,则完全出于书生意气。如果不是因为科学研究成果的保护而纯粹从政的话,丁文江怕早已身败名裂了,也许会死得更早。

傅斯年等人早年在欧洲留学时便提出要刺杀丁文江,可见丁文江陷入政治这个怪圈有多深，又是多么的危险。

袁世凯窃取革命果实，身在此中的丁文江不得不脱身去干总经理。经商不是他的愿望，但如果不退，激进的革命党就不会放过他。

担任孙传芳的"上海市长"，险些要了丁文江的命。

丁文江接任的中央研究院总干事之前任，是被暗杀的，丁文江接任该位，冒了很大的风险，但丁文江总能在危险的时刻转危为安。因为有了那么多的危险，丁文江身心受到了极大的损伤，这正是他不能长寿的原因之一。

如果说丁文江受龙璋的影响在新学及新政两个方面的话，如果说康有为在关键的时候促成了丁文江等人求知之西行的话，那么，梁启超之于丁文江的就不仅仅是新政。纵观丁文江一生的从政路，梁启超是一个十分关键的人物，也可以说，丁文江所谓的从政之路，是梁启超这一系铺起来的。但是，龙璋也好，康有为也好，梁启超也好，都没有从根本上决定丁文江的入仕之路线。从现有的资料看，丁文江的从政路，从一开始就没能脱离北洋系，也可以说，丁文江一生的政治之路，是跟北洋系捆在一起的。起初，任命丁文江的人是袁世凯，虽然那时的丁文江仅仅是一个有职无权的佥事；之后，在其上司张轶欧、刘厚生、张謇的提携下，才担任了地质调查所所长之职；不久，张謇投靠革命，丁文江遂跟着刘厚生去了北票煤矿，担任北票煤矿公司总经理（刘为董事长），这一去就是五年；之后，丁文江在所谓的"好人政治"思想推动下，随刘厚生一起为江苏做事[1]，当上了北洋出身的孙传芳的"上海市长"，只当了8个月，却成为革命军通缉的对象，成了丁文江一生被人"诟病"的经历，因为孙传芳最终走上了对抗革命的反动之路，丁文江亦参与了

---

[1] 20世纪20年代中期，军阀割据，政局动荡，奉系张作霖南下，江苏有个"救援江苏"的秘密运动。其中出力最大的是泰兴的丁文江、松江的陈陶遗、常州的刘厚生，他们组成了救援江苏的"三人团"。

镇压革命及工人运动的活动。革命军的成功，使丁文江沉默了好几年。此后，在好友们的帮助下，丁文江复出，从事纯粹的科学调查及教育工作，因为其在地质方面的影响及贡献，国民政府撤销了对丁文江的通缉令。后来，中央研究院总干事被暗杀，院长蔡元培极力推荐丁文江出任总干事并得到了政府的认可。

丁文江为官的经历，各方面的条件和环境都很复杂，但都没出北洋系范畴。真正对他有影响的，则是江苏的几个老乡，如张轶欧、刘厚生、张謇、陈陶遗。康有为、梁启超、袁世凯等人，则都曾是北洋系的骨干。而蔡元培曾为清代官员，光绪十五年（1889年）举人，光绪十六年（1890年）会试贡士，未殿试。光绪十八年（1892年）补殿试，为进士，授翰林院庶吉士，光绪二十年（1894年）补翰林院编修，后任教育总长，与北洋系关系密切。

丁文江少年即成名，其大哥丁文涛回忆：1899年，丁文江"出就学院试"，适遇知县龙璋，"龙大叹异，许为国器，即日纳为弟子，并力劝游学异国以成其志。而赴东留学之议，乃自此始"。[1]

清末民初的龙璋先生，曾任泰兴县令，虽为旧学宿儒，但他热心于革命，支持共和，他对丁文江的影响最深，这一点，丁文江一生铭记于心。龙璋对丁文江的教育及人生指南，乃知遇之恩，促进了丁文江献身科学事业的航程，时人多叹"事功之始"。1902年，在龙璋的大力促动下，丁文江得以赴日留学。

那时的留日学生，关心国事的热情明显超过求知。在那种特定的氛围中，丁文江过了两年的"谈政治，写文章"生活，那当然不是丁文江出国求学的初衷，也不是龙璋的希望所在，更不是丁家的希望，所以，丁文江决定离开日本。1904年，受吴稚晖来信的激发，丁文江一行三

---

[1] 引自丁文涛：《亡弟在君童年轶事追忆录》，载《丁文江这个人》，台北传记文学出版社，1979年版，第77页。

人转英伦求学。其实,即使不是吴稚晖有信在先,丁文江也不可能长时间在日本"浪费时光",那时的丁文江,更希望多学一些先进的知识,用先进的知识来改变祖国的落后状况。从他在日本所写的一些短文及其与家人的书信中,可以看出丁文江求知的迫切心情。

丁文江一行三人去欧洲求学,并非一帆风顺。好在得到了康有为的大力支持,三人才能够踏上欧洲大地,之后便各奔东西,各学各的专业,平时的联系也不算多,此后的命运也不相同,但却结下了终身的友谊。

到了英国的丁文江,并没有直接进大学读书,而是先读中学。1907年,丁文江免试入读格拉斯哥大学,并于四年后顺利毕业,获动物学、地质学双科证书。为什么能够免试,跟丁文江考中剑桥大学有关。因为交不起学费,丁文江才不得不从剑桥大学辞学。之后的丁文江再也不愿放弃难得的求学机会,在英期间,丁文江大量涉猎各类书籍,对英国思想的取舍、提炼和接受,与自身专业训练中获得的科学实证主义精神、方法相融合,最终内化为其立身行事的基本准则。在英七年间丁文江已锻炼成一个"欧化最深""科学化最深"的中国人。[1]

1918年11月,德国战败祈和。12月,丁文江接到了梁启超的邀请,希望他同往硝烟刚刚散去的欧洲访问。这次访问前,丁文江并不认识梁启超,之所以受邀同往,主要是梁很想有一位科学家同行,"才能对于现代欧洲有彻底的认识",于是找到了在地质学界崭露头角的丁文江。12月底,丁文江与梁启超、蒋百里、刘子楷、张君劢、徐振飞、杨鼎甫一行七人从上海出发,前往欧洲考察,并兼任中国出席巴黎和会代表的会外顾问。这次考察对于丁文江的意义重大,从前丁文江还只是一个地质学方面的专家,而这次欧洲之行使他有机会深入梁启超的圈子,

---

1 引自傅斯年:《我所认识的丁文江先生》,载《丁文江这个人》,台北传记文学出版社,1979年版,第21页

打开学界人脉。此次一同考察欧洲，同行之人梁启超以下，蒋百里是军事学家，刘子楷是书法家，张君劢是政治学家。经过这次游历，丁文江变成了一位跨领域的公共知识分子。这给他以后成长为"学术界的政治家"打下了基础。开始的时候，丁文江还限于"座主"与"门生"的私人层次，丁师礼梁，而梁视丁为亦弟亦友。[1]

与梁启超等政坛健将们的交往，促发了丁文江问政的兴趣。丁文江对政治热情是有原因的，他在频繁的野外调查与学术行政的改进实践中，对政治之于各项事业的高度相关性有了深刻的体认。李济在与丁文江的一次谈话中就被明确告知："你们老问我为什么恋着政治问题不舍，不集中全力做科学的工作。你看，政治不澄清，科学工作是没法推进的，我们必须先造出一种环境来，然后科学工作才能在中国生根。"[2]

科学的发展既然与政治密不可分，丁文江这样的特殊人物自然就有了努力问政的理由。丁文江的从政路，受到了家族经济压力的干扰。虽然家族中人并没有压迫丁文江，但丁文江是一个对家族有责任的人，为了族中学人，他甚至暂时放下过地质研究，并且放弃过官位。

一、北洋小官

1911年，丁文江回国，先在上海南洋中学任教，讲授地质学入门，当时的中国，中学本来就少，在中学里讲授地质学，少之又少。丁文江的教学活动引起了时任北洋政府工商部矿政司司长张轶欧的注意，张轶欧马上找人了解丁文江的背景，当知道丁文江留学英国主修地质学的情况后，"急约入部"。1913年2月，丁文江来到了北平，就任地质科科长。丁文江履新之初，可谓筚路蓝缕。丁文江对此回忆说："我这一科

---

[1] 引自彭鹏：《研究系与五四时期新文化运动——以1920年前后为中心》，中山大学出版社，2003年版，第31—32页、第109页。
[2] 引自李济：《怀丁在君》，载《丁文江这个人》，台北传记文学出版社，1979年版，第59页。

里有一个佥事,两个科员,都不是学地质的。'科'是一个办公文的机关,我的一科根本没有公文可办。我屡次要求旅行,部里都说没有经费。只有两次,应商人的请求,由请求人供给旅费,曾作过短期的调查。"[1]

丁文江所处时代非常复杂,从几件"大事"上可以看出来。从英国学成回国,丁文江没有马上回家,而是从越南直接去了贵州,他想先看看祖国的大好河山,同时,认真地考察西南地质,为以后的科学研究打基础。可一踏上祖国的土地,丁文江才发现,已是一身欧式装束的他,跟国内的生活状况格格不入。为了融入社会,丁文江不得不在昆明置办假辫子、长袍褂子、黑纱瓜皮小帽(因为当时还是满清政府的天下)。好在有了"旧装束",丁文江才能够从昆明到贵阳、龙里,沿途用指南针测绘草图,用气压表测绘高度,考察沿途的地理环境。第二件事,应试。清末,政府《考验游学毕业生章程》规定"功名双轨制"。原因有二:一是留学生毕业,不是拿了大清国的毕业证,学子们未赴部考试,因此,还需要接受大清国的考试。其办法是,凡毕业后的留学生,均需来京考试,否则永远停其差遣。二是多数留学生并非公派,有些留学生并非真留学,而是出国"镀金"或"游学",学部对留学生的外国成绩怀疑,需要通过考试鉴别毕业证书的真伪。丁文江虽然也曾享受到"公费",但那是龙县令的特殊"照顾",并不是清政府的"恩赐"。处身于清末形势下的丁文江不得不搭科举这趟末班车,却顺利地考上了进士。

但是,丁文江为什么要应试呢?这其中有两个原因。一是家庭经济状况不佳,为了他的出国留学,家里已经债台高筑[2]。丁文江急需收入,填补家里的亏空。二是入仕的需要。中国旧知识分子,特别是下

---

[1] 引自丁文江:《太行山里的旅行·漫游散记》(6),原载1932年8月14日《独立评论》第13号,第16页。
[2] 丁文江出国留学,不是公费,而是私费,虽然县令曾帮助过他。

层知识分子，唯一的出路就是应试入仕。当时的清政府虽然腐败无能，但在分配"红顶子"方面，还是有一套的。丁文江从朋友口中得知，参加清政府的官试，如能得名次，像他这样"底子硬"的留学生，不仅可以享受到住房等特殊的条件，还能够争取到额度不小的科研经费。尽快得到政府的认可，尽可能多地争取到科研经费，是"海归"们的共同追求，亦是衡量某个人才能的杠杆。但丁文江想依靠政府多挣些银子的念头，还是没能达成，他既没有得到清政府所谓"三年清知府，十万雪花银"那样的"红顶子"，没能像他的恩师龙璋那样，做几任知县，也没能拿到清政府所谓的"科研经费"。

需要说明的是，丁文江的家里虽然有钱（泰兴黄桥的望族之一），但清末民初黄桥望族的状况，已大不如前。家庭经济的窘迫[1]，以后一直困扰着丁文江，使丁文江不能够全身心地投入到科研之中，因此影响到了丁文江的研究成果。为了支持弟弟丁文渊出国留学，丁文江不得不辞官弃研，随曾大力支持他办地质调查所的刘厚生去北票煤矿，当了几年总经理（刘厚生是北票煤矿的董事长）。从丁文江一生的情况看，这几年，正是他可以出大成果的时段。非常可惜，因为当官、因为经商，丁文江可以用来研究的二十多年的时间，大半"浪费"掉了。否则的话，他在地质方面的研究成果会更大。丁文江带出来的地质调查所的所谓"十八罗汉"，个个研究成果丰硕，甚至超过了丁文江。我们说丁文江是科学巨匠，是基于丁文江在开拓中国地质及其相关专业方面做出的特殊贡献，这一点，包括李四光在内，无人能跟丁文江比。

1912年1月，南京政府实业部下属的地质科和1912年4月政府北迁后的工商部地质科合并为地质科。当时，只能做些行政工作，谈不到实际调查，丁文江积极创办地质研究所的目的，就是加快实现由地质科到地质调查所的转变。因为地质调查工作"与普通行政侧重簿书者不同，

---

[1] 丁家虽是黄桥望族，但当时已入不敷出，且已再难送子弟出国留学。

必须有专门设备及特别组织方可进行"¹。丁文江在他起草的《工商部试办地质调查说明书》中，提出地质调查试办期间，应筹设地质研究所和地质调查团。所谓的"地质调查团"，即半年后成立的地质调查所。

1913年9月4日，工商部饬令矿务司筹设地质调查所并任命丁文江为所长兼地质研究所所长。工商部部令称："特饬矿务司筹设地质调查、地质研究二所，于该司地质科原有人员外，酌聘中外地质专家分任职务，各以半年外出调查，半年担任教务，以期教学相长，切实进行。"同时"委任本部矿务司地质科长、佥事丁文江为地质调查所所长……地质研究所所长一职暂由该佥事兼任，俟该佥事出发调查时，再派专员接任。"²

地质科虽然已由科改为所，但该所仍隶属于矿务司，且无定员，办公地点亦仍设于工商部内，其经费亦无定额（统括于工商部本部预算之内）。同年12月24日，工商、农林二部合并为农商部，地质调查所遂改隶农商部矿政局，但人员、经费无定额等情形未变。丁文江的地质调查所所长一职亦由农商部部令于1914年2月19日重新委任³。因当时丁氏正在云南从事地质调查，农商部同时下达委任令：所长一职由章鸿钊暂兼代。⁴

1913年12月，丁文江借农工商部总长张謇推行棉铁政策之机，会同梭尔格、王锡宾等调查正太铁路沿线地质矿产，填绘分幅地质图。这是中国人进行系统的野外地质和地质填图的开端，值得大书特书。⁵

次年，丁文江又转赴滇东调查，并绘制地质分图多幅。他在这一领域所做出的众多实绩，对中国地质学研究具有典范性的开拓意义。1915

1　引自《中国地质调查所概况·沿革》，中国地质调查所1931年出版，第1页。
2　《政府公报》1913年9月8日，文海出版社影印出版。
3　农商部第47号委任令，载1914年2月《政府公报》，总第22册，第517页。
4　农商部第49号委任令，载1914年2月《政府公报》，总第22册，第517页。
5　引自黄汲清：《丁文江——二十世纪的徐霞客》，载《中国科技报》，1986年8月25日。

年5月27日,因章鸿钊"奉派调查皖省铁矿",丁文江被任命为地质研究所代理所长。[1]

地质调查所经改组充实后正式成立,丁文江众望所归被推任为所长。他于莅任之始,"先扎硬功夫"。[2]

调查所日常事务的处理,文江也是亲力亲为,始终坚持和提倡"案无留牍""今日事今日毕"的精神。在他坚持不懈锐意革新的努力下,地质调查所短时间内被改造成一个生机勃勃的科研机构,进而发展为"中国地质学的建立和按步发展的领导中心"。[3]

丁文江于1916年11月1日被任命为地质调查所所长兼地质股股长。第126号部令称:"现在地质调查局业经呈准改地质调查所。所有办事、学习人员自应按照修正章程另行分配。兹派丁文江充该所所长兼地质股股长,翁文灏充矿业股股长,章鸿钊充编译股股长。"[4]

此后,凡遇丁文江出差,所长一职通常由翁文灏暂代。如1917年丁文江奉派调查长江下游地质,9月22日,农商部就发布命令:"丁文江现出差,派佥事翁文灏暂行兼代地质调查所所长,此令。"[5] 再如1918年底,丁文江陪同梁启超到欧洲从事民间外交,农商部便于12月14日发布命令,派翁文灏代地质调查所所长职务。

1920年7月23日,丁文江的地质调查所所长一职被农商部重新任命,同时兼任矿政司第四科科长[6]。从此,地质调查所修改章程,成为农商部直辖机关,进入大规模发展时期。

袁世凯死后,国内局势动荡、财政困难。北洋军、护国军及各路地

---

1 《农商公报》第1卷第11册,《本部纪事》,文海出版社影印出版,第43页。
2 引自李济:《怀丁在君》,载《丁文江这个人》,台北传记文学出版社,1979年版,第59页。
3 引自胡适:《丁文江的传记》,北京大学出版社,1998年版,第434页。
4 1916年11月《政府公报》,总第55册之(一)分册,文海出版社影印版,第73页。
5 农商部第171号命令,《农商公报》4卷3册,总第39期,第33页,1917年10月15日出版。
6 农商部委任令第76号,文海出版社影印出版(未标明出版年月),第94号。

方军队各自为政，没等人民缓过神来，"府院之争""张勋复辟""护法运动"接踵而来。张謇自然当不成总长了，刘厚生也只能去兴办实业，张轶欧去了南方，地质局被降格为地质所。丁文江的官位自然降了一级，但因为他当时无心于政治，所以并没有失落感，他把大量的时间用在了培养学生和地质野外调查上。1916年7月，地质研究所第一批18名学员毕业，有了这批学员，中国的地质调查才开始有规模有组织地展开工作。

这里，有必要对张轶欧（1881—1938）作以介绍。张氏名肇桐，又字翼侯，号一鸥，清光绪七年（1881）四月十三日生于江苏无锡北门外江尖渚，年入上海南洋公学，因参加驱逐美籍校长福开森活动被开除。光绪二十七年（1901）在读大学时参加兴中会，与秦毓鎏、稽镜等组织留日学生革命团体青年会。光绪二十九年（1903）回国，入上海震旦学院学习拉丁文及法文，翌年考取公费留学赴比利时学习采矿冶金，获海南工科大学路矿业硕士学位，宣统三年（1911）毕业归国，翌年担任中华民国工商部采矿科技师、技正、科长，后升任矿务司司长、矿政局主任、第一区矿务监督署署长、矿务局会办、农商部矿政司司长等职。在任期间，与同事丁文江、章鸿钊、翁文灏等创办地质调查研究所，著有《地质调查报告》《实业资料汇编》等于世。他还集合矿冶人才，购置图书、设备，建立矿冶研究所，并发起成立中华博物馆同志会、中国矿冶工程学会等群众学术团体，为我国地质矿冶研究做出了贡献，另编有民国《锡山张氏通谱》四十二卷（张轶欧、张鉴等修）。可以说，张氏是丁文江走上中国学术和事业的引路人和知己。

丁文江显然不愿意做袁氏皇朝的"护院"，他当时虽不关心政治，却有政治眼光，也在闲时研究过政治及北洋系。因为了解到北洋系里的一些黑幕，丁文江甚至想把地质资料毁掉。翁文灏回忆："袁世凯称帝时，丁文江曾想毁掉地质矿产的所有报告，以免为贼所用。"

正是丁文江这位先驱的一系列拓荒举措，有力地推动了地质学科的快速发展。胡适在 1922 年时即已指出："中国学科学的人，只有地质学者，在中国的科学史上可算得已经有了有价值的贡献。"[1]

丁文江在地质调查所所长任上仅待了五年时间，后因家庭负担重离职出任北票煤矿公司总经理。之后又因政治或他事牵缠，再也没有回到地质部门的行政岗位，但终其一生他都没有放弃对地质学科建设的关注。

但丁文江这一次的入仕还算"顺畅"，是有原因的。张轶欧，无锡人。无锡与丁文江的老家泰兴隔江相望，丁文江和张轶欧算得上半个老乡。当时的北平，是北方人的天下，张轶欧当然对丁文江这位来自南方的"半个老乡"格外照顾。张謇老家南通，历史上，泰兴曾一度属南通，丁文江跟张謇肯定是老乡了。刘厚生也是江苏人，丁文江能够在三位同是江苏人的上司提携下工作，其顺心顺意自不待言。此后很长一段时间里，丁文江都在他们三位的影响下生活与工作。如后来丁文江辞职担任刘厚生任董事长的北票煤矿总经理，之后又在刘的引导下参加"江苏三人团"（陈陶遗、刘厚生、丁文江），并应孙传芳聘，成为"上海市市长"。张謇去世，丁文江致了悼词。

正是出于对其"在二十年间，在恶劣的军阀时代，在腐败的衙门空气之中，不特维持而且发展了一个服务而兼研究的科学组织"的充分肯定，陶孟和盖棺论定道："就对于地质学的发展一端来说，在君足可以称为学术界的政治家。"[2]

丁文江在地质调查所所长任上仅待了五年时间，刚刚能够踏进高官之门，如一盏幽幽闪烁的智慧灯火欲与官运悬谈，不经意间的一阵怪风，又把他的理想和努力吹到了布满陷阱的坎坷与平坦相交错的山间小

---

[1] 引自胡适：《这一周》，原载《努力周报》1922 年 7 月 23 日，第 12 期。
[2] 引自陶孟和：《追忆在君》，载《丁文江这个人》，台北传记文学出版社，1979 年版，第 56 页。

径。丁文江并不后悔，但他不甘。有些东西，不是你看不到，也不是你遇不上，而是你没有体会，找不到渐入佳境的钥匙。以丁文江的科学态度及研究习惯，他也很难跟当时政坛"同心同德"，虽然丁文江一直在努力往政治路上走，但政治并不是丁文江的强项，丁文江的强项在科学研究方面。

二、淞沪总办

1925年初，奉系以"恢复秩序"为名向南进军江苏和浙江。张作霖的奉系并不想把东南让给孙传芳，他们急于向中部各省扩充。与张作霖联盟的张宗昌的山东军一度占领上海数星期。1925年"双十"节，孙传芳组织"五省联军"讨奉，驱逐了奉系的杨宇霆、邢士廉，进而统治了江苏、上海。

1926年2月，丁文江作为中英庚款顾问委员会中方三代表之一（另两人为胡适及王景春），南下上海与英国为应对五卅惨案后中英关系的新变化而派出的卫灵敦中国访问团进行磋商。正是在这次行程中他接受了孙传芳的邀请，出任淞沪商埠督办公署总办一职。不过丁开始对出就公职持谨慎态度，据胡适说，他首先就商于胡适与王景春，随后又向英方代表、有丰富政治经验的卫灵敦子爵请教，在得到肯定的答复后才接受了孙的邀请。

1926年5月，孙传芳公开宣称独立的五省（江苏、江西、安徽、浙江、山东）联合，并由张作霖任命其为五省联军总司令。5月3日，孙传芳由宁抵沪，次日自任淞沪商埠督办，并公布督办公署组织大纲，以丁文江为总办。陈陶遗出任江苏省长。5日，孙在上海总商会招待沪上各界的茶会上发表演讲，对任命丁氏之事有所澄清，他说："我找得来帮我忙的丁总办，不是我的私人，他本来是为英国庚款委员会的事来的，我相信他不肯谋自己的私利，相信他能实行我的政策，我才肯找他来。他赞成我的政策,他方始肯来。"[1]

丁文江顶着压力,不惜牺牲羽毛,出任淞沪督办公署的总办,是想"趁早替国家做点事"。丁文江接受这样一个官方职位,是因为上海的特殊性。上海是一座在中国迅速发展的港口和工业大都市,各种利益冲突不断,其中,外国的治外法权与租界的特权冲突最为突出。丁文江为孙传芳服务是有原因的,其真正的出发点在于"救援江苏"。当时,江苏地方及旅外人士在军阀征逐政局动荡情势下,为救助地方免遭奉张作霖蹂躏,掀起了"救援江苏运动"。

丁文江出任"淞沪商埠督办公署总办"后,试图在一个地方的规模上,实行向全国公布的"少数人的责任"信条。他认为,军人的"爱国主义"同他们接受民众要求所要实现的目标是一致的。丁文江经常考虑军事问题。他训练武装部队的最初尝试,包括不加选择地、广泛地摄取军事信息。丁文江协助孙传芳的初旨,原为通过创建主持一所"最新式的、最完备的高级军官学校",将军人集团改造成责任心及能力兼备的建设性力量;而孙看重的则是丁的行政专才,是以对其委以淞沪商埠督办公署总办的重任。淞沪商埠督办公署设置的基本思路,孙传芳在多次讲话时均有涉及,从中可以看出公署总办的主要使命有二:第一,捏合改良市政,为大上海的最终造成准备条件;第二,解决因毗邻租界而牵扯的外交纠葛及相关事务。

在此期间,丁文江以非凡的智慧与魄力,确立了上海的新市政,规划了兴建"大上海"的宏伟蓝图。所谓"大上海计划",就是统一从吴淞到龙华、浦东到浦西的上海华界行政权,使界内的市政、财政、警政由一个行政总机构集中管理,并在此基础上建立起现代化的市政卫生设施。这个行政总机构就是淞沪商埠督办公署,淞沪商埠督办公署总办相

---

[1] 引自《孙传芳昨假总商会招待各界》,原载《申报》1926年5月6日,转引自刘利民文章《丁文江:出山要比在山清》。

当于今天的上海市市长。丁文江上任后，经与江苏省公署洽定，以闸北、南市、浦淞、洋泾、高行、塘桥、杨思、三林、陈行、引翔、法华、渭泾、颛桥、北桥、塘湾、闵行及宝山县属的吴淞、江湾、高桥、殷行、彭浦、真如等24市、乡为商埠区域，并将之整合划分为闸北、沪南、浦东、沪西、吴淞五大区，区内一切市政建设、警察、教育、财政，均由督办公署统一办理。

督办公署设于龙华旧护军使署原址[1]。督办公署下设总务处、外交处、政务处、财政处、工务处、保安处，共计6个处。又设议事会，成员由督办公署聘任，共9人，分别为：黄炎培、虞和德、袁希涛、顾履桂、沈联芳、李钟珏、宋汉章、陈炳谦和王丰镐。9个月后的上海特别市，其基础实已由此奠定。丁文江还责成工务处对上海华界重新测量，绘成一份详细精确的《淞沪商埠全图》，此图在他离任后的第二年4月出版发行。

丁文江任淞沪商埠督办公署总办之职时，每天接到不少荐书，他就让秘书将其归类，等他正式上任后，根据职位的需要，写信通知求职者来接受考试，一旦合格，马上录取；不合格的，他也去信说明。他的勤勉给当时在上海的胡适留下很深的印象。

1926年3月20日，颜惠庆在日记中写道："丁文江来访，他极力维护政府采取的措施。他建议被害士兵家属向学校当局起诉。"[2] 这一天是"三一八惨案"两天之后，这个日记表明了丁文江对惨案的态度。

1926年3月18日，北京群众集会游行，在段祺瑞执政府的门前，遭到卫队开枪射击，被打死47人，伤150多人。惨案发生后，北京舆论一致谴责段祺瑞执政府的暴行。各大报刊，像《语丝》《京报》《国民新报》等配合鲁迅、周作人等人，对段政府口诛笔伐，众口一词地进行谴

---

[1] 今上海市徐汇区龙华路2577号。
[2] 引自《丁文江文集》第七卷，湖南教育出版社，2008年版，第416页。

责。丁文江3月20日表示"极力拥护政府采取的措施"。惨案发生以后，段政府采取的第一个措施就是下令通缉徐谦、李大钊、李煜瀛、易培基、顾兆熊等五个"暴徒首领"。对此，丁文江表示了"极力拥护"的态度。丁文江认为，这些祸害欺骗学生的人才是真正的刽子手。丁文江认为罪责在鼓动学生的"暴徒首领"这一方，甚至"建议被害士兵家属向学校当局起诉"。也就是在丁做此种表示的这一天，3月20日，段祺瑞又发布了一道抚恤令，说是"互相攻击之时，或恐累及无辜，情殊可悯"，还表示要查明军警的行为"有无超过必要程度"。这一次，丁文江显然站错了立场，是极其反动的。

傅斯年在文章中写道：在君的一生，最为一般有革命性，或冒充有革命性者，所最不了解或责备的事，就是他之就任淞沪总办。当时在巴黎读书的傅斯年，并没有见过丁文江，只是听说他与军阀勾结，三次对胡适说回国后第一件事要杀丁文江。傅斯年有很精到的判断，他说丁文江是一个"顶好的官僚"而绝不是一个"政治家"，很快，随着国民革命军北伐的推进，对政治热情的文人与官僚的差别便显现出来了。

丁文江的"大上海计划"，在市政建设方面，由于在任时间短促，并未达到目的，但在建立现代化的公共卫生机构方面，却是颇有建树：其在任内建立起了华界第一个大规模的公共卫生管理机构——淞沪商埠卫生局。卫生局当时主要对上海霍乱的流行、自来水的不清洁、屠宰场的不卫生以及肃清鸦片等问题进行了治理并收到了较好的效果。

丁文江建设大上海的计划十分宏大，1926年11月28日丁文江在写给胡适的信中称："你来信所说的整理内政，我当然是赞成的，就是孙也想如此做去，我近来并且做了一个整理内政的具体计划，如整理币制、厉行文官考试、解决关税厘金、承认工会、改革教育，凡你所说的都可以包括在内，但不知道能否有机会给我试试耳。"从中我们可以看出，丁文江有着一整套整治社会改良的方案，假以时日，必见大成效。但其担任淞沪总办前后8个月，仅仅242天，很多方案只能遗憾地胎死腹中了。

收回公共租界会审公廨。会审公廨是上海历史上的一个特殊司法机关。自1843年租界在上海开辟后，外国列强凭借不平等条约中关于领事裁判权的规定，在租界内设立了领事法庭。当时租界内的中国人违法犯罪，仍由清政府的上海地方官审理，而租界内的外国人违法犯罪则可以完全不受中国法律的制裁，由各国驻沪领事自行审理。自1853年太平天国浪潮席卷长江下游一带以及上海县城发生小刀会起义后，大批难民拥入租界，华人很快就占了租界居民的绝大多数。华洋杂处后如何维护租界内的安全与秩序就成了一大难题，而管理租界内为数众多的华人居民，更是这道难题的焦点所在。早在1864年，英美租界内设立了一个司法机关——洋泾浜北首理事衙门，由上海道台委派官员会同英国领事审理租界内发生的华人案件。接着在1869年4月20日，根据上海道台和英美等领事商订的《洋泾浜设官会审章程》，在英美租界设立了会审公廨（也称"会审公堂"）。会审公廨虽然名义上属于中国的司法机构，但是会审本身就反映了外国人对中国在租界内的司法主权的一种损害，中国谳员在职权的独立行使上已经受到了外国领事的越权干扰。同时，外国领事还擅自扩大外方陪审官的权力，使中国谳员几乎丧失了当堂发落人犯的权力。民国成立之后，上海及全国各地人民要求取消外国在华领事裁判权等特权、收回国家主权的呼声日趋强烈。中央及地方当局虽曾就上海会审公廨主权问题有所交涉，却始终没有进展。直到五卅运动爆发，在上海人民反帝斗争的强大压力下，收回会审公廨一事才有了进展。

1926年5月21日，中外双方第一次交涉会议在公署外交大楼举行，中方出席代表为丁文江、许沅，领事团代表为英、美、日三国领事巴尔顿、克宁汉、矢田七太郎。8月23日至31日，16国驻沪领事及中方代表丁文江、许沅先后在包含9项条款的《收回会审公廨暂行章程》上签字。9月27日，章程正式发表。11月18日，孙传芳任命徐维震为临时法院筹备主任。

丁文江任职督办公署恰在五卅惨案发生一年之后,由五卅惨案引发的五卅运动,其显著特点之一就是工人阶级的广泛参与。工业发达、洋人聚集的上海自然成为这一风暴的中心。丁文江莅任未久,工人罢工潮即因工作条件的恶化、米价昂贵致使生活困难等多重因素的影响而愈演愈烈。局势的动荡使丁文江被动卷入了对罢工问题的处理。6月27日,上海总工会以"调停工潮不力"为由被查封,这项命令直接来自孙传芳,执行机关为公署辖下拥有相当自主权的上海警察局。丁文江往返穿梭于各相关部门力图"根本解决工潮"并有启封总工会之意时,共产党人并不抱有太大的希望,因为丁文江提出的限制米价高涨和改善工人待遇的方案不过是纸上谈兵,"老早就是上海工人自己提出来的办法,只是官厅与资本家都拒绝不理"。在当时复杂的局势下,丁文江"根本"解决工潮的资源非常有限:"孙传芳丁文江要的是'大上海',我们(工人)要的是'革命的上海'。"[1]

1927年1月1日,公共租界会审公廨正式改组为上海公共租界临时法院,代理领事挪威总领事奥尔、英国总领事巴尔顿与廨长关炯之向江苏特派交涉员及临时法院院长徐维震办理移交。此时,积极推进此事的丁文江已辞职,并于1926年12月31日离开上海,去了大连。这样一个久拖不决的外交悬案短短数月就得以解决,与交涉的首席代表丁文江个人的人格魅力是分不开的。朱沛莲分析评价道:"丁氏早岁游学英国,和英国朝野人士,夙多接纳,且以名学者受英人的尊敬,因此交涉进行之际,颇能收事半功倍的效果,而顺利达成任务,在我国司法史上写下了重要的一页。"[2]

丁文江辞职的原因甚多,其中一个重要原因就是孙传芳尾随东北军

---

[1] 引自陈独秀:《革命的上海》,原载《向导周报》1926年6月30日,第160期。
[2] 引自欧阳哲生:《科学与政治:丁文江研究》,北京大学出版社,2009年版,第61页。

阀张作霖。

1926年秋，北伐军与吴佩孚在湖北汀泗桥展开决战，吴佩孚急请孙传芳派几个精锐师助战，孙传芳的态度举足轻重。蒋介石派蒋百里通过他和丁文江的私交去说动孙传芳，结果孙传芳未援助吴佩孚，北伐军大胜，并占领武汉。后来，北伐军在江西与孙传芳主力决战，孙军大败。孙传芳跑到天津向张作霖谢罪求救，这引起当年请孙传芳出兵驱张的刘厚生、丁文江等大为不满，他们特去南京向孙传芳进言劝阻，孙传芳一意孤行拒绝了他们。他们返回上海，从上海火车站回家的途中，汽车司机不小心撞到水泥柱上，刘厚生、丁文江均重伤。丁文江趁机急电孙传芳，因伤辞职，并不顾孙传芳的挽留，于12月31日卸任，不久到大连休养，也结束了在孙传芳手下任职的经历。

1926年11月28日，丁文江写信给好友胡适，开始"倒苦水"。他所谓"根本"解决工潮的方案无外乎通过承认工会的合法地位，试图将工人运动纳入法律所许可的范围之内。[1]

随着广州国民政府北伐战争的顺利推展，国民党在上海等地扰乱孙氏后方策略的积极推行，孙传芳逐渐加强了对东南五省的专制统治且日渐倒向奉张集团，丁文江在局势变动中也被迫转向以厉行地方治安为职志，在一段时间内奉命查封了众多国民党在沪机关。虽然如此，孙传芳日益加强与"胡子"合作的动向，还是引起了丁文江等人的强烈不安。据现有材料看，他至少在9月、11月先后两次与陈陶遗等前往劝孙氏试图有所挽回，但后者的"啃窝窝头"认同令丁文江等人一再无功而返，在孙氏政权中任职的江苏人去意渐起。[2]

12月15日，陈陶遗辞去江苏省省长一职，遁而不见。长期对去留

---

[1] 引自《丁文江致胡适》，载中国社科院近代史所中华民国史组编：《胡适来往书信选（上）》，中华书局，1979年版，第410页。
[2] 引自傅斯年：《丁文江一个人物的几片光影》，载《丁文江这个人》，台北传记文学出版社，1979年版，110页。

之事难以自决的丁文江这时也屡屡收到胡适、任鸿隽敦促其抽身离去的电报、信函，好友的姿态显然起到了作用，这年年底，丁文江离开上海。丁文江此次从政的思想基础实为其心中扎根已久的对"好人政治"的企望。支持他在左支右绌的困境中默默为之的主因同样是"好人政治"的信念，他始终深信"好人"出山参与政事是政治清明、社会改良的唯一进路。1926年11月底，局势已极其困难，丁此时致函胡适："我细读你的信，觉得你到了欧洲，的确是吃了一剂补药，心里异常的高兴。不肯 frivolous（随俗浮沉），真可说是你的觉悟，我们处中国目前环境，真要立定了脚跟，咬紧了牙齿，认真做事，认真做人。"[1]

据朱家骅回忆，丁文江面对当时混乱政治的看法是，"最可怕的是一种有知识、有道德的人，不肯向政治上去努力"。他认为"只要有几个人，有百折不回的决心，拔山倒海的勇气，不但有知识而且有能力，不但有道德而且要做事业，风气一开，精神就会一变"。[2]

正是基于这一立场，他置众多朋友的劝告于不顾，出任了孙传芳治下的淞沪督办总办，雄心勃勃地擘画发展"大上海"。胡适后来为他作传记就评价说，回看过去，丁氏任内有两件事值得记载，"第一是他建立了'大上海'的规模，那个'大上海'，从吴淞到龙华，从浦东到沪西，在他的总办任内才第一次有统一的市行政，统一的财政，现代化的公共卫生"。"第二是他从外国人手里为国家争回许多重大的权利"[3]。尤其以收回公共租界的会审公廨为最成功。

丁文江做"淞沪督办总办"，一上任，即公开表示："我敢说我对于淞沪市政，没有丝毫私人利害夹在里面……我来担任这个职务，决不想弄一笔钱，买一所房子享清闲福气。"

---

1 引自《丁文江致胡适》，载中国社科院近代史所中华民国史组编：《胡适来往书信选（上）》，中华书局，1979年版，第410页。
2 引自王仰之编：《丁文江年谱》，江苏教育出版社，1989年版，第32页。
3 引自胡适：《丁文江传》，海南出版社，2002年版，第93页。

可是书生丁文江毕竟没有看清大势,随着孙传芳的很快倒台,他这个商埠总办(淞沪督办总办)的治绩也随之风流云散了。丁文江是抱着改良政治的愿望投到孙传芳门下的,据傅斯年分析,丁以为改良政治应该抓住每一个机会,所以他想借孙传芳试验一回,然而一到里边去,知道事实不如此简单,孙传芳要做的事,大者并不与他们这些智囊商量。1

丁文江任职期间,其着眼点较集中于行政层面的改进,体现了丁文江行政改革者而非政治家的特质,但只能叹作"治世之能臣,乱世之饭桶"。从上海黯然而退后,丁文江过了一段稍稍"远离"政治的生活,但在私人场合,与胡适众朋友的话题依然是不离政治。1931年8月,胡适应丁文江之邀赴秦皇岛消夏时,二人已觉察到日本的狼子野心必有一逞之日。下月,沈阳事变2即告发生。《独立评论》应时而生。《独立评论》为国难时期丁文江的发言议政书生救国提供了非常重要的平台。以文章数量计算,该刊的作者群体中,丁是仅次于胡适的最活跃的撰稿人。

离职半年后,身居北京已无挂碍的丁文江似能平心静气地看待这场纠葛,他反省道:"当革命的时代,如我这种人实在不适用。我不大很会说谎话,而且疾恶过严,又好管闲事。行政方面,我自信颇有能力,在上海的试验,尤足以坚我自信,但是目前不是建设的时代,不妨留以有待。""政治是危险的事,我固然不怕危险,但是我现在有许多心愿未了"。3

这一段历史,成为丁文江抹不去的污点,连他的挚友们都不宽容。

---

1 引自胡适:《丁文江传》,海南出版社,2002年版,第96页。
2 即九一八事变,又称沈阳事变、奉天事变、盛京事变、满洲事变、柳条湖事变等,是指1931年9月18日在中国东北爆发的一次军事冲突和政治事件。
3 《丁文江致胡适》,载中国社科院近代史所中华民国史组编:《胡适来往书信选(上)》,中华书局,1979年版,第434页。

倒是傅斯年比较客观,他认为丁文江"是借机会为国家办事的,本不是和孙传芳结党的。批评他的人,要先评评他所办的事";又说丁文江是一个"顶好的官僚,而绝不是一个政治家"。丁之心愿如其所说,主要是回到书桌前清理前一阶段遗留下来的学术债务。

三、研究院总干事

1934年,丁文江受蔡元培之邀,继杨杏佛遗缺出任中央研究院总干事。中研院因所从事的高深专门之学无立即济于时艰之用,长期不受政府重视,故自成立之日起,就面临着经费短绌处境的尴尬。前任杨杏佛为争取政府资金抱注,甚至不惜随同蒋介石前往江西赴"剿匪秘书长"之任。[1]

杨死丁继,难局依然。丁文江在获蔡元培的坚决支持下,重拾治理地质调查所的思路,在尽力争取政府支持的同时,侧重从内部大刀阔斧地对中研院进行改革,收效显著。如通过整顿全院的行政中心——总办事处,提高了办事效率;设置评议会,而后研究院体制始成;组织基金保管委员会,加强了经费的统筹管理;等等。对此,蔡元培评价是"均为本院定百年大计"。

1936年1月5日,正值盛年的丁文江在勘探途中因煤气中毒救治失当于长沙去世,结束了其亦学亦政众说纷纭的一生。

与在政界的束手束脚难得施展相比,丁文江在学界真正是得心应手。"学术界的政治家"用"他的大量,他的远见,他的广博知识,他的魄力,他的爱护青年"先后为地质调查所、中央研究院构筑了持续发展的基础。难怪有"用人雅量"的蔡元培在丁任职不足两年遽尔去世时痛心疾首,他在历数各项实绩后不禁感叹:"使再假以年,不知进步到何种

---

[1] 王汎森:《中国近代思想与学术的系谱》,河北教育出版社,2001年版,第337页。

状况。今丁先生撒手而去,本院岂不受一最大的打击么?"1

作为"社会良心"的知识分子,因"才智出众""道德高超",所行所思所想必然与"凡夫俗子"的兴趣取向形成对比。2

"国家所待甚多"的丁文江在本业之外的"余暇"问政,贯注了自身关于国事的独立思考,1935年夏间他所作之"讽竹诗",实为自身卓尔不群独立无依精神的最好写照。诗曰:

竹似伪君子,外坚中却空。成群能蔽日,独立不禁风。

根细善攒穴,腰柔惯鞠躬。文人都爱此,声气想相同。3

这首诗也可以看成是丁文江对老家泰兴地方文化人的态度,他比较喜欢的人是范仲淹,而不是以"痴竹"出名的郑板桥。当然,范仲淹还不能完全算是正宗的泰州人,但郑板桥却是标准的泰州兴化人。仅就文化而言,丁文江的名气比不上扬州八怪之一的郑板桥。竹之气节与文人是相近的,丁文江显然有点"文人相轻"的意思了。从郑板桥宁可不当官,弃官,也不追上风的态度上,再从丁文江的热衷政治追赶潮流来看,其与郑板桥正好相反,而且,郑板桥的文品也要高于丁文江。一般情况下,文人在社会中的地位是比不上达官贵人的,他们确实很难独立于世,但其精神却是独立的,人格比市侩不知要高过多少倍。因此说,丁文江的这首诗写得并不算成功,意境不高。比起他写出山的那首诗差远了。

丁文江去世后,蔡元培、胡适、傅斯年、朱家骅等人,均在不同场合给予他以高度的评价,并充分肯定了他想办事、能办事、办成事、办好事的特质。对此,蔡元培先生就说:"在君先生是一位有办事才能的科学家,普通科学家未必长于办事,普通能办事的又未必精于科学;精

---

1 引自蔡元培:《丁文江追悼会致词》,载高平叔编《蔡元培全集》第七卷,中华书局,1989年版,第6页。
2 引自萨义德(Edward·S. Said)著,单德兴译:《知识分子论》,生活·读书·新知三联书店,2002年版。
3 引自《林语堂记丁文江讽竹》,载《传记文学》(台北)1934年4月1日,第94号。

于科学而又长于办事,如在君先生,实为我国现代希(稀)有的人物。"[1] 胡适在回复周作人的信函里所见略同,并说:"在君兄之死,真是一大损失。此君治学之外,实有办事的干才,不像我们书生只能拿笔杆,不能做事。"[2] 胡适在评点近代中国"受这个世界的新文化的震撼最大"的人物时,将丁文江列为有资格入选的十三人之一,称他们"人格都可以上比一切时代的圣贤,不但没有愧色,往往超越前人"。[3]

第七节 凋零的身后

1935年12月2日,丁文江再次来到了湖南。但他没有想到的是,他此次到湖南就再也没有离开这里。

丁文江到长沙下车伊始,当即表示:此次到湖南一定要看两个人,一是胡子靖先生,第二个就是师父龙研仙的夫人。

丁文江此次来湘考察,主要是受铁道部委托前来调查粤汉铁路沿线煤矿,同时也受教育部委托为清华大学在长沙选择新校址,故日程安排非常紧张。

3日,丁文江会见湖南地质同行视察学校;看望胡子靖,未遇;本拟拜望龙师母,因查不出详细住址,只好延待来日。4日,丁文江上午到湖南地质调查所,谈来湘目的、日程分配,询问谭家山煤矿地质情形,并参观该所陈列馆、图书室、工作室等;下午拜访郭若衡、萧秉文

---

[1] 《丁在君先生对于中央研究院的贡献》,载《丁文江这个人》,台北传记文学出版社,1979年版。
[2] 引自《胡适致周作人》,载中国社科院近代史所中华民国史组编:《胡适来往书信选》(中),中华书局,1979年版,第298页。
[3] 引自《胡适的日记》(手稿本),台湾远流出版事业股份有限公司,1990年版,第十四册。

等人。

5日,丁文江徒步登上了海拔1000余米的衡山,拜谒龙研仙先生纪念亭,祭扫恩师龙璋墓,这天也就是他中煤毒的前三天。早在1901年,丁文江投考南洋公学,当时须经地方官保送,经知县龙璋面试,题为"汉武帝通西南夷论"。丁文江下笔立就,议论风生,龙知县阅后大称奇异,许之为"国器",并纳为弟子,同时劝他不去上海,而转赴日本留学。翌年,龙师委托其表亲胡元囗(子靖)携丁文江前往日本留学。对于龙师的知遇之恩,丁文江终生感念,他曾多次称:若不遇见龙先生,他一生的历史或者完全不同,至少不能那样早出洋留学。1911年,丁文江从英国学成归国,在路经湖南时,曾专门到长沙拜谒龙师。而对于此次拜谒龙师墓,丁文江的好友、时任湖南省教育厅厅长的朱经农回忆说:"三人同至烈光亭读龙研仙先生的纪念碑。在君(丁文江字)在碑前徘徊甚久,并为我等追述当年如何遇见龙研仙先生,命其作通西南夷论,如何劝其研究科学,并托胡子靖先生带其出洋。谈话之中,流露出深切地情感。"当天晚上,丁文江又作怀龙师诗一首。诗曰:

十五初来拜我师,为文试论西南夷。

半生走遍滇黔路,暗示当年不自知。

海外归来初入湘,长沙拜谒再登堂。

回头廿五年前事,天柱峰前泪满腔。

12月6日,丁文江冒大风攀登衡山的主峰祝融峰。7日,丁文江步行7.5公里到谭家山煤矿,随后下洞考察。8日,抵达衡阳,会见好友、粤汉铁路局长凌鸿勋。9日晨,中煤毒,凌鸿勋发现后,一面组织紧急救治,一面电请省教育厅厅长朱经农觅良医来衡。衡阳医生施行人工呼吸时,曾将肋骨折断,埋下祸根,但延至28日,尚未发现。11日,丁文江在昏迷达40余小时后恢复知觉。15日,转至长沙湘雅医院。17日,傅斯年抵达长沙,担当起"家属的代表人"的角色。23日,丁文江坚决要求"离床少坐椅上",半小时后,神色剧变,脉搏、体温均升高,呼吸困难。 午后穿刺,发现淡红色脓液;晚请湘雅外科主任顾仁医师诊视,抽出大量稀脓液。 25日后,时醒时睡,神志不清晰。 28日,顾仁医师于五肋骨处开割,发现第五肋骨已折,并取出浓脓,发现脓中有肺炎双球菌。 29日、30日体温复常,协和医院外科主任娄克斯抵长会诊。 自31日起,体温脉搏由正常度上增,服用毛地黄并不见效。 次年1月3日晨,颈后弯,并作硬,右肢痉挛如前,心音微弱,精神更见萎衰。 4日晨,呼吸更形急迫。 下午体温增至45摄氏度,脉搏160次/分,病危。 5日晨,脉搏140次/分,体温39摄氏度,呼吸50次/分。 颜色青紫。 至11时情形更恶,各种刺激注射均无效。 午后5时40分,与世长辞,享年仅49岁。

杨济时最后诊断致死原因:一氧化碳中毒;左胸第五肋骨骨折;支气管发炎;左胸积脓(肺炎双球菌);心脏衰退;脑中枢瘀斑出血。 丁文江去世的当晚,其尸体实施解剖,察验致死病源,非仅由于中煤毒,实心脏及肺部早伏病因,平昔用脑太过,脑病亦深。

1月6日,丁文江的遗体入殓,8时举行简单悼仪。 史久元与丁文澜、丁文治等均扶棺痛哭。 下午,丁夫人与文澜、文治等乘专车赴汉回京。 起初,丁夫人坚持死者葬在南京,故灵柩定7日下午2时由湖南省政府备专车运汉转由轮运入京。 而在上海的蔡元培等,已看到丁文江的遗嘱,遂电示丁夫人史久元女士希望遵遗嘱办理后事。

丁文江的遗嘱是1935年2月20日在北平早就立好的。 遗嘱明确规定了遗产分配及身后事处理办法。 关于后事:

> 于余身体故时,即以所故地之地方区域以内为余葬地,所占坟地不得过半亩,所殓之棺,其值不得逾银一百元,今并指令余之亲属不得为余开吊,发讣闻,诵经,或徇其他糜费无益之习尚;遇所故地有火葬设备时,余切托遗嘱执行人,务必嘱余亲属将余遗体火化。

丁文江在遗嘱特别规定,遗嘱发生效力时,即由遗嘱执行人竹垚生、丁文渊严格遵照遗嘱会同办理。1月7日，蔡元培、翁文灏电告长沙：丁文江灵柩因遗嘱规定暂行缓运，时任湖南省政府主席的何键即令移至市区中心，并派员筹备追悼。丁氏亲属方面，丁夫人史久元力主葬于南京，丁文治则主张就地火葬，但长沙当时既无火葬设备，还须另找葬地；友朋辈如胡适等也主葬于南京，以便祭扫、凭吊，而徐新六等则力主就地安葬。因丁文渊是遗嘱执行人，故丁氏家属、友人皆希望丁文渊最后定夺。1月6日，中央研究院致电时在德国的丁文渊，报告乃兄死讯。丁文渊得耗，匆匆东归，遂于3月13日抵南京，力主将乃兄丁文江葬于长沙，并电请朱经农觅地。3月22日，朱经农复函胡适，建议将丁文江的墓地选在清华大学新校址内，后得清华校长梅贻琦同意，丁文江墓最后选定在岳麓山左家垅。是年5月4日，丁文江遗体在墓地安葬，出席安葬仪式的除丁文渊等家属外，还有翁文灏、刘厚生、丁燮林等政界、学界的名流。

挽联如海，悼文如云。十年前傅斯年听说丁文江出任淞沪督办公署总办，大呼："丁文江该杀！"但在丁文江逝世以后，傅斯年却在追思中激动地说："中国若有这样人二十个，又都在扼要适宜的地位，二十年后，我们庶几可以成为近代化国家了。为什么他先死呢？"

不久，全面抗战爆发，长沙成了暂时后方。丁氏在湘的朋友、学生，时常临墓祭奠和凭吊，长眠于此的丁文江并不落寞。

丁文江去世后，他的夫人史久元女士一直独身，后来方才抱养一女，并取名安如。丁文江在世之时，曾立遗嘱不立后继。但在丁文江故世后，其夫人史久元女士显然没有严格执行丈夫的遗嘱。不过，这也难怪，作为一个未曾生育的女人，她需要家庭的温暖，特别是在丈夫过早的去世以后，她身旁需要有一个人来作为人生的慰藉。这不能说史久元不爱丁文江，而事实上，史久元是非常挚爱丁文江的。丁文江去世后，史久元一直挚守独身。丁文江的兄弟们及其后人，对史久元女士一直也都十分敬佩。与其说丁安如是丁文江的养女，倒不如说她是丁文江

位于岳麓山左家垅的丁文江墓

夫人史久元的养女。但史久元女士为其养女加了"丁"姓，仍然是慰藉着在天之灵丁文江的。丁安如教授退休前在北大外语系工作，此是别话。

新中国成立后，由于种种原因，丁文江也被打入另册而沉于湮寂。特别是"文化大革命"期间，丁文江的墓园还遭致被砸的厄运。

改革开放后，很多在中国近现代史上发挥过重要作用的文化名人逐渐得到重新评价。1984年12月，正值丁文江以身殉职60周年、诞辰100周年前夕，由丁文江的生前友好、学生、亲属钱昌照、黄汲清、曾世英、李春昱、刘基磐、高振西、陈国达、夏湘蓉、史济瀛、丁明远等人，向湖南省有关部门提出修复丁文江墓事宜，得到了湖南有关领导和相关部门的支持与重视，旋拨专款修复。修复工程于1985年6月1日动工，9月完竣。修复后的丁文江墓园，直径20米，面积314平方米；墓台直径8米，面积87平方米；片石道路350米，其生平简介刻碑一座。所有墓台、坟堆、围栏、香案均用花岗岩镶嵌而成，碑面为长方形

一四五

汉白玉，碑体为花岗岩砌成，横镌"丁文江先生之墓"7字。

1987年4月23日，湖南长沙举行丁文江逝世50周年纪念会。黄汲清、李春昱、曾世英、陈国达、黄培云、夏湘蓉、蒋良俊及其家属史济瀛、丁明远等出席纪念会；湖南省人大常委会主任、政协主席也都出席会议并先后讲话。会后，与会者还专门前往岳麓山左家垅的丁文江墓地瞻仰、凭吊。

改革开放后，沉寂了数十年的丁文江，开始日益受到学界的重视，学界陆续发表了不少纪念和研究文章，此外还有一些研究专著出版。就其生平事迹及重要行述而言，还有两部"年谱"。一是王仰之先生编著的《丁文江年谱》，1989年由江苏教育出版社出版；另一部是由宋广波先生编著的《丁文江年谱》，2008年9月由黑龙江教育出版社出版。[1]

耿云志先生在为宋广波所写的《丁文江年谱》作的序中，高度地评价了丁文江先生对中国的教育、科学和文化事业，特别是他对中国地质事业所做出的不朽贡献。

著名物理学家李书华曾论到中国地质科学带动近代中国的科学事业的意义。他说："近来中国各科科学论文发表后曾引起世界学者的重视，予以批评引用，而导其先声并为各科中之最发达者，当推地质学。假定没有地质学提倡在前，说不定中国的科学发达要迟若干年。所以地质学对于中国的学术进步的影响，意义尤为重大。"

丁文江还是一位不可多得的杰出的科学事业的组织家。

上面我们已经说到他在创建地质科学和组织地质调查方面所发挥的卓越的组织作用。实际上他还对历史语言研究所及其考古学的发展，对静生生物调查所、社会科学研究所的创建和工作的开展，对北京大学地质系、中央大学地质系的改进和发展，对中央博物院的创建等，都曾给予过极大的关注与支持。他的科学组织家的才能，在他担任中央研究院

---

[1] 宋广波先生撰写的《丁文江图传》一书，2007年4月由湖北人民出版社出版。

总干事的短短一年半的时间里得到最充分的体现。他在中央研究院总干事任上,做了许多工作,其中最有长久意义的有三件事:成立评议会;组织基金保管委员会;实行研究院预算管理。当时的中央研究院院长蔡元培说,这几项工作"为本院立坚定不拔的基础"。胡适也说,丁文江通过这几件事,"把这个全国最大的科学研究机构,重新建立在一个合理而持久的基础之上"。后来做过中央研究院院长的朱家骅具体说到成立评议会的意义。他说"评议会的成立,是在君(丁文江字)先生替中央研究院立下了百年大计。有了评议会,才有后来的院士会议,有了院士会议,研究院的体制才正式成立"。

丁文江还是一位特别优秀的教师。丁文江24岁游学归国,25岁即开始做教师,以后在地质研究所,实际上也还是担当着教师的工作。其间,他曾在其他高等学校做过兼职教师,为学生讲遗传学之类的课。再后来,又做过数年的北大地质系的研究教授。可见,丁文江一生,有相当一部分时间是贡献给教育事业的。现在保存下来的许多材料让我们知道,丁文江是一位非常优秀的教师,堪称教师的模范。李济说:"受过他教的学生,没有不心悦诚服的。"

更令人欣慰的是:2008年12月,湖南教育出版社精心编辑的八卷本《丁文江文集》问世,其中的第七卷是丁文江年谱及其家族简要谱系。而在此时,丁文江已经去世72年了。

第三章 学兼文理展雄才——丁西林

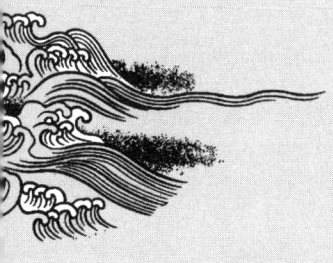

井汲铅华水,扇织鸳鸯文。

这句诗用在丁西林身上是比较恰当的,前一句可当作丁西林留学国外并学有所成的概括,后一句则是对丁西林戏剧创作的一种概括。丁西林乃近代中国物理学的开创者之一,但他并不以引路人自居,待人接物相当谦虚,可谓洗尽铅华,跟丁文江的个性是相当的。倒不是说丁文江有多狂放,但丁文江的锋芒,丁西林身上是找不到的。丁西林是泰州丁氏家族中走出来的文理兼备的大文化人。作为中国近代物理学的开拓者之一,他却在"多余"时间里写戏剧,而且成为中国近代喜剧的代表作家。他的剧作掀起的思想微波,总让人觉得是在炎热的夏季里喝了一杯凉开水。而且,他在政治上走得很稳,曾三度出任中央研究院总干事(兼物理所所长)。新中国成立后,他还担任过文化部副部长等职。而他独特的求学经历,又使他成为周总理看重的不可多得的外交人才。丁西林跟丁文江比起来,其实并不落后,但因为他一直未受冲击,传奇色彩方面可能就比不上丁文江了。其实,从丁西林所从事的事业和追求幸福婚姻等方面看,他的传奇色彩应多于丁文江,丁西林当初逃婚及后来迎娶太平军将领的后裔为妻,在当时都是惊世骇俗的。

选什么路走很重要,这是丁西林告诫当时热血青年时说过的一句话。他是那样说的,也是那样做的。

丁西林(1893—1974),原名丁燮林,字巽甫,光绪十九年八月二十(1893年9月29日)生于江苏省泰兴县黄桥镇东大街珠巷一个颇为富庶之家,中国著名的剧作家、物理学家和社会活动家。

丁西林的童年正值清末变法维新时期,幼年即入家塾读书,不久转入镇小学读书,后考入南通中学。宣统二年(1910)在南通中学毕业后考入上海交通部工业专门学校(上海交通大学前身),1913年毕业。1914年,丁西林赴英入伯明翰大学攻读物理学和数学。课余,他又喜欢阅读英国文学作品,尤爱喜欢戏剧艺术,尤其对萧伯纳、高尔斯华绥和易卜生等人的作品兴趣更浓,并对他后来的戏剧创作产生了较大的影响。

1919年,丁西林获伯明翰大学理科硕士学位毕业,后到伦敦大学做物理研究工作,旋又赴法、德学习语言学。1920年归国后,他历任北京大学物理系教授、预科主任和物理系主任、国立中央研究院物理研究所所长、中央研究院总干事等。新中国成立后,先后出任中华全国科学技术普及协会副主席、中国科学技术协会副主席、文化部副部长、中国人民对外友好协会副主任、北京图书馆馆长、中国文字改革委员会副主任等。

丁西林是我国近代著名科学家。他设计了一种测量重力加速度g值可逆摆,既可排除测量转动惯量困难,又不必测摆的重心位置,因而大大降低测量g值的实验误差。1934年他推导出基尔霍夫规则[1],并研究不同空气压力对摩擦起电的影响。在声学方面,他对中国传统乐器——笛进行改进。他积极推动地磁研究及测量工作,主持创办南京紫金山地磁台,填补了空白。从1946年起,他从事研究"地图四色问题",持续20余年。丁西林还在汉字方面有所研究。

丁西林是一位出色的剧作家,擅长独幕喜剧创作,被誉为"喜剧大师""东方莫里哀"和"独幕剧圣手",是中国话剧事业的重要奠基者之一,其代表作品有《一只马蜂》《亲爱的丈夫》《酒后》《压迫》《瞎了一只眼》《北京的空气》《三块钱国币》《等太太回来的时候》《妙峰山》等。

因为国外留学及其物理学与戏剧方面的成就,丁西林得到了周恩来总理赏识,并受邀担任中印友好协会会长、中国人民对外友好协会副主

---

[1] 基尔霍夫定律(Kirchhoff laws)是电路中电压和电流所遵循的基本规律,是分析和计算较为复杂电路的基础,1845年由德国物理学家G. R. 基尔霍夫(Gustav Robert Kirchhoff,1824—1887)提出。它既可以用于直流电路的分析,也可以用于交流电路的分析,还可以用于含有电子元件的非线性电路的分析。运用基尔霍夫定律进行电路分析时,仅与电路的连接方式有关,而与构成该电路的元器件具有什么样的性质无关。基尔霍夫定律包括电流定律和电压定律。

丁西林

任,为中国的外交工作特别是对美国和印度的外交工作贡献甚大。此外,他还担任过新中国的文化部副部长、北京图书馆馆长、全国科学技术普及协会副主席、中国科学技术协会副主席、中国人民对外友好协会副主任、中国文字改革委员会副主任等职,为新中国各项建设事业做出了可贵的贡献。

丁西林自1954年起任北京图书馆(1998年12月12日更名为中国国家图书馆)馆长,至1973年为止(1974年4月4日因病在北京逝世),前后20年,是国家图书馆任期最长的馆长,比后来的馆长任继愈[1]的任期(1987年5月到2005年1月)还要长三年。中国国家图书馆是亚洲第一大图书馆,丁西林对新中国的图书馆建设事业做出了积极的贡献。

相比较于泰州丁氏家族中的其他精英,丁西林无论在政治、科学、戏剧方面,都是一位少有争议的人,是受丁氏族人普遍称赞的"丁氏代表"。

---

[1] 任继愈(1916—2009),字又之,山东平原人,著名哲学家、历史学家,曾任国家图书馆馆长、名誉馆长等职。早年师从汤用彤、贺麟等人,1942年至1964年在北京大学任教,讲授中国哲学史、宋明理学、中国哲学问题、朱子哲学、华严宗研究、隋唐佛教和逻辑学等课,1964年负责筹建国家第一个宗教研究机构——中国科学院世界宗教研究所,致力于用唯物史观研究中国佛教史和中国哲学史。

第一节 世家好子弟

——○——

黄桥丁氏家谱载:延令丁氏,在今泰兴市黄桥镇。黄桥镇一度成为苏北地区规模最大的集镇,始建于北宋神宗元丰年间,据说抗金英雄岳飞麾下的名将牛皋曾在黄桥驻兵洗马,后来又有震惊中外的黄桥决战,是很重要的战略要地。

黄桥丁氏家族家谱,较重要的有两部,一个是成书于乾隆五十年(1785年)的《延令丁氏族谱》,另一个是成书于1936年的《延令丁氏重修家乘》(木活字本,共十四卷、十二册)。

《延令丁氏族谱》中载:"吾始祖彦良公,本河南籍也,有明靖难兵起,民多播迁,公自豫至扬,托迹延令城市,偶游永丰镇之东南陬,其地背平原而临卑湿,盖上世沧桑变易,高者为古岸,而卑者为涨滩,每至秋潦泛溢,则湏溶沉瀁,汇为巨浸,仿佛洞庭彭蠡之观,故名其庄曰'湖头庄'。公顾而乐,以为境远尘嚣,俗尚淳朴,安庐舍而长子孙,莫此为便也。于是诛茅种竹,且读且耕。"其后析为大房、四房、六房、八房、十房,其中以四房为最盛,丁西林即出于四房支下。

《延令丁氏重修家乘》中载丁氏谱系,并称:"第一世彦良公,配成氏孺人,……生三子,……公之上世,原籍河南,……建垚长子燮林,字巽甫,英国伯明罕大学……学位,曾任北平大学教授,及国立中央研究院物理研究……总院总干事职务。生于光绪癸巳年八月二十日辰时。配韩氏,生于光绪壬辰年六月十八日。再配某氏(李逸),生一子大宇。"

丁西林的祖父丁道元,育有二子:丁焕文、丁仲培。丁焕文,当地人尊称"大当家",系丁西林的伯父,曾主修《丁氏家乘》,又称《延令丁氏重修家乘》,育有一子丁守诚,有孙丁恒龄等。

丁仲培,字建垚[1],即丁西林的生父,当地人称其为"二当家",又称"培二爹"。他思想开通,重视对子女的教育,丁西林兄弟三人皆受父亲影响,从小即喜欢读书,爱好科学,成年后兄弟三人皆成为科学家,遐迩传赞,名动一方。

丁西林有两个弟弟,小弟丁燮和,武汉大学教授,比较有名;大弟丁燮坤,字晋甫,不知何故不显,但从其家谱的记载中,还能找出他的了不起:"燮坤,字晋甫,国立吴淞同济大学工科土木系毕业,得工程师学位,创办同济建筑公司,自兼任工程技师职务。生于光绪戊戌(1898年)十月十九日午时。配赵氏。生二子:大中、大民。二女,长名大华、次名大帼。"

苏北古镇黄桥,地处泰兴东乡,近代发展成为富甲一方的重镇。当时,泰兴即有"泰兴一城,不如黄桥一镇;黄桥一镇,不如横巷一村"的民谚。说明当时的黄桥镇,在经济上是超过泰兴城的。这一民谚有其特定性,主要不是夸耀黄桥镇,而是称赞有着七大家支撑的横巷村,但也说明这样一个问题:当时的泰兴城没有黄桥镇风光。因有这样的风光与荣誉,黄桥人便相当得意,也就不把泰兴城和城里的人当一回事。但事实上,黄桥镇只是泰兴治下的一个镇,城里大户的生活还是要比黄桥镇的大户们富足有余。

老辈黄桥人常提到丁西林,不是他当过文化部的副部长,也不在于他为家乡做过什么特殊的贡献,而是他当年逃婚离家出走的事,至今仍常被镇上的老辈人提及。

谈到丁西林的"离家出走",不能不提丁仲培了。旧时的黄桥镇,丁仲培是个赫赫有名的"人物",也是黄桥首富家出来的子弟,虽说不是执掌家门的大人物,但他这一门的家底可不差。除了"永昌发"的那块牌子外,还得算那连成片的特讲究的瓦房,还有家里边成群的伙计和丫环。因为有

---

[1] 垚,尧的古字。

这些家当在,丁仲培便乐得逍遥起来,但他最爱的还是玩牌(牌九九),玩起来真的就可以"昏天黑地"。人家有资格玩啊,古人说"没钱自戒赌"。丁家不差钱,对丁仲培而言,不存在钱不钱的愁,愁的是玩得起劲不起劲、有没有人陪他玩。还好,就有那么些人儿,整天围着丁仲培转,为的是想从他的手上赢更多的钱。为了巴结丁仲培,一帮赌友们尊丁仲培为"培二爹",因为丁仲培在家排行老二。黄桥镇上没几个人知道丁仲培的,但却都知道有个好玩牌的"培二爹"。培二爹不是懒,也不是不想管店里的事,按照规矩,他只能做族中的"管事",属于副手什么的。

过去的大户人家,多由老大持家,老二、老三后面的兄弟们都不需要过多地为家计操闲心。因此,过去的大户人家的老二、老三等大多喜欢玩,且乐得玩。培二爹玩牌讲究"连续作战",要么不玩,要玩就玩它个三天三夜,吃喝什么的,他也不用愁,下人们待在一旁等"服务",为的是等培二爹的赏钱。培二爹一向手脚阔大,出手就是几个"鞑儿"(铜钱),够吃一周了。

但玩归玩,自家里的一些大事是不能玩的,譬如说生儿育女。光绪十九年八月三十(1893年9月29日),培二爹可开心了,他的夫人又给他生了个儿子,算命的人看相过后,立即惊呼道:不得了,不得了,大富大贵的相啊!就是个"文曲星"呀!

于是,也就有人说丁西林是"文曲星"转世并来到了黄桥,甚至还有人振振有词地讲,生丁西林之前,丁家纯阳庙的屋顶上还有仙人在跳舞。一传十,十传百,黄桥镇是这样,传着传着,许多的传说便被传走了样,最后还被定了调,黄桥人于是便都信了"文曲星降到了黄桥"的传言。

关于世家子弟的传闻,要胜过所谓的正统传记。黄桥人所津津乐道的,好像不只是黄桥战役和黄桥烧饼,他们还喜欢在茶余饭后谈谈这个古镇的名人轶事,有些东西甚至越传越神,几成神话。

别看古镇上的培二爹生性好玩,但他总体上还是个守规矩的人,故在当地颇有威望。根据丁氏家族规定,他给长子取了"燮林"之名。大户人家讲究多,有名有字还得有号,培二爹后来又给长子取字"巽甫"。说来也怪,老婆很争气,接连生了三个儿子,这里面便包括小儿子丁燮和。后来,丁燮和硬是把袁大总统的公子袁克定的遗孀迎娶进门。此是后话。

黄桥人对培二爹是高看的,虽然他自己喜欢玩,但对儿子们的学习抓得特别紧。丁燮林入学前,培二爹即为其延聘塾师,所谓"家学"是也。塾师叫何卓甫,是丁西林姨兄,比丁西林年长十岁,秀才出身,写一手漂亮的好字,曾在《东方》杂志上发表过言情小说,与郁达夫有书信往来。这位姨兄加老师对丁西林的影响较大,丁西林日后"不务正业"而写剧本,一是受塾师的影响,二是受英国文学的影响。当年,这位塾师是怎样"开导"丁西林的,可以设想,在丁家私塾的庭院中,会写小说的塾师对丁西林讲:只要有一双敏锐的眼睛,就应该跟时光一起舞蹈,就必须为岁月歌唱。为了文学梦,为了将来能有一个好的前程,吃苦受累都是值得的。天空中即使没有翅膀,只要有云,有风,就可以飞翔,我心就是那隐形的翅膀呀,我心飞翔!塾师的热情感染了丁西林。

丁西林的父亲虽然不那么"正",但他不敢违抗"家训",对子女要求严格,这才使世家子弟丁西林的童年丰富多彩外,仍能够把主要的精力用在学知识读圣贤书上。泰兴人喜欢聊"富不过三代"的警世之言,原因是本地的一些所谓的大户子弟,从清朝八旗子弟身上学到了一些不该学的东西,放荡之外,不务正业、不学无术,如此下去,再大的家业,岂有不毁之理。所以说,富足本身,算不得什么好事。黄桥丁氏家族的"家风严"是远近闻名的。正因为有了那样的"家风",丁西林才能接受到良好的教育。当然,如果不是家族的富足,想读书也读不成,不是所有人家的孩子都有接受良好教育的条件。

泰州丁氏家族里走出来的人毕竟不是多数,但从这个家族中还是走出了一些有"头脑"的人,丁西林就是其中的杰出代表。

第二节　家教赋优质

—— 。 ——

丁西林后来在物理学、戏剧方面的成就,跟塾师的"开导"有关,但真正让丁西林走上正轨的,还是完整的教育。泰兴那一地的文风,曾为东南翘楚。旧志中称"泰兴文风为通、泰翘楚"。这里的文风,非文章之风,而是指泰兴地方上的文化气息,说明泰兴人尚文儒雅。"通、泰翘楚","通"指南通,"泰"则指泰州。旧时,南通和泰州皆为州,这两个州加上扬州,也就是通常所指的苏中地区。自古以来,泰兴人文荟萃,名人辈出,如唐代大书法家张怀瓘,清朝收藏家季振宜,著名教育家吴贻芳,传记文学家、文艺批评家、文学史家、教育家朱东润,著名水利学家郑肇经,生物化学家、中科院院士王德宝,中科院院士、绕月探测工程、嫦娥卫星系统总指挥兼总设计师叶培建,中国人民志愿军特等功臣和特级战斗英雄杨根思。

有人论丁文江的成长时说黄桥是个闭塞的小镇,其实不然。为什么泰兴那一阶段走出来的人相对少了些,跟生活条件有关。前面已经提到,不是每一户的子弟都能跟丁西林一样可以接受完整的教育。

读了几年家学,丁西林入黄桥镇崇实小学[1]。非常有趣的是,丁西林的塾师何卓甫已是崇实小学的校长,教国文。当时,正值戊戌变法期间,受"新学"思潮影响,受写过小说的何卓甫校长的影响,丁西林自幼便喜爱科学和文学。据有关资料载,崇实小学是在丁家等黄桥富户的支持下成立的。丁家人不仅支持办小学,后来还支持办中学,丁家的丁廷标、丁廷楣、丁燮和甚至还担任过早期黄桥中学的校长。由此可见,丁家对于办学是

---

[1] 今黄桥小学的前身。

十分卖力的,这也是黄桥丁家为什么出人的原因之一。家学和家养这两样东西,是可以决定一个家族未来的。黄桥丁氏文化世家的形成,正是这种家学与家养所致。

新学校里的先生们并不都是讲故事的高手,他们更肩负着振兴一方教育的使命,在鼓励学生们不读死书的同时,他们还会给孩子们灌输"时光赐给我们力量、知识、友谊,我们要为国家的强大而努力读书"的理念。中国的现状是落后的,严峻的现实不容商量!没有第二条路可走,唯有抓住大好时光勤奋学习、练就真本事,才能在人生之路上走得更踏实些。

带着老师的嘱托,怀揣远大的理想,丁西林离开家乡到了南通。宣统二年(1910年),17岁的丁西林在南通读完了中学。也就在这一年,丁西林在中学毕业后又考上了上海交通大学的前身——清邮传部上海高等实业学堂,专攻物理学。1913年,丁西林毕业于清邮传部上海高等实业学堂。

1913年底,丁西林回黄桥老家探亲,遵从父命与当地富家姑娘韩丽英结为夫妇。丁、韩系双方父母"指腹为婚",韩丽英的祖父在贵州曾做过几任知县,故在黄桥也是名门望族,丁、韩联姻称得上门当户对。但韩丽英自幼娇生惯养,进过洋学堂、见过世面的丁西林对这桩婚事极不满意,故在洞房花烛之夜坚不与妻子圆房,翌日一早便悄然离家出走。他这一走,就是二十余年,直到1933年其母去世方才再回老家。1923年,丁西林发表了他的代表剧作、独幕喜剧《一只马蜂》,这部剧中就有他自己的影子,此剧以反对封建包办婚姻、提倡自由恋爱为主题,在当时的剧坛上产生了不小的轰动效应。再说韩丽英受到了丈夫的白眼,只有在家苦苦守着,日夜盼望丈夫回头。但二十年过去了,她得知丈夫已在外娶妻生子,这才慢慢死心。为图日后有靠,她在征得公婆同意以后,抱养了她韩家兄弟中的一个不满周岁的侄女为嗣,并按丁家同辈姐妹的排字取名,她就是丁碧如。丁西林与韩丽英虽未做成夫妻,但对韩丽英还是尽到了义务。新中国成立时,丁西林与小弟燮和及好友成谷采等相商,达成如下的口头议定两条：一、丁西林名下在黄桥的房产归韩丽英所有，变卖、租赁均由韩丽英做主；二、每月由丁燮和寄交韩丽英40元，作为韩丽英母女的生活费用。当时，丁西林还将自己刻有"丁燮林"[1]三字的金印交付韩丽英，说是以后族人若对房产有异议，或遇其他事，全凭金印说话。这就是黄桥人所说的"虽无情却有义"。

1926年，丁西林与李逸结为夫妻，这段婚姻还有传奇性。李逸本是太平军领袖、北王韦昌辉的后裔，因太平军失败，为躲避清军搜捕，韦氏族人只得改姓埋名。李逸除长得端庄秀丽外，还是位才女，毕业于女子师范，是个新时代的知识女性，她同样对父母指婚不满，后经人介绍与丁西林相识，二人不久相恋，一起冲破了家庭的指婚并结为伴侣，婚后生活幸福并白头偕老，育有一子，取名大宇。

千年古镇黄桥，崇儒重教。清末，西风渐进，留学风起，丁文江、朱履先、成谷采等先后走出家门，远赴国外，到英国、日本留学。丁西林受其影响，于1914年夏又自费赴英国伯明翰大学留学，专攻物理学和数学。1917年，丁西林又赴德国、法国学习语言。之后，他还到伦敦大学做物理研究，并于1919年获得伯明翰大学理科硕士学位。

留学生要过的第一关是语言关，为了学好当地语言，不少人向所在地的母语最深处挖掘，如外国留学生到中国来，就喜欢向中国戏剧、相声、说书演员学语言，这样既能较快进入中国语境，又对中国的语系特别是地方语系有所了解，这对留学是很有帮助的。丁西林留英期间，为过语言关，除广泛阅读英文书外，主要看萧伯纳、高尔斯华绥等人的剧本，并认真研讨了大量的易卜生的戏剧名作。由于阅读了大量的戏剧名著，丁西林开始对戏剧产生兴趣。而且，通过阅读和研究西方戏剧，丁西林感悟到生活要比享受生活更加充实。这不奇怪，因为戏剧的社会功能中，有一条是专为陶冶情操的。对于生活中的人而言，看戏既是享受，也是受教育的过程。

---

[1] 丁燮林，即丁西林的原名。

丁西林学西方语言,是带着研究的意思而去的。他自觉地把中国文化跟西方文化做了比较,觉得中国人多有豁达的一面,但黄桥小镇上的人们,更多的是小家子气。因为有了小家子气,于是便斤斤计较,结果是憔悴、凄惨、冷落。丁西林不是瞧不起家乡,更不是瞧不起黄桥镇的小市民,他只是觉得自己有责任去改变一些不太好的现状。但用什么去改变呢?

丁西林认为:要改变现状,就得改造思想!那时,像丁西林这样的留洋的文化人,大多思考到了改变思想的层面上,很多人甚至放弃了自己的专业而写作。丁西林喜欢戏剧并写上剧本,即出于此。

黄桥人特别喜欢看戏,镇上如果有人请来了大剧团演出,真的就可以千人空巷。一般情况下,各种民间小戏是常演不断的,这也是丁西林喜欢戏剧的另一个原因。要不怎么说生活环境决定人一生的喜好呢。

不少人认为留学生活丰富多彩,其实,留学生们是很孤独的,一方面是因为文化差异,另一方面是当地人或多或少的"排外"因素。丁西林专心学语言,他不仅读英国的文章,还赴法、德学习语言。这既是他摆脱孤独的法子,也是熟悉西方文化不得已的选择。倒不是说为了做派,那时的丁西林还是个学生,他不懂什么叫做派,但必须弄懂他所生活和学习的那个环境。在完全不同的文化环境里生活,其实是件特别危险的事。

很快,有一个问题摆在了丁西林的面前:是留还是走?那可不是物理学上的某个求证,他必须做出回答,而且只能有一个回答。留在国外,一片光明的前途;回去,或许就有许多的不确定,当时的中国,真的很乱,很落后。

丁西林想从书中找答案,他并不确定于某一领域的阅读,他选择多维。如在西方世界特有的古典走廊里,他阅读理性的标准,真理之风吹散了虚妄的尘埃,却留下了历史之河的积淀。如在西方现代气象里阅读,野蛮已被文明同化,文化自救之路因此延伸,艺术画卷徐徐展开,他尝到了湿润的西风的味道。但是,在一个风雨敲窗的傍晚,丁西林还是感到了压迫呼吸的难受,正在撷取生命花朵的他,惊讶地发现,外国的冷杉怎么看都比不上家乡的银杏。渴望的文化盛宴并没有出现,代之而起的是沧桑和阴霾,他有一种被愚弄了一把的感觉,虽然他对西方科技成果十分佩服。

应当承认,当时的西方教育,特别是高等教育,是超过中国的。教育的落后,注定了国家的落后。丁西林如饥似渴地学知识、学文化,但有一个问题一直在困扰着他,那就是如何把落后的祖国从困难中拉起来。那时的大多数中国留学生,都有改变祖国落后状况的想法,这不奇怪,外国人根本就瞧不起他们这些所谓的"人上人"。在这种环境里,中国人只能被贴上"无能"的标签。

当然,通过刻苦学习,获得一定学位后的留学生,还是被高看一眼。但也仅仅是高看一眼于中国人。在人家的地盘上,在人家的生活圈中,再优秀的中国人,都还是低人一等。

学习的同时,丁西林还在做中外思想的比较,这是丁西林有别于一般留学生之处。西方的朋友告诉丁西林,像他这样的人回到中国去是一种浪费,但西方强大后的侵略意图以及国人得过且过的愚昧,使丁西林特别心悸。在外苦读的丁西林想回家了,他必须把这些年在国外学到的先进理念和知识带回去,改变落后的中国,这也是当初老师们的希望所在!

在不经意间,丁西林便走到了边缘。他有些坐不住了。国与国之间产生的差距,怎么会如此大?还能保持良好的心境吗?用什么样的道德真心去衡量取舍?窗外挂满白霜,甚至就能看清挂在树枝上的一片片颤抖的黄叶。再看看自己的皮肤,看着看着,油然而生一种亲切的暖意,家乡再穷再落后,那也是家呀!丁西林认为自己一下子成熟了许多,心中燃烧起强烈的渴望,必须回去! 一座座的山岭是视觉顶峰的盛宴,一条条的河流是感觉幽谷的新饮。更何况奋斗是一种幸福,一种美德。从窗镜上看自己时,丁西林有些自卑,但看着看着,丁西林突然微笑了起来。这个微笑是一种无声的亲切的语言,是一种无声的动人的乐章,是一把神奇的钥匙,是一种高尚的表情。把尘封的心胸敞开吧,让狭隘的自私淡去!把自由的心灵放飞,让豁达宽容回归,一个豁然开朗的世界就会在你的眼前层层叠叠展开。目光拥抱刚从冰雪中挣扎出来的季节,苍茫人世这缺憾成美,就在黄昏最后的一缕阳光里,丁西林畅快极了。

第三节　物理科学家

— 。 —

大艺术家罗丹曾说:"生活中不是缺少美,而是缺少发现。"1917年,丁西林在伯明翰大学时就在英国皇家学会会员O. W. 理查逊(Richardson)教授指导下,以热电子发射实验直接验证麦克斯韦速度分布律,证明了这个分布律也完全适用于热发射电子。他设计了一种新的测量重力加速度g值的可逆摆,既可排除测量转动惯量的困难,又不必测定摆的重心位置,因而大大降低了测量g值的实验误差。丁西林的努力得到了一致的好评,并因此收到几家单位的邀请。眼看着祖国还在艰难之中蹒跚地慢行,丁西林不想留下,他要回国,祖国更需要他这样的专家学者。

需要说明的是,丁西林在伯明翰大学读书期间,其同学中不少后来都成了世界级的知名人士,其中最著名的为印度首任总理尼赫鲁。因为这层关系,故周恩来总理后来推荐丁西林担任中印友好协会会长和中国人民对外友好协会副主任。

1919年,丁西林回到了祖国,并受聘于北京大学担任教授。蔡元培由欧洲返国出任北京大学校长后,以"兼容并包,学术自由"为办校宗旨,不拘一格延聘国内外学有专长的有识之士到校执教。

人生是一条奇怪的路,但每个人都必须走,当你走上那条并不平坦的生命之路时,你就会发现一些特殊的颜色,一些特别的如春夏之交时的绮丽。刚刚回到祖国的丁西林还算顺利,而且心情也不错。他常常在北大的校园漫步、思考。特殊的感受会从枝条间、草叶间悄悄穿过。但这样的机会还是很少,更多的情况下,丁西林很忙。有时,他会感叹生活的忙乱,也会怨负担沉重,可人生就有这么多推不开的负担,一个人精力有限,因此需要魄力,还要有定力。能者多劳,是对有才干人的赞誉。丁西林入北京大学后即与系主任颜任光一起,大力提倡实验工作,建设物理实验室,亲自编写60多个实验讲义以为倡导,并亲自审阅学生的实验报告,以树立理论与实验结合的优良学风。对做学问的人来说,还是要沉得下来,不被世外之事干扰,最不可取的便是自我复杂。卢梭说过,简单些,简单些,再简单些。这不仅是哲人的深思与熟虑,更是一种生活的态度。一个人,复杂得连自己都读不懂自己时,那生活还有什么乐趣呢!能做自己喜欢做的事情,而且做到极致,是有想法的人的态度。当然,丁西林不只是一个有想法的人,最主要的是,他已经学有所成,且特别能干。应该归功于英国高校,是伯明翰大学培养了丁西林的这种能力。

丁西林讲授物理课,首倡采用中文而不用英文编写讲义,并从事整理和订正物理学名词术语的中文译法,以利于国人吸收西方科学。他在北京大学任教近十年,深受学生尊敬,培养了不少学有专长的人才,成绩卓著。在北大,丁西林先后任物理学教授兼理预科主任,后又多次被选为物理系主任。他任物理系主任期间,仿效蔡元培校长,极力延聘优秀人才到系执教,物理系一时人才济济,成一时之盛。

丁西林的回归,是在经历人生的风风雨雨后对生命做更高层次的回归。早年他逃婚不回去是应该肯定的,因为他如果真的回到老家,根据家里的安排,那他很有可能就出不了家门,那样的话,也就只能在黄桥那个小镇上终其一生了。还好,他逃出来了,而且还出了国,当然,他的"逃离"并不彻底,他出国留学费用,不还是由黄桥丁氏家族在出吗!家里给丁西林选择的"贤妻"不是还生活在丁家吗!因为这,丁西林即使回了国,也不愿回家,他不接受家里的安排。家里人对丁西林的选择,还算是尊重的,没有把他抓回去,正因为如此,我国才多了一位杰出的物理学家,一位好教授。

认清自己的才能,找准自己的方向,认定了便义无反顾地走下去。1927年中央研究院在南京成立,蔡元培出任院长,丁西林出任设于上海的物理研究所所长,并兼任研究员。当时经费很少,所需器材、设备和书刊均必须从国外购进。他面对困难无惧色,精心规划,苦心经营,到抗战前夕,物理研究所已建立起了一批能开始进行科学研究的实验室,还有一个藏书丰富的图书馆,在一些方面取得了科研成果。艰苦奋斗、锐意创新的人必定会成功,丁西林任物理研究所所长,深得蔡元培器重和所内人员的尊敬,先后被选为中央研究院代理总干事和总干事,他奔走于南京、上海、昆明、重庆、桂林之间,可谓风尘仆仆,不辞辛劳,为中央研究院的发展做出了应有的贡献。

丁西林抱教育救国思想,因此十分重视教育工作。他认为培养国家建设人才,首先必须办好大专院校,加强中学物理教学工作。他特意将物理研究所的金木工车间,扩充为设备精良的物理仪器厂,生产急需的教学所用分析天平、显微镜、经纬仪等。仅1935至1937年间,就生产600套高中物理实验仪器、3000套初中物理实验仪器,由教育部统购分发全国各地高中、初中,供教学使用。两类仪器的设计均由他亲自审定,他主持编写实验讲义随仪器附送,对我国中学物理教学发挥了积极的推动作用,也为中国物理学的进步打下了坚实的基础。

新中国成立后,我国科技群众团体进入新的发展阶段。1950年成立了中华全国自然科学专门学会联合会、中华全国科学技术普及协会两个团体。丁西林被选为科普协会副主席。1958年全国科联和全国科普协会合并成中国科学技术协会,他当选为副主席。丁西林矮矮胖胖的身材,神态严肃,是位冷静的学者。步入老年后,更显出老成的长者风范。都说泰州丁氏家族中的人有涵养,丁西林肯定是那一族里最有涵养的人。

第四节 玩戏成大器

——。——

1923年,丁西林写成独幕喜剧《一只马蜂》,从此开始踏上业余戏剧创作的道路。接着他陆续发表了五个独幕喜剧——《亲爱的丈夫》(1924)、《酒后》(1925)、《压迫》(1926)、《瞎了一只眼》(1927)和《北京的空气》(1930),成为戏剧创作的中坚。十年后,他有感于社会腐败,相继写出《三块钱国币》(1939—1940)、《妙峰山》(1940)、《等太太回来的时候》(1940)三个剧本,除《三块钱国币》为独幕剧外,另两个均为四幕喜剧。1949年后,他写出了六幕话剧《孟丽君》(1959—1961)、《干杯》(1962)和《一个和风细雨的插曲》(1962)等剧,并开始翻译外国剧作家巴蕾、萧伯纳等人的剧作。作为一位自然科学界的学者,业余时间从事戏剧创作,当时科学界的朋友并不赞同,但文艺界的朋友如沈从文、杨振声却表示欢迎,劝其改行。丁西林仍"脚踩两条船",无论时局多么动荡,研究所和中央研究院日常工作始终成功运作,其戏剧也适逢其时地发表、上演。

丁西林执着于喜剧创作,除了换几钱贴补家用外,主要还是追求机智、幽默的乐趣。他的喜剧不是"歌颂喜剧""讽刺喜剧""英雄喜剧""闹剧"("闹剧是喜剧的初级形式"),而是"生活喜剧"。丁西林以自己对喜剧的认识和一个喜剧家的直觉,发掘生活中的喜剧因素,展示平淡,质朴给观众。因为其平淡、质朴,其作品极富感染力。"微笑""欺骗"是丁西林展示机智、幽默效果的两个重要的手段。纵观丁西林的创作历程,不难发现,他终身都对"含有欺骗、伪装、戏仿内核"的母题、故事、模式感兴趣,这些母题、故事、模式,既有丁西林的思考,但更多的是其生活经历中的所见所遇,他把这些东西纳入他的戏剧当中,观众多能产生亲近感。丁西林不只研究外国语言,他对中国传统文化同样研究很深,晚年热衷于将中国传统戏剧《白蛇传》《再生缘》《智取生辰纲》等"隐瞒身份"的故事改编成喜剧,这是他对中国传统戏剧的一种"责任",他是想通过这样的改造,把中国传统戏剧中的好的东西发扬下去,并去除一些杂物,但这一次的努力好像并没有产生如他前期所创作的几部作品那样的影响。

虽然丁西林后期的创作并没有产生轰动效应,但他仍被赞叹为戏剧界的"凤毛麟角",原因何在?他是物理学家,创作剧本只是"业余爱好",但他却以剧作家而扬名于世。这里需要说明的一点是,不少研究者都称丁西林是物理学家,这似乎就与戏剧挂不上钩了。我们说,丁西林他首先是一名戏剧家,然后才是物理学家或其他专家,从丁西林此后担任中国文化部副部长等情况来看,他也是因为戏剧的成就而非物理的成就得此职务的。丁文江说丁西林不务正业,丁文江本人不也做过总经理,当过"上海市长"吗!人一生的成就,还是要看主要成就。这一点,真的很有趣,丁文江与张君劢两人(其实并非他们两人)的"张丁"之论争,所谓"科玄之争",摆到丁西林这边,却很好地得到了解决,丁西林是公认的物理学家,但他又是公认的戏剧大家,戏剧传承的中国传统文化,即所谓"玄学"之列,而物理研究则属科学之列,如果丁文江不是走得那么早,丁西林的成就可以化解他对于中国传统文化的偏见。我们说是偏见,是因为丁文江那一代"五四人",大多对中国传统文化尤其是儒家文化带有偏见。当然,儒家文化并非都是优秀的,但不能因为要打倒一个"孔家店",就可以把数千年积累下来的优秀文化都指斥为腐朽吧。现在我们知道,号称科学领先的西方国家的学者对于中国传统文化那可都是仰视的,他们称之为人类世界的优秀遗产。反倒是我们中国人,对此就有了"忽视"的"权利"!扯得有些远了,还是来谈谈近代中国的话剧。在丁西林之前,中国戏剧一直是多幕剧一统天下,丁西林却始终对独幕剧情有独钟。当时的剧作家大都注重作品的社会意义,"问题剧"很流行。但丁西林醉心于"生活的哲学",天真又执着。中国话剧以悲剧为主体,但丁西林坚持"喜剧"创作,是中国话剧史上为数不多的杰出喜剧家。在20世纪20年代乃至中国戏剧史上,丁西林都算是一个独特存在。因为突出的独幕剧创作才能,他被称为"独幕剧圣手"。其实,我们完全可以从丁西林的戏剧实践中感悟出一个道理来,搞笑的文化好像并不算正统文化,这样的思想,即便是现在仍十分流行,好像搞笑是不可登上大雅之堂的。丁西林的努力极其成功,当是对茂盛喜剧的理论者的一种提醒。从社会生活的角度来看,大悲终不是什么好东西,而欢乐才是生活美好的代言词。

丁西林善于观察,观察过程中"多愁善感",以此寻戏剧创作灵感。站在春的夕阳里,丁西林会莫名激动,他从不为那些身外的烦心事儿付廉价的怜悯,但他会思考和分析,很想找出解决问题的办法。他喜欢看不同的枝条,寒冷的气象慢慢消退,代之而起的,是合纵连横的来自太平洋上的春的季风,打在脸面上时,每一丝儿都是暖的。瞧吧,春风一次次地喊醒枝条,别睡了,别睡了。枝条们真的就被叫醒了,一枚枚地露出久违的青绿色,上面的嫩芽真的很积极,就想一夜之间长成翠绿来。有时候,热泪会莽撞地爬上脸颊,应该做些什么呢?应该有段文字,可以记录眼下的情景,又能表达此刻独特的心境,最好是那种略带庸俗的理性喜悦,还是要以喜为主,以悲为辅。丁西林实在不想去招惹夕阳,因为那里面的一切都在干预他的血液和灵魂,跟随傲气十足的夕阳,那可不是正当旺年的丁西林的所好。他只是需要这样一个场景,构思下一部喜剧。他喜欢喜剧的美,他希望生活中的每一个人都能振奋。生活是由痛苦和欢乐组成的,如果你感到不快乐,那么唯一的办法就是振奋精神。

丁西林认为喜剧是一种理性感受,他不喜欢夸张,认为喜剧的笑不同于闹剧的哄堂、捧腹,应是"会心的微笑"。他坚持清淡的路子,他的喜剧全都选取朴素、微妙的点揭示人生真谛。毫不夸张,也是丁西林生活态度的体现。

好花生木末,衰蕙愁空园。自然现象到了文人雅客手中,便都有了性情。丁西林的戏剧如同他的人一样,不温不火,看似随手拈来,实则韵味无穷。正因为他创作的主旨和对象不在所谓的才子佳人圈,反过来吸引了大批的观众。人们看他的戏,如同在看身边的生活,这就是时效作用。研究丁西林戏剧的人,多说丁西林笔下的女人是个可看点,不同女性的表现,形成丁西林戏剧的"女人链"。这一点,笔者多少有点看法,因为现实的生活本就是男人和女人组成的,丁西林笔下的女人,并不是独立于男人而存在的,相反,有什么样的女人,剧本中必然会配或选什么样的男人。物以类聚,人以群分,丁西林只是要告诉我们,看似平常的生活,其实很不平静。而丁西林表现不平静生活的手法取自西方,这是丁西林戏剧创作的独特性,能够把中西文化熔为一炉,且让人品不出其中的"洋味""土味",这才是高手。

丁西林为什么能创作出那么多影响深远的戏剧作品?

首先,丁西林具有独特的戏剧观念。丁西林的戏剧,追求和谐、互补和相对的合理性。主人公常常是小市民、小职员、小业主,顶多是中产阶级。他所描绘的情节是摔花瓶、租房子,多是小人物日常生活中的小事情。丁西林认为,喜剧应"从那最平淡的事件里反映出真实"。这样的思维方式是物理学家特有的,如牛顿看见苹果落地发现了万有引力,瓦特看到壶盖被蒸汽顶起发明出蒸汽机,丁西林在费尽心机、东奔西走地筹备我国第一个物理研究所、物理学会之余,仍然看到了"白米卖到六十块钱一担,猪肉一块五毛钱一斤,三毛钱一棵白菜,一毛钱一盒洋火"等市面上的喜剧因子,并把它们巧妙运用到了戏剧之中。丁西林的创作,源自社会民俗,这样的民俗看起来太过斤斤计较,但却是某一时期社会生活的真实写照,我们想告诉大家的是,丁西林"无意"中的这一段描写,却成了不少民俗学者经常"引用"的一个依据。这不矛盾,民俗研究者就是要从戏剧、文学等文艺形式中挖掘民俗文化。从这方面讲,丁西林还是一位历史学家,他把当时的一些社会历史,用戏剧的形式保存了下来。

其次,受英法"世态喜剧"的影响,丁西林偏爱于欺骗、朦胧的创作手法。丁西林给人们的是笑声,都留下了心里的悲愤和无奈。对剧中人物暂时性胜利那发自内心的笑,也留下了酸涩的痕迹。丁西林的喜剧不同于黑色幽默,它是积极的,催人奋进。

再次,丁西林的创作追求别出心裁,结构独特,如戏剧结构通常采用"二元三人"模式。这其实是学习了民间小戏的表现方式,要不怎么说丁西林从民间戏剧中学到了不少东西呢。或者说他从民间戏剧中吸取了很多养分。

最后,丁西林学贯中西,注定他会采用机智、简洁、幽默的戏剧语言。他十分重视对话艺术,有意识地将辩论和讨论因素引入作品。他的创作促进了传统戏剧"代言叙述"向现代戏剧"对话呈现"的嬗变,这里面一定包含了中西语言的对撞甚或是互动,他为中国戏剧建构起新的艺术话语系统,这个系统的根据地并不在西方,他只是借鉴了西方的一些表现方法而已。

丁西林的剧作,多以男女关系为重心。

孔庆东在《丁西林剧作中的性心理》中写道:"丁西林剧作的精华是以男女关系、男女冲突为主的以下十部:《一只马蜂》《亲爱的丈夫》《酒后》《压迫》《瞎了一只眼》《妙峰山》《孟丽君》《雷峰塔》《胡凤莲与田玉川》《牛郎织女》。"[1]

丁西林剧中的男女关系,有学者总结出了如下特点:一是皆存在或真或假的恋爱婚姻关系,双方彼此倾慕。二是皆非正常状态的夫妻关系。或有爱慕之意但尚未结婚,或妻子不是真正的女人,或虽已婚但夫妻关系不畅。三是这男女关系有的等同于《丁西林剧作"欺骗模式"初探》一文中的AB关系,有的则是AB中的女方与C的关系。四是在这男女关系之外存在一个阻力,或者是C,或者是AB中的男方。这个阻力一般是出于为男方好的目的,但实际有更深的心理原因。五是皆男弱女强。在男女关系中,女方主动大胆,促成二人亲和关系的实质性转化;而男方在这点上多是意

---

[1] 引自《中国现代文学研究丛刊》1999年第4期,第197页。

志薄弱的"好人",静观其变,坐享其成。六是男女由疏到亲的过程,在文本的表层,不是体现为两性吸引的结果,而是由两性之外的某个更高尚的道德因素所"偶然"导致,同时又似乎是"必然"导致。所以主人公是身不由己地不得不接受那"飞来横福"。这样几条的概括应该是中肯的,但也有其他的一些东西没有概括进来,如其后来创作的作品,显然就想将旧戏剧中的爱情方式改变一下,虽然他的"戏改"并不算成功。研究这方面的学者,以后可以根据当时的政治背景,再结合丁西林的地位、学术研究的方向及其喜好,再做深刻的阐述,再补充,以臻完美。

丁西林的作品,结尾不讲究,各方人物"皆大欢喜",就一个套路,既显示出戏剧矛盾终局的和谐、互补、相对合理性,也是喜剧表现的必然要求,否则就不算什么喜剧作品了。《压迫》中男客与女客临时巧扮夫妻,解决租房难的问题,这本身就是个"喜料",现在不少反映"地下斗争"的电影、电视剧,都采用了这一素材。《酒后》中客人醒来,顿消"一吻之恋"的尴尬,现在的轻喜剧尤其是小品作品中,这一表现手段经常出现。《三块钱国币》中的"一掷花瓶",既解杨长雄心头之忿,又换来"甘愿以三块钱国币来赔偿"的结局。这可能就是相声艺术中的"埋包袱"手段吧。丁西林共有七部独幕剧,五部以男女性别关系为重心,可见他对男女关系是情有独钟的,这不奇怪,他的逃婚,他夫人的弃婚到他们以后结为夫妻的社会经历告诉丁西林,男女这层关系,是一个永恒主题,也是最为复杂的人际关系,不少人就因为婚姻的不幸或婚姻的法定意义而失去了快乐和自由,甚而失去了生命。表现这类主题,其实是需要勇气的,也要看从哪个角度去表现。丁西林把非常难办的事情,用戏剧形式去表现出来,而且换来了笑声,本身就是一种生活"调侃",有什么不好。《北京的空气》例外,袁牧之认为:"这是六个戏中没有女角的一个戏。……这是作者六个戏中最为失败的一个。"看来丁西林对于其他的表现手法还是有点不适应,没关系,这并不影响他戏剧家的美名。

丁西林表现两性关系,不但尝试于戏剧样式,而且在数量上占大多数。这是一种积累,也是一种固化。丁西林赖以成名,也是最擅长的独幕剧,男女关系占压倒多数。这是一个擅长,也是一种避短,聪明人要做的事,就是扬长避短。丁西林"戏改"后的古典歌舞剧里,男女关系占全部。这与中国古典戏剧的人物配置有关联,中国古典剧中的人物并不多,情节也不算复杂,但都有扬善劝恶之意,且表达相对生活化。

丁西林的独幕喜剧,在中国现代戏剧史上有着极其重要的地位。他的独幕剧抓住适宜独幕剧表现的"小事""小人物",他展示的矛盾和对立是对事物认识角度的不同所形成的差异,是二元对比、映照,而非二元对立。双方皆有可爱之处,也都有可笑之点,既是笑者,也是被笑者。这一点,后来成为中国作家协会副主席的另一位泰兴人陆文夫的《美食家》《小巷深处》等,皆以小巷人物尤其是苏州小巷人物为参照,从"小事"与"小人物"的描写中,形成不同的认识角度,显然,陆文夫受到了丁西林的影响。

从人物塑造和戏剧风格上看,丁西林确实是中国现代话剧史上的一个独特的存在。

丁西林戏剧的艺术特点,一是来源于生活的细节简单。如《压迫》和《三块钱国币》,房客与房东发生争执与摩擦,十分平常。丁西林受英国近代喜剧影响,善于从世态中发现喜剧因素,然后把生活情趣制造成悬念,组织为戏剧间的冲突。看似平淡无奇的事,点染得波澜起伏,因而妙趣横生。

二是情节充满戏剧性,一波三折。如《三块钱国币》中,吴太太跟女仆李嫂为打碎一只花瓶强行索赔三块钱国币而闹腾,激起同院流亡学生杨长雄不平,于是开始理论。时而针锋相对,时而据理力争,刻画出了吴太太的自私与尖刻,大学生的正直与可爱。应了古人"文似看山不喜平"的逻辑。

三是对话简练含蓄。《压迫》中男客问女客:"啊!你姓什么?"《三块钱国币》以一句"和棋"了结,令人回味。

四是机智俏皮幽默。如《一只马蜂》中的吉先生和余小姐拥抱,被吉母看到了,余小姐谎称有只马蜂。《压迫》中男女房客谎称为夫妻租下房子。他不以滑稽为目的,而以智慧为基础,幽默与机智密切相连。虽不乏讽刺嘲弄意味,但幽默轻松俏皮,远胜于辛辣尖锐的讽刺。虽然少了哄堂大笑的讽刺意味,却使人产生会心微笑。

五是不专门介绍人物,由情节向观众说明人物身份及性格特点。《一只马蜂》中,随着情节的展开,吉先生与余小姐相互爱慕但苦于面子没法说开的性格特点慢慢便体现出来了。

六是戏剧人物特别。他剧中的冲突,不是阶级矛盾的双方,也不是水火不容的敌我,而是思维方式不同、生活态度大相径庭的朋友、夫妻、长辈与年轻人、房东与房客等,既有感情联系,又有利益联系。这些人,既没有深仇大恨,也不可能剧烈冲撞,只有磕磕碰碰,价值观念从含蓄的语言与细微的动作中体现,戏重于心理活动。

中国人看戏是有讲究的,且具"看戏心理""做戏心理"之"二心",这跟戏剧在中国多属消遣而非艺术有关。戏剧不拘豪贵府第,不囿文人暖阁。前面已经提到,市井与街头,胡同与巷尾,丈方大的空地,尺余大的高台,都是必须之地。门前的老妪,遛鸟的翁叟,市贩的小卖,绕床的孩童,穷达与贵贱,白丁与文墨,甚至不知戏文和板眼的人,也都可以轻哼低吟。如果硬要去感悟,则有"替古人担忧愁"的指责。于是,就算戏中天塌地陷,只要未及自身。但也不是没有"入戏",那就成了"戏痴"或说"情痴",那也不完全是为了戏而去,有的是为了演戏的人而去,用现在的话就是"追星"。

丁西林用市井的故事引导观众,让观众在大笑之后还能静下来思考,这是一般戏剧作者所做不到的,因此好评如潮。

丁西林的戏剧不但赢得了当时人的好评,也赢得了今人的称赞;不但中国人爱看,外国人也有过很高的评价。日本学者宫川晟、梁梦迥等均专门撰文评述。梁梦迥在《〈压迫〉评价》一文中曾这样写道:"大家知道,丁先生是一位喜剧作家,可是他原来是位科学家,解放前很长一个时期任北京大学物理系教授。这个剧是他的早期作品,因为他是英国留学生,有人认为他很像米林(A. A. Milne)的作风,实际上是最富有中国式幽默的北京地方色彩的作品,因而当时就为大众所喜爱,不管是在剧院还是在学校,曾多次上演。"[1]

在丁先生的作品中,更能体现其创作特色的,与其说是讥讽,不如说是轻松别致,妙趣横生。写恋爱结婚问题的《一只马蜂》则更具那种深刻的情趣。这个剧本被译成日文,收在旧版《世界戏曲全集》中的中国篇。与此风格不同的《酒后》和《瞎了一只眼》,描写的是夫妻间微妙有趣的心理状态。尤其是《瞎了一只眼》,情节巧妙别致,形象化地描写了夫妻间处在爱情倦怠期的一段生活——需要更新爱情,但又没有另求新欢。故事情节巧妙,对话简洁明了,这在《压迫》里也可以得到证明。讥讽抗日战争时期重庆生活的一个侧面的《三块钱国币》也是妙趣横生。现已译成日文刊登在今年六月号《悲剧喜剧》杂志上,很值得一读。

另外,作品还特别注重表现民族风格,《北京的空气》则具有很浓厚的生活气息。还应补充的是《等太太回来的时候》是丁先生表示他对抗日战争的决心和态度的作品,这对了解他的作品的社会性很有参考价值。

总而言之,丁西林先生的戏剧作品,作为富有机智幽默的喜剧,在中国话剧史上占有独特的地位。

20世纪50年代,丁西林曾不止一次地表示:自己早年的话剧创作"外国味都很浓,似乎可以当作一种广义的翻译看"。这固然是一种谦虚,但是我们从中却不难看出丁西林的创作与英国文学之间的密切联系。对于这种联系,学术界尽管早有共识,但一直缺少具体、中肯和全面的分析。因此,人们对于这个问题的认识至今仍然处于一种简单笼统的状态,并且歧见颇多、莫衷一是。张健在《论英国作家对丁西林喜剧的影响》中评论道:

---

[1] 引自梁梦迴:《〈压迫〉评介》,转引自孙庆升《丁西林研究资料》,知识产权出版社,2010年1月,第205页。

"中国现代作家丁西林,1914年赴英国伯明翰大学学习物理和数学,1920年回国。留英期间,他阅读了大量的英文小说和戏剧作品,还经常观看英国的戏剧演出,逐渐培养起对于文艺,特别是对于喜剧艺术的浓厚兴趣。"[1]

丁西林的剧作数量不多,但影响很大,尤其是《一只马蜂》。此剧主要写一个封建思想残余的家长吉老太,替护士余小姐说媒,让其嫁给吉老太当医生的侄子,并不断干预吉的婚姻。吉先生早在住院期间就与余小姐相恋。为蒙蔽吉老太,这对青年男女互以反话交谈,表露爱情。"你可以不可以陪我"?余小姐:"陪你做什么?"吉先生:"陪我不结婚?"戏的最后,吉先生拥抱余小姐示爱。余小姐失声大喊,引来老太太与仆人。两人作"戏":吉先生问余小姐:"什么地方?刺了你没有?"余小姐答:"喔,一只马蜂。"戏至此戛然而止。

《一只马蜂》以小见大,揭露了旧时社会的虚伪,歌颂青年男女争取婚姻自主,嘲弄了吉老太太那类半新半旧之人。

因为用反语交谈,因此,这部戏以对话为重点。余小姐说"我们都是社会的罪人",吉先生利用这点说自己在发烧时说的皆是"极真诚,极平常,极正当的话",表达爱意,并借此询问余小姐的情意。余小姐显然对吉先生产生了爱意,嘴上仍不承认。她心里早已有吉先生。

舞台提示,帮助人们理解剧中人物,如吉老太太"身材细小,体质强健,淡素服装,非常的清洁",吉先生"强健,活泼,极平常极自然的服装",余小姐"姿势美丽,面目富有表情,服装精致"。布景中,书柜"内藏成套的中西书籍",暗示新老文化的碰撞和矛盾。

语言生动有趣,富含深意。如吉先生:"这是最时兴的直写式的白话文,有一句,说一句。""她们因为有几千年没有说过话,现在可以拿起笔

---

[1] 引自张健:《论英国作家对丁西林喜剧的影响》,载《武汉大学学报(人文社会科学版)》,2000年第1期,第93页。

来,做文章,她们只要说,说,说,连她们自己都不知道说了些什么"。"因为我把它看得太正经了,所以到今天还没有结婚。要是我把它当作配眼镜一样,那么你的孙子,已经进了中学了。""一个人的婚事,从前,是父母专制,现在因为用不着父母去管,所以用不着父母去问。"

剧本构思新颖,结构精巧,含义深刻,台词俏皮,结尾出人意料,余味无穷。

第六节　博学多面手

丁西林博学多才,学兼文理,最难得的是他精力旺盛,爱好广泛。这为他从物理学家"不务正业"写剧本提供了条件。但丁西林的成就显然还不仅仅在物理与戏剧两个方面,他对汉字改革一直有兴趣,担任文字改革委员会领导工作后,第一个提出了"笔形查字法",即把汉字的每一个基本笔画(横、竖、撇、点、折)给它一个号码,再按笔画号码连起来,就成了一个几位数字。用这种方法可以"见字知号,按号找字"。这个方法被《计算机中文信息笔形编码法》所吸收。五笔字型口诀中的"木西丁",暗指丁西林,是为了纪念丁西林在文字改革方面的贡献。

抗战胜利后,数学家陈省身教授回国讲学,提到数学领域里一个有名的地图四色问题。求证任何一个复杂的地图,只需要用四种颜色来区分,就可以使相邻边界不会出现重色。地图四色问题引起丁西林极大兴趣。此后多年,他一直断断续续地进行研究。1973年前后,证明成功。由于当时正值"文化大革命"期间,没机会发表。丁西林去世后,这份珍贵的手稿一直保存在他的儿子丁大宇的手中。

丁西林对民族乐器——笛子特别感兴趣。1935年,丁西林对笛子进行改革,将原来的六孔七声音阶,改为十一孔平均十二律,扩大了乐器音域。后还在《科学画报》著文《新笛》作介绍。毛泽东、周恩来等人,都称丁西林是一个富有成就的"多面手"。

第七节　做民主人士

与大多数从旧时代进入新中国的高级知识分子一样,丁西林也是追求进步的,并曾多次向中国共产党党组织提交申请,希望能够加入中国共产党。但是,他的"政治面貌"始终还是无党派民主人士。作为一名无党派人士,丁西林因为戏剧创作的缘故,出任文化部副部长、中国对外文化联络委员会副主任、中国人民对外友好协会副主任等职,这已经是相当不错的一个政治成绩了。在周恩来等人的安排下,他还曾率领文化代表团访问亚洲、非洲、欧洲许多国家,为增进我国与世界各国间的友好合作做出了重要贡献。最为有名的是以对外文化联络委员会副主任身份负责了"乒乓外交"及在对外友协任副会长期间促成中印谈判,因为时任印度总理是丁西林在英国留学时的同学。

丁西林与丁文江,二人是同族,按辈分排还是叔侄关系,丁西林是叔叔,丁文江是侄子,只不过,侄子要比叔叔大 6 岁,出名也比丁西林要早几年,所以侄子有资格批评叔叔:"你是学物理的,搞什么喜剧?不务正业!"丁文江虽然多次批评叔公丁西林,但丁文江自己不也在地质研究之外做了很多非专业的事吗!当然,那是他们叔侄间的私事,别人不可以妄加指责。那个时代的许多科学家,是不能安下心来搞研究的,那是大气候的影响所致。不能静心搞研究,还有其他的原因,诸如家庭、婚姻等,不得不另谋职业,丁文江出名之后,便因为家里的负担重(主要是负责老家那一帮

1955年12月25日,北京图书馆向柏林洪堡大学赠送中国历代史书——《百衲本二十四史》,中国文化部副部长兼北京图书馆馆长丁西林(左三)把二十四史总目递交给柏林洪堡大学校长奈耶博士

兄弟,如资助其弟弟丁文渊出国留学)而去经商、从政。

20世纪20年代末,丁西林跟文化界的名士们相处得特别融洽,这为他日后担任文化部副部长、广泛联系文化界人士打下了基础。当时,新月派每周都有聚会,每次两桌,参与者胡适、徐志摩、余上沅、丁西林、潘光旦、刘英士、罗隆基、闻一多、叶公超、饶子离、张兹闿和张禹九。徐志摩一到场,气氛就活起来,徐在席上从不谈文学,只说吃喝玩乐。身为物理学家的丁西林,也不愿意多谈物理,却对文化多有议论,深受文化界的欢迎。其实,说丁西林"不务正业"的丁文江,跟文化界的胡适等人的私交也是很深的,可能是丁文江认为丁西林更应该成为一名世界级的物理学大师吧。

新中国成立之前的丁西林,也有自己的理想,包括对家庭的要求。20世纪20年代,丁西林对梁实秋说,他理想的家庭具备五个条件:一是糊涂的老爷,二是能干的太太,三是干净的孩子,四是和气的佣人,五是二十四小时的热水供应。

身为民主人士的丁西林,无论在哪一个时期,都很少受人批评,主要还是其做人的诚实及知识渊博的缘故。这跟丁文江形成鲜明对比,丁文江好像喜欢待在风口浪尖之上。

丁西林写剧,可能有很多原因,但不可否认的是,他是近代游走于科学与文学之间最得意的文人。中国话剧走过一百年之际,有关方面组织了纪念活动。出人意料的是,丁西林的名字被报刊、电视、展览等众多传媒一次次提起,人们盛赞丁西林在中国近代喜剧方面做出了积极贡献。有关媒体评价:在物理与戏剧这看似无关的两者间,丁西林都充当了"马前卒"的角色。新中国成立后,丁西林要求入党,但周恩来却说:你在党外更能发挥作用。因此,丁西林只是一个民主人士。

丁西林的传闻在黄桥较多,其中最有名的就是他反对包办婚姻而离家出走的故事。对此,泰兴地方文史专家林先生在其博客中曾发表有《丁西林的趣闻轶事》一文。大致内容如下:

丁西林的父亲丁仲培,人称"培二爹"。培二爹是黄桥镇上数一数二的头面人物。培二爹喜欢打长牌,把生意上的事情看得反倒淡了些。

培二爹这日子过得多惬意。对培二爹来说,最惬意的事还是几个特聪明的儿子。别看培二爹整天迷在牌上,他对儿子的学业却特别上心,专门请了最好的塾师。

培二爹也有烦事。眼看着儿子大了,该定终身大事了,可大儿子丁西林不急。培二爹找来了很多亲友,做儿子的思想工作,丁西林就是不当一回事,而且还跟家里玩起了捉迷藏的游戏。培二爹于是动起了脑筋。

丁西林外出读大学,某日,接到家书一封,信中称母亲病重,催其速归。丁西林对父亲的所作所为有看法,但对母亲十分孝敬,看信后立即回家。到家后,方知母亲根本没病,是骗他回来完婚的。女方叫韩丽英,由双方父母"指腹为婚"。韩丽英的祖父曾在贵州做过几任知县,韩家在黄桥也算是名门望族,丁、韩联姻可谓门当户对。对韩丽英,丁西林是了解的,自幼娇惯,最大的问题是尊容不佳。倒不是丁西林贪美色,委实不般配。丁西林想一走了之,可母亲以死相逼,丁西林只能待在家里。家里一大帮人看着,丁西林根本就走不掉。等到了洞房花烛夜,丁西林勉强进了洞房,却看了一夜书。韩丽英哭了一夜鼻子,但却没敢耍横。

第二天一早,丁西林找了个理由,上街看风景,乘家里人放松警惕的当刻,离家出走了。这一走就是二十年,直到1933年他母亲去世才回来一次。

韩丽英遭此不幸,只会哭。丁家祖父教训她:哭什么?你们拜过堂,你生是丁家人,死是丁家鬼,丁家有田有屋有钱庄,还养活不了你?韩丽英不哭了,苦守。实指望"丈夫"能回头,哪曾想丁西林在外已娶妻生子,这才慢慢死了心。为图日后有靠,征得公婆同意,她抱养了一个不满周岁的女婴(她的内侄女),按丁家同辈姐妹的排字,取名丁碧如。丁西林虽然没和韩丽英做夫妻,却也没有将她扔下不管。临近新中国成立时,丁西林当着三弟燮和与蔡锷的老部下成谷采将军的面,口头议定两条,算是对韩丽英的交代:丁西林名下在黄桥的房产归韩丽英所有,变卖、租赁均由韩丽英做主;每月由丁燮和寄交40元作为韩丽英母女的生活费。临分手时,丁西林将刻有"丁燮林"(丁西林原名)三字的金印交给韩丽英,说是日后家族中对房产若有异议,或遇其他大事,凭金印说话。

丁西林的代表作、独幕喜剧《一只马蜂》,就有着自己婚姻生活的影子。这部作品发表于1923年,以反对封建包办婚姻的提倡自由恋爱为主题,在全国剧坛产生了轰动效应。

新中国成立后,丁西林一直在上层任职。作为党外人士,这是很不容易的,这与丁和周恩来总理之间的友情不无关系。

丁西林和周恩来相识于抗战时期的重庆,那时候他们在很多方面的看法相对一致。因为是苏北老乡,(周恩来老家在淮安,丁西林老家在泰兴,两地百里的距离。)两人间的交往便多了起来。

丁西林与周恩来的交往始于1949年9月。新中国成立前夕,丁西林应周恩来之邀,从青岛出发,赴京参加全国人民政治协商会议第一届全体会议,共商建国大业。是年11月,丁西林被任命为新中国的文化部副部长。因工作关系,他与周恩来的交往较多。丁西林经常参加周总理主持召开的会议。散会以后,遇有空闲,周恩来总理总会笑着对丁西林说:"到你家吃晚饭,欢迎吗?"丁西林当然欣然答应。总理到丁西林家赴宴,有两样东西是必不可少的:一是茅台酒,二是红烧狮子头。丁西林的弟媳妇烧得一手好菜,尤其擅长红烧狮子头。总理国事繁忙,无暇抽身回乡,他喜欢到丁西林家吃饭,主要就是看上了家乡风味浓郁的淮扬名菜——红烧狮子头。

丁西林弟媳的一手好菜不但折服了周总理,还折服了另一位名人——西哈努克亲王。20世纪60年代,西哈努克亲王有一次到北京国事访问。按照惯例,本应在国宾馆设国宴招待,不知是何原因,总理让时任对外友协副主任的丁西林以个人身份,设家宴款待。此次,让西哈努克亲王赞不绝口的是一道鲜美的上海风味老鸭汤。

在一次闲谈中,周恩来得知丁西林与印度首任总理尼赫鲁是在英国留学时的同窗好友,知人善任的周总理遂安排丁西林出任中印友好协会会长。当时,印方一直坚持所谓的"麦克马洪线",中国政府拒不承认,所依据的是得到世界公认的"丁氏地图"(丁文江编撰)。丁西林为中印边界谈判做出了贡献。

20世纪50年代,丁西林曾向周恩来提出过入党要求。周总理笑着答道:"你要求入党我们欢迎,但你留在党外比在党内起的作用更大,只好委屈你了。"在这一点上,丁西林和宋庆龄很相似,不同的是,宋庆龄临终前了却了加入中国共产党的心愿,但丁西林却终其一生都是一位无党派民主人士。

作为一个著名的民主人士,丁西林在历次运动中基本未受到牵连,即使在"文化大革命"当中也未受到多大的冲击,甚至没有"靠边站",并一直担任领导职务,这与周恩来对他的保护有很大关系。

第四章 毁誉参半费思量——丁文渊

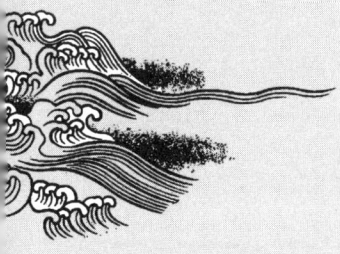

门外月光吐,帘内树影斜。

　　这是八月里的特景,用在泰州丁氏家族里的独特人才丁文渊身上可以说恰如其分。娶了德国女人做老婆本就是个例外,丁文渊喜欢的好像不仅仅是德国的女人,也很喜欢德国的文化。这样的心性当然得不到中国这块传统文化甚浓的土地接受。很多人说丁文江欧化最深,其实,比起丁文江来,丁文渊的欧化才是最彻底的,包括他死后能够捐出遗体让医学院的学生做解剖练习,这在传统思想很深的中国,简直就是不把自己当人看。而正因为这,丁文渊死而无憾。

　　丁文渊(1898—1957),字月波。在丁氏家族中,丁文渊是丁文江最疼爱的弟弟,他比丁文江小11岁,在兄弟们中排行老四,故胡适、傅斯年等人都亲昵地称他为"老四"或"丁老四"。当然,丁文江对于兄弟及族人都是十分关照的。丁文渊受丁文江影响,对于族人的请求也肯出面相助,故在丁氏家族中享有较高的声望。丁文渊早年留学于欧洲,其夫人也是德国人,并为中德友谊做过一定的贡献。

丁文渊中年时的留影

　　丁文渊自小酷爱书法,十七八岁时,其家商号丁万昌大门上的对联"诗书世泽,礼乐家声"即其所书,当时即获得乡人称赏。《中国美术家词典》有专门介绍丁文渊的页面,可见他在书法上的造诣是很深的。时人常以求得丁文渊书法作品为荣。

　　比起貌不惊人的次兄丁文江,丁文渊可谓相貌堂堂,一表人才。因他出生于富商之家,加之去国外留学并获得博士学位,其处世及为人都相对贵族化,故颇得时人称评。

丁文渊对于医学的贡献是比较大的,特别是其死后捐遗体,作为香港大学教学解剖之用。

不是所有的人都可以做到青史留名。丁文渊两度出任同济大学校长,也是同济大学历史上唯一的两任校长。但两任同济大学校长的经历都有问题(被轰下台)。一方面,是因为丁文渊本人的做派,引起广大师生的反对;另一方面,是因为他所站的立场出了问题,他忠实执行国民党中央的指示,二度出任同济大学校长期间,酿成了同济大学"一·二九"惨案,成为历史罪人。

第一节 聪明的学子

清光绪二十四年(1898年),丁文渊出生于泰州泰兴黄桥镇的丁家老宅。其父丁祯祺,字吉庵,镇上人称吉庵老爹,一生娶过三房夫人,共育有七子一女。女为原配夫人王氏所生。王氏死后,又娶单氏,单氏生有四子:文涛、文江、文潮、文渊。单氏死后,吉庵先生又续娶侧室谭氏,育有文澜、文浩、文治三子。丁文渊从小受次兄哥丁文江影响甚大,故在此后很长一段时间中都得到了丁文江的支持与呵护。

丁文渊小时在家读私塾,后入当地小学学习。成年以后,他考入上海的同济大学附属德文中学学习,成绩一直都很优秀,得到了学校师生们的广泛好评。

1915年,丁文渊中学毕业。

1920年,丁文渊毕业于同济医学院医科。

医科一毕业,丁文渊即赴瑞士求学,后转赴德国柏林大学攻读医学,获博士学位。因为学习成绩优异,毕业后即被聘为德国佛朗克德大学中国学院副院长,因他曾为该校创办中国民俗博物馆。

1920年冬,李四光和丁西林一起回国服务。此间,丁文渊曾应丁文江要求,跟李四光接触,劝说李四光回国。

1936年,丁文渊放下手头的事匆匆回国,处理丁文江身后之事,并纠正过胡适《丁文江传》的一些错误。

处理完二哥的后事,丁文渊应考试院院长戴季陶之聘,任考试院秘书及参事。没多久,转外交部,随驻德大使陈介去柏林,任文化参赞。

其间,曾处理过何凤山救助犹太人之事,此事最后不了了之。

1941年7月2日,德国承认汪精卫伪政权,中国驻德大使馆撤回外交人员以示抗议。

1942年,珍珠港事件后,因中国对德、意、日法西斯邪恶轴心国宣战而被召回国内。回国以后,丁文渊供职于外交部欧洲司,工作地点在大后方的陪都重庆。这一年,同济大学校长缺额,有人向时任教育部长的陈立夫推荐了留德博士丁文渊。丁文渊与曾任国民党中央组织部长的朱家骅较为熟稔,而朱、陈表面上是看似一派,但在争夺国民党党权上又是对手。虽然如此,陈立夫念及丁文渊确系难得之人才,最后竟然同意让丁文渊接任同济大学校长,并答应了丁文渊的要求,放权让他一试身手。丁文渊代替周均时第一次担任同济大学校长的地点是在四川宜宾的李庄古镇。他就任期间,同济大学流亡于江边的李庄,与中央研究院的史语所和国立中央博物院筹备处等单位同在一地。后来,丁文渊因治校作风不合时宜,进而引发教授、学生的不满,最后被该校师生轰走。他在任时间是1942年2月至1944年7月。

其间,丁文渊曾任中央大学教授、教务长、系主任等职。1947年9月,丁文渊再任同济大学校长。

1948年1月29日,丁文渊支持国民党当局镇压学生。这一年春,丁文渊当选为国民政府行宪第一届国大代表。是年夏,称病不理校政,同年12

月,行政院临时会议通过了他的辞呈。1949年4月25日,丁文渊与朱家骅、居正、周鸿经等人飞抵台北。因身体不好,在台湾阳明山休养了一年多。

1950年5月,丁文渊赴香港,创办《前途》半月刊,参与"第三势力"。组织新世纪出版社,主持一家编译所,并先后兼任珠海、新亚书院教授,主要讲德国史等课,在香港高等学府中享有盛誉,并一度出任"香港中国文化协会"主任委员,频频参加当地文化活动。不久,《前途》因资金存放银行倒闭而停刊。其间,中国共产党和新中国政府曾多次派人联系丁文渊,希望他能回国尽力,但丁文渊因怀疑党和政府的政策而不愿回国效力。

1955年和1956年冬春之交,丁文渊患肠癌而入医院接受治疗,所幸手术还算成功,不久即恢复健康。

1956年,丁文渊应邀组织香港文化考察团赴台湾考察,其间被蒋介石迎为上宾并参加高规格会谈。而蒋氏也颇为欣赏丁文渊的才能,希望他到台湾为"党国"效力,但丁氏在归港时因病住院而未能有机会再次赴台。

1957年12月29日,丁文渊因心脏病突发而在香港猝然去世,享年60岁。蒋介石赠挽联匾额,各方代表也均以挽联、挽词吊唁追念,备极哀荣。一个月后,台湾方面时任中央党部六组主任陈建中出面,假借台大法学院礼堂为其举行追悼会。丁文渊的在台亲属丁廷楣、丁明达等均临会参加。张岳军(张群)代表蒋介石公祭,蒋经国亲临追悼会行礼并赠送了花圈。

丁文渊著有《指纹学》等多部著作问世,但大陆方面较为难见。

丁文渊在德国留学期间,曾帮其次兄丁文江做了一件非常有意义的事,就是请著名地质学家李四光回国效力。

李四光回国之事,一开始是丁文江在促成。丁文渊所做的,只是完成兄长交代的"任务"。

丁文江曾随梁启超赴欧洲考察,在巴黎时得知李四光在英国留学攻读地质学的情况后,特地找到李四光,说明中国迫切需要自己培养地质人才的问题,希望李四光回国到北京大学任教。丁文江回国后,向蔡元培校长建议:第一,请李四光先生来北京大学地质系任教授,主讲岩石学等课;第二,北大与地质调查所合聘美国古生物学家、哥伦比亚大学教授葛利普(1870—1946))先生到中国来,一面在北大教古生物学,一面主持地质调查所的古生物学研究工作,先任顾问技师,后任古生物研究室主任。蔡元培校长接受了丁文江的建议。丁文江立即委托其弟丁文渊到伦敦请李四光回国到北大任教。丁文渊到伦敦时,李四光正在英国东部实习。丁文渊就和丁西林一道到英国东部的锡矿山找到李四光,谈了请他回国任教之事。在丁文渊、丁西林两人一起劝说下,李四光下决心回国,和丁西林一起到北大任教。

第二节　两次掌同济

——。——

丁文渊归国后,曾两任同济大学校长。

同济大学,简称"同济",是教育部直属全国重点大学,国家"211工程"和"985工程"重点建设高校,中国著名的"建筑老八校"之一。同济大学坐落于中国上海市,是一所历史悠久且声望卓越的综合性大学。学校由德国医生埃里希·宝隆于1907年创办,在1950年之前一直采用德语教学,是"卓越大学同盟"的领头高校,被誉为科学家、企业家、医学家、艺术家和工程师的摇篮,享有北清华、南同济的品牌美誉。同济建校已逾百年,综合实力位居国内高校前列,在德语教学、工科类、医学等学科建设方面,与德国建立了良好的合作关系。自1917年至今,同济大学至少有七任校长出自留德学者。

1937年8月13日,上海抗战开始后,学校被迫内迁。经江苏、浙江、江西、湖南、广西和越南同登、谅山、河内、老街至河口,进入云南迁至昆明后,于 1940 年又迁到四川南溪李庄(今宜宾市翠屏区)。1945 年在李庄同济大学工学院所在地的东岳庙玉皇楼,创建法学院。抗战胜利后,于 1946 年迁回上海。

1941 年 12 月珍珠港事件爆发,香港等地相继沦陷,国学大师陈寅恪生死不明,西南联大爆发学潮。消息传到李庄,与陈寅恪在欧洲留学时期交情甚厚的周均时,颇为孔祥熙的以权谋私愤怒,为陈寅恪等文化知识界人士的命运不平,遂以激愤之情,亲自鼓动、带领同济大学师生上街游行,共同声讨"飞狗院长"孔祥熙及其家人的恶行,并将同济大学的行动和言论通电全国。在重庆的蒋介石因为孔系人物暗中相告与挑拨,大为恼怒,认为周氏煽惑学生,有意给当局制造难堪。一气之下,便通过陈立夫把持的教育部,撤销了周的同济大学校长职务,调任重庆大学教授兼工学院院长,同济大学校长一职由刚从德国归来不久的丁文渊接替。

在李庄期间担任医学院院长的先是黄榕增,1941 年 5 月为梁之彦,1942 年 2 月由校长丁文渊兼,10 月为阮尚丞,1944 年由徐诵明兼,1945 年 8 月为杜公振。此一时期,医学院前期在李庄建立起生理馆、解剖馆。后期在宜宾建立起病理馆、药物馆、细菌学馆、公共卫生研究馆和生物学馆。李约瑟一行进入李庄禹王宫,受到同济大学以丁文渊为轴心的领导层热情欢迎和接待,李约瑟在《四川:自由中国的心脏》一文中写道,该大学校部也在一座庙里,但该庙不供奉孔夫子,而供奉大禹,他是传奇式的灌溉工程师。他在古代向中国人传授水利和防止洪水灾害的知识。从演讲台上人们可以俯瞰下面漩涡翻滚的棕色奔流江水。在露天的大厅里,学生集合听专题讲座。

周均时是一位有正义感的教授,当局对他不满,逼他辞去校长之职。1942 年 2 月,周均时辞了职,丁文渊很快就接上了位。丁文渊,要求教职工、学生见了他要立正,甚至让行鞠躬礼。进他的办公室,必须先在门外喊"报告"。

1942 年 5 月,同济举行 35 周年校庆,丁文渊让新生班会操,搞分列式,并邀请了国民党的参军长到校检阅,请来驻军乐队奏军歌。学校各处悬挂国旗、国民党党旗。不只如此,他对挂旗的要求很特别,把规定长阔五与三之比改成二十与一之比,拉长拖到地,完全仿照德国国旗党字旗的形式。同济德籍教授史图博感慨万分,联想起1933年希特勒上台那年在柏林大街上的纳粹化表演,觉得令人十分厌恶。丁文渊则奢谈在希特勒统治下的德国大学的"自由",却对进步学生采取高压手段,甚至对进步教授训斥、谩骂。他还唆使恶人写匿名恐吓信,寄给郑太朴教授,信上写:"郑太朴,你可曾想象到血肉模糊时怎样的?当心你的脑袋!"

在丁文渊任校长的这段时间里,同济师生的言论、结社、出版、通信等自由,全部被剥夺。墙报、剧团几乎都由三青团控制,校内能看到的仅有国民党的官方报刊。丁文渊还拿"礼义廉耻"封建说教控制师生,并进行"共产共妻"反动宣传。

抗战形势不容乐观,国家的前途堪忧,一些学生对个人的前途感到渺茫,思想悲观,精神苦闷。丁文渊于是就用"圣经"和佛学去指导他们,还说可以得到心灵的安慰。

同济广大学生的生活条件随着国民统治区经济上、政治上、军事上的严重危机日益加深日趋恶化。学生们住在阴暗潮湿的羊圈或茅草顶竹架棚里,到了晚上,只能点一根灯芯的油灯。学生们吃的午餐是霉味颇浓并夹杂沙粒的"八宝饭"和没有油水的青菜汤,饭桶里甚至多次发现臭抹布,早晚稀饭米少汤多,有的同学不得不在课余拾田螺、捉黄鳝、打野狗补充营养。学生们衣衫破烂,鞋袜短缺。

同济教师的生活也很贫苦,有的教师缺少过冬寒衣。

当地的老百姓的生活怎样?有些老百姓在吃观音土。有的同学游泳时看到江河岸边漂着被斩去四肢的尸体。

与此同时,丁文渊在李庄郊外购有住宅,出入不管远近都要坐轿,每天所着西装都要换上几次。而且,丁文渊常邀请官场中人饮宴,喝的是名酒五粮液,吃的是山珍海味。多数师生看不惯,心里总想着把这个人赶走。

时任同济大学招生委员的李庄籍人李清泉曾有这样一段回忆:"周均时校长是学土木工程的,曾在德国留学和工作达十八年之久。第一次世界大战柏林被围时,他曾与当地人民同甘共苦,但对德皇威廉第二和纳粹党很反感。他平易近人,生活俭朴,虽在国外多年,却没有洋气息,没有穿过西装,一顶旧呢帽不知戴了多少年,已成了暗褐色。他用人标准讲究德才兼备,聘来的教授、讲师,大多是国内的知名人士。后来接替他的丁文渊校长就与他刚刚相反,官僚架子十足。他在李庄郊外购有住宅,出入不管远近都要坐轿,每天所着西装都要换上几次,一副假洋鬼子相……"四川宜宾档案馆有丁文渊等人常在一起喝名酒五粮液的记载。抗战时期,中央研究院、中央博物馆、同济大学、国立剧专等中央高等学府及学术科研机构迁至宜宾古镇李庄,傅斯年、董作宾、丁文渊、余上沅等文化界名人皆成为五粮液酒君子。1943年方俊到同济大学教书后,由于他对校长丁文渊经常吹捧希特勒而十分厌恶,决心不在这里当正教授而到中国地理所任副研究员,工资也因此减少了120元。[1]

1943年下半年,同济大学二十四位教授联名上书国民党政府教育部,列举丁的种种罪状:视学校为其私产,把教职工当作奴仆,一切以其喜怒为定,独断专行;有贪污舞弊之嫌;不顾学生的学业,聘请教授以私交而定;在教授中挑拨离间,利用学生攻击教授;等等。教授们不愿意看到同济的光荣历史断送在丁文渊的手中,因此,强烈要求撤换丁的校长职务。由于全校广大师生的积极支持和强烈呼声,加上国民党内部的派系斗争,丁文渊终于被撵出了同济大学。

丁文渊第二次出任同济大学校长,与朱家骅大有关系。朱家骅曾在多所大学(北京大学、中山大学、中央大学)任教或担任校长,后来官至院长、部长,但他仍时时未忘母校同济大学。民国时期同济大学的多位校长

---

[1] 引自张赤军:《方俊院士给我们留下什么宝贵财富?——兼谈他的治学和为人》,载中国科学院网,2011年7月2日。

即为朱家骅所亲定。如在1932年,朱家骅担任教育部长时,就请翁之龙做校长,想把同济实力扩充,并加强与国内其他国立大学的交流和合作。1947年,他第二次任教育部长期间,请丁文渊任校长,丁文渊计划将同济大学办成一个德国式的大学,得到了朱家骅的赞同。

1947年12月6日,国民政府教育部颁发《修正学生自治会规则》,目的是剥夺学生的民主权利。1948年1月9日,同济大学学生自治会改选,各班级和系科选出级长和系科代表,定于1月11日举行代表大会。丁文渊到工学院召集学生训话,宣布执行《修正学生自治会规则》,遭到同学们的坚决反对。第二届学生自治会代理事长、工学院电机系学生杜受百说:"丁校长的意见,我们决不能同意。学生自治会,顾名思义是自治,而不是'官治',改选自治会是我们学生自己的事,学校无权干涉,丁校长要指派人员来筹备,这不是明明要剥夺我们仅有的一点民主权利吗?"但是,丁文渊并没有收手,他马上召集学生和上届自治会理事会理事谈话,布置人贴出布告,宣布:不许召开系科代表大会,由校方指定人员筹备成立自治会;不许民主选举学生自治会理监事,由校方指定候选人,由15个级长筹备学生自治会;不许成立全校性的自治会,由各分院分别成立。丁文渊的布告并没有起到作用,相反,学生们很快采取了许多应对措施。是年1月11日,同济大学系科代表大会在工学院举行,120名代表认真讨论通过了自订的学生自治会章程,选出5人为常设委员会,决定13日全校普选理事。并做出决议:反对教育部的《规则》,全校同学普选理事;抗议英帝在九龙屠杀我国同胞;募捐支援浙大反迫害的斗争。会议还通过了自订的章程,选出由黄克鲁等五人组成的常设委员会。

1948年1月13日晚上,同济大学第三届学生自治会改选完成庆功大会在工学院礼堂举行,宣布选出理事21名、候补理事5名,潘承邦当选为理事长。1月14日,第三届理事会就职。把何长城阻止法学院院长徐道邻撕毁学生会选举的布告,说成是何长城"藐视师长,毁坏公物",并贴出布告宣布开除杜受百、何长城两名同学。布告贴出后,各学院学生立刻在各处张贴大字报,表示强烈的抗议。大家推派黄克鲁、潘承邦作代表,去见丁文渊,坚决要求校方收回开除杜受百、何长城两同学的成命,要求校方承认广大同学的民主权利,承认全校同学选出的第三届学生自治会。

丁文渊拒不接受同学的要求,指示便衣向警察局打电话,想借武装警察镇压学生。那个便衣跟警察局通电话时,被法学院学生范郑生发现。范郑生立即把这一情况告诉同学们,气愤的同学们一齐拥上去,从那人身上搜出手枪一支,子弹七颗,警察局指派令二件,四川北路警察分局工作证一张,还有准备伪装成学生用的同济、交大校徽各一枚。同学们这才知道,丁文渊已跟特务合作。丁文渊一再辩解,露出了尴尬面孔。学校训导长江鸿匆忙出来帮腔,在回答同学追问为什么开除何长城时,说:"13日晚上,你们开大会,搬动桌椅,这是毁坏公物。"有同学反驳:"训导会议决定开除两名同学是13日下午,你们怎么知道13日晚上要毁坏桌椅呢?"江鸿张口结舌,答不出话来。事后,有同学写了一副对联,"同济何辜,风波因月波而起;师生多难,哀鸿随江鸿俱来"。对丁文渊和江鸿两人作了绝妙的刻画。

1月15日上午,各学院1600多名学生到文法学院"红楼",向丁文渊提出抗议。傍晚时光,一直被学生们围在学校总办公室的丁文渊和江鸿二人为了脱身,答应第二天下午学校开行政会议讨论关于开除学生的问题,允许学生派代表旁听,申述意见。

1月16日,数百名同学从下午两点等到五点,不见学校当局一个人影。当晚,学生系科代表大会开会,决定17日罢课一天,参加抗议英帝九龙暴行的示威游行。19日、20日罢课两天,抗议丁文渊迫害学生。

丁文渊不露面见学生代表,却于当天秘密召开行政和训导联席会议,不仅决定不改变开除杜、何两同学的决议,还于18日宣布第二批开除学生名单,他们是文德昭、吴虹、范郁芬(女)、韩格兰(女)、唐荆如(女)5名学生,决定处分黄克鲁、潘承邦等4名学生。

当时,著名教授郭绍虞非常同情学生们的遭遇,但对学生们只顾斗争停止学习的行为有自己的看法,他对来访的学生代表说:"事情平静下来后,希望你们还要读一点书,将来有用。"言词质朴可贵。郭教授还帮学生们提高了斗争口号:"反迫害,争民主。"这一口号深得人心,使同学们明确了斗争方向,起了动员广大同学积极行动起来的巨大作用。

1月19日,丁文渊又贴出布告:"秩序未安定前,禁止自治会的任何活动,系科代表大会常设委员会和自治会理事应自动退职。如有违背,学校决不姑息。"19日下午,同济第三次系科代表大会决定:①无限期罢课;②向校方交涉,要求收回成命,如无结果,去南京请愿;③要丁文渊辞职,以谢国人;④为抗议校方无理迫害同学,21日各学院同学绝食一天。

1月20日晚,同济工学院礼堂举行控诉晚会,全市40所大中学校学生代表参加。被迫害学生代表杜受百、韩格兰、何长城先后上台控诉。他们说:"为了争取自由民主,我们头可断,血可流。"学校的老师代表也在会上讲话,表示支持学生的斗争,谴责丁文渊。

1月21日,丁文渊又宣布开除萧荣铮、李发弟等4名学生,对冯立文、黄仁端、范郑生、杨益言等13人留校察看,给蔡明德、王维新等17人各记大过2次。至此,丁文渊在1周内分3批迫害学生45名,其中开除11名。

学生自治会做出了晋京申冤的决定。

1月23日晚,上海学联送给同济学生自治会一面"英勇斗争"锦旗,一封慰问信,赠送二百万元和白纸一令。复旦大学也送来锦旗一面,现款四百万。交大、大夏、上法附中、浦东中学等都给同济送了锦旗。

1月24日,教育部急电丁文渊,命令他"速开导学生限期复课,并阻止派代表来京。如仍不服命令,行动越轨,即从严惩处"!

1月25日,教育部长朱家骅匆忙从台湾飞到上海,召见丁文渊面授机宜。

1月25日晚,由交大、复旦等校发起,上海58所学校的学生组织了"上海市学生反迫害、争民主支援同济联合会",发表文告,对同济学生的斗争给了高度评价,号召全市学生团结起来,誓做同济学生的后盾。

1月26日,蒋介石指令朱家骅和吴国桢:"迅速解决同济学生罢课事件"。

1月27日,丁文渊发表《四告同学书》,声称:"绝无再行考虑之余地。""所处分之学生均为咎由应得","倘再执迷不悟,学校当局得从严处置"。

当时,中共地下党组织支持成立学生自治会晋京请愿团,并做出决定:如果28日下午与校方交涉再无结果,便于29日赴南京请愿。同时决定,为加强各学院团结,集中力量,便于领导,同济文、法、医学院的同学搬到工学院的教室住宿,工学院成了战斗的大本营。

1月28日,请愿团一切准备就绪,最后给校方写了一封信,希望校方能再考虑同学们的要求。当局得此消息,慌了手脚。国民党市政府代表认为学生必须先行复课,才能商谈。深夜,警察局长赶到同济劝阻学生终止请愿,公开威胁:"假如真要去,会发生不幸的!"

1月29日晨,五辆架着机关枪的铁甲车堵住了同济工学院的正门,校园四周的铁丝网外布满了黑衣武装警察。晨5时,军警团团包围了同济工学院。这天,国民党反动派如临大敌,总共出动军警宪特几千人。上午9时许,复旦的欢送队伍和同济理学院、附中、新生院的请愿队伍共1100多人,在工学院北面100米处被铁甲车、军警所阻。这时,交大、约大、大夏、中华工商、上法、南洋模范、启秀女中等27所学校的千余名同学,从四面八方赶来。各校学生4000多人汇在一起,排列在其美路上。这一天,上海地下党学委负责人吴学谦、吴增亮和国立大学区委的费瑛、王光华、浦作以及同济党支书乔石,都亲临第一线指挥。

军警和学生对峙两个小时后,上海市长吴国桢爬上铁甲车说:"我对你们同济的事,一向关心。你们有什么要求,可以坐下来谈判。我们是文明国家,讲民主,游行请愿是非法的。"学生自治会理事黄克鲁站到高凳上,大声说:"刚才吴市长说我们是文明国家,讲民主……可是,现实是,我们站在刺骨的寒风里,枪口对着我们的胸膛。吴市长口口声声讲民主,请问:民主在哪里?连一点影子也没有!""丁校长多次开除同学,我们到处申诉,找过吴市长和教育部长,请问:你们出来讲过一句公道话吗?今天我们全校同学走投无路,不得不到南京去请愿。可是政府却调来这么多武装军警对付我们,请问这就是吴市长说的文明吗?……"几千名同学振臂高呼:"我们不要这种文明!""坚决反对迫害!反对开除!""立即撤退军警!"吴国桢避而不谈实质性问题,却提出成立"调解委员会",由学生和校方各提一名教授和校友,连同吴国桢,共五人组成。但是找不到丁文渊。吴国桢借口丁不到场,无法调解。下午3时半,调解仍无进展,却有5名同学被捕。同学们再也忍耐不住了,大家纷纷要求整队前进。正当整理队伍时,距工学院正门300米处的骑巡队向着人山人海的学生队伍冲去,骑警挥舞马刀,乱劈乱砍。有的同学被马刀砍伤,有的被马蹄踏伤,有的被打伤,顿时,鲜血四溅,马蹄声、惨叫声和怒吼声交织在一起。趁混乱之中,军警又抓去同学8人。同学们有的退到路旁田野,捡起石头、泥块、棍棒自卫还击。特务乘机乱喊"吴市长被打了!"并扳动枪机。吴国桢在地上拼命叫着:"不要开枪,不要开枪!"

蒋介石急电慰问吴国桢,给他打气,吴借口"养伤"到杭州以避风头。国民党上海市参议会议长潘公展指责丁文渊"应负完全责任"。教育部次长杭立武急忙替丁开脱,表示"信赖"丁文渊"一贯负责之精神"。血案发生后,丁文渊宣布开除48名学生,勒令55名学生退学,给48名学生严重警告。后来又偷偷地个别通知把退学改为停学或警告,后索性装病进了医院,拒不见人。同济大学和27所学校代表紧急会议决定:派代表向吴国桢抗议,在礼堂举行"血债晚会"。结果,派出代表与国民党当局交涉失败。晚上10时,学生正在举行晚会,大批军警破门而入,大肆殴打、逮捕学生。至次日凌晨,共有200多学生被捕。

同济"一·二九"事件迅速传到全国,华北学联及北平50余所大中学校学生集会,驰电慰问同济同学。武汉大学学生绝食一天,以示声援。各民主党派从香港发出通电向国民政府提出强烈抗议。香港各团体发起"一人一元"运动,捐款支持同济学生。香港学校致电国际学联及海外学生团体,报道真相,表示支持。此后,被捕学生经各方营救后,大都获释。

1948年3月31日,学业保障会在工学院礼堂举行怀念晚会,晚会决定:15日赴地方法院参加听审斗争;请教育部撤换丁文渊,否则不承认他是校长;发起募捐,慰问被捕尚未释放的同学。1948年12月,丁文渊提出"因病辞职"。第二次被轰下了台。[1]

第三节　序言感兄恩

—○—

在丁文江七兄弟当中,丁文渊与次兄丁文江的关系最为亲密。

丁文江英年早逝,因丁文渊是遗嘱执行人,故丁氏亲友都希望由丁文渊最后定夺。1月6日,中央研究院致电已身在德国的丁文渊,报告死讯。丁文渊得耗,匆匆东归。3月13日,风尘仆仆的丁文渊抵达南京,力主丁文江应葬在长沙,并电请朱经农觅地。3月22日,朱经农复函胡适,建议将墓地选在清华大学新校址内[2]:在君坟地,弟建议在清华新校址内;选择一亩,已得月涵先生(清华校长梅贻琦)同意。咏霓先生处虽无回音,想亦不致反对。在君之坟,若在清华校内则易于照料。在君来湘,实为清华选择校址,竟因此病殁湘中,自宜于校中留一永久纪念。岳麓风景不坏,营葬亦甚相宜。清华校内有一科学先驱之坟,可以引起青年人之景仰,而增加其研究科学之兴趣。弟之建议,即根据上述理由,想兄亦表赞同。这样,丁墓最后选择在岳麓山上的左家垅。这年的5月4日,丁文江遗体在丁家自购墓地安葬。出席安葬仪式的除丁文渊等家属外,还有翁文灏、刘厚生、丁

---

[1] 引自同济大学网。
[2] 抗战期间,不少高校内迁,清华大学也在迁校之列。丁文江被清华大学请去湖南选新校址。这里的清华大学新校址,指当时已经落实下来了的湖南清华校址。

西林等政界、学界名流。[1]

当时,丁文江的夫人希望把丁文江葬在南京。但丁文江遗嘱有特别规定,遗嘱发生效力时,即由遗嘱执行人竹垚生、丁文渊严格遵照遗嘱会同办理。

在丁文江逝世20周年前夕,丁文渊和中研院的同人筹备丁文江逝世20周年的纪念刊,邀请文江的生前友好撰写纪念文章。作为丁文江最好朋友的胡适,当然也在被邀之列。起初,胡适也准备和其他老朋友如朱家骅、李济、董作宾、罗家伦等一样,写一篇二三万字的文章的,但写来写去,竟然写成一部10万字的长传。这部署名"胡适编"的《丁文江的传记》,脱稿于1956年3月12日,收入同年11月出版的中研院院刊第三辑。1960年,台北启明书局出了单行本,1973年又由胡适纪念馆出版增订本。[2]

《梁任公先生年谱长编初稿》是梁启超去世后,1929年交由丁文江负责搜集、编撰的。1932年赵丰田始任助手,1934年秋编出第一稿,24卷,100余万字。1936年1月丁文江去世后,翁文灏续主其事。1936年5月完成第二稿,有六七十万字,油印50部,每部装成12卷,分发给梁氏的亲友征求意见。台北世界书局1958年据油印本正式出版,书名《梁任公先生年谱长编初稿》,书前有胡适序和丁文渊的前言(简称《初稿本》)。上海人民出版社1983年8月出版此书修订本,由赵丰田和其助手负责修订,书前有顾颉刚序和赵丰田的前言,书名改题《梁启超年谱长编》(简称《长编本》)。1999年4月北京图书馆出版社出版《北京图书馆藏年谱珍本丛刊》,其中第193至196册收入影印的《梁任公先生年谱长编初稿》(油印本),北京图书馆出版社所出"油印本"收入。丁文江去世后,翁文灏与丁文渊还发生了一个误会。因为在遗嘱中,丁文江把整理其个人手稿的任务交给了弟弟丁文渊。

---

[1] 引自宋广波:《丁文江年谱》,黑龙江教育出版社,2009年版,第493~497页。
[2] 引自宋广波:《不该被遗忘的"百科全书式"人物》,载《中华读书报》2007年5月30日。

丁文渊在丁文江编《梁任公先生年谱长编初稿》的"前言"中写，二哥（指丁文江——引者）当时还曾设法协助任公如何学习英文，并且介绍了好几部研究史学的英文书籍，任公根据此类新读的材料，写成《中国历史研究法》一书。

冉云飞在《世间曾有丁文江》[1]中引：胡适的科学精神与考据的爱好，使得胡适任何时候都存了要实行一份证据有一分话的决心，如他考证丁文江先生1911年由云南回家，便特别提及该年的闰六月，因为此事牵涉到丁文江先生于是年考取游学进士的事。因为他看了朋友房兆盈（史景迁的导师）和杜联喆夫妇合著的《增校清朝进士题名碑录》起了疑心，后得丁文渊先生之解释，始释疑惑。胡先生为证明其先生之考有不实之处，还特地看《校勘后记》，又参看《清实录》里的《宣统政纪》，最终纠正了自己的小错、丁文渊的小错、房杜二位之错，从而使得此一小事水落石出。丁文江随梁启超赴欧洲考察的情形，丁文渊有一段交代：据新六告诉过我，任公在法、英两国的演讲，多是二哥替他翻译，任公对他极为倾倒。二哥素性憨直，对人极具至性，有问必答，无所隐讳。与任公座谈之际，尝谓任公个性仁厚，太重感情，很难做一个好的政治家。……因此劝任公放弃政治活动，而从事学术研究，任公亦深以为然，此则任公的大过人处。像他那样，早岁就参加变政大计，而又誉满中外的一位大人物，当时还正在他鼎盛的时候，居然能够听一个青年后辈的劝言，翻然改图，从事学问，终身奉守不渝，只有任公具有那种"譬如昨日死"的精神，才能确实做到。新六又言，二哥当时还曾设法协助任公如何学习英文，并且介绍了好几部研究史学的英文书籍，任公根据此类新读的材料，写成《中国历史研究法》一书。以后许多历史学术的著作，也就陆续出版，成为民国史学上的一位大师。任公以后掌教于清华研究院，据胡适之先生说，也是二哥在中华教育基金董事会所主张的。

---

[1] 引自《天涯读书周刊》第69期。

张荣华在《上海书评》上著《梁谱长编整理的退步之作》1，其中有这样一段描写：当年丁文江的失当举措是由于谱主后裔及友人的掣肘,事出无奈。其弟丁文渊在台湾版"初稿本""前言"披露,丁文江曾因引用一件康氏责备谱主的电文而招来责问："康、梁的关系,天下皆知,你又何必来翻这个成案？"康梁两家似达成共识,在刊行遗稿时避免披露涉及两人不和的内容,故而康同璧为乃父编年谱续编时,干脆将1910年前后有关两人矛盾的文字删得一干二净。

《梁启超年谱长编》是丁文江在世时一直想要完成的事,苦于英年早逝。丁文渊不仅帮助将该部后被称为最有价值的有关梁启超先生传记资料的书正式出版,还亲自为该谱写了"前言"。该书一出,遂被当时文坛热捧,至今仍然是一部很有价值的参考书。

第四节　外交之生涯

民国期间,陈杰大使出使德国,丁文渊被派往德国,任法兰克福大学中国学院副院长、中国驻德国大使馆参赞。

抗战胜利后,丁文渊曾任外交部专门委员。

在德任外交官期间,丁文渊曾参与了一个事件的调查。

何凤山1938年至1940年担任中华民国驻维也纳总领事。他在任职期间,面对德国法西斯种族灭绝政策,勇敢地向犹太人发放通往中国上海的签证,挽救了数千名犹太人生命,被称为"中国的辛德勒"。2000年7月,以色列政府授予他"国际义人"称号,并在耶路撒冷纪念碑上为其刻下"永远不能忘记的中国人"。

1　引自《东方早报·上海书评》2011年3月20日,B01版。

当时,有小人诬陷何凤山出卖签证、贪赃枉法。大为光火的陈杰,立即派参赞丁文渊前往调查。经过详细稽核,丁文渊未发现任何可疑之处。他百思不得其解,问:"为何外界传言签证有弊?"何凤山君子坦荡荡:"这是莫须有的罪名。若签证限制甚严,贿卖之事还可以说得过去。既然只要申请人提出申请,皆可以得到签证,人家何须花钱贿买?"一席话,掷地有声。丁文渊去后不久,尽管查无问题,具体承办签证的副领事周其库,莫名其妙被革去职务[1]。丁文渊当时的立场肯定不在何凤山一边,而是站在了民国政府一边,或说站在德国一边。因为当时的民国政府正与德国谈合作之事,民国政府对犹太人的态度比较含糊,断不会因为犹太人的利益而得罪德国。加上丁文渊曾留学德国,还娶了个德国老婆,所以,让他站出来帮何凤山说话,是不大可能的。副领事周其库被革职,当然跟丁文渊的调查有关,至于周其库被革职是不是丁文渊起了直接的作用,没有这方面的资料说明。我们认为丁文渊并不具备革掉周其库的权力,充其量也就是个建议权。真正革掉周其库之职的人,一定是国民政府外交部的主要负责人。

而周其库的去职,不一定就是由于何凤山替犹太人签证而成了替罪鬼。现在看来,何凤山有没有出卖签证已不是问题,何凤山因为帮助困难中的犹太人,早已成为二战英雄之一,且得到了犹太群体及我国政府的肯定。

新中国成立后,丁文渊并未去台湾,而是留在香港并参加了所谓的"第三势力"[2]及由美国人支持的"自由阵线"。[3]

---

1. 俞飞:《中国辛德勒何凤山:冒险拯救数千犹太人生命》,2012年5月16日《法治周末》。
2. 第三势力是指在1949年新中国成立后,既不认同当时的中国共产党,也不认同当时在台湾的国民党政府的华人团体,从而成为中国共产党、国民党和当时的美国政府竞相争取的对象。海外华人第三势力基本上也是当时(1949—1970)的美国政府对华政策的副产品。
3. 第三势力团体互立山头、各树旗帜,为避免力量分散,谢澄平一派基于第三势力大联合的考虑,遂放弃自组政团,转而加入张发奎、顾孟余新政团的筹组工作,此即日后的"战盟"组织。"战盟"成立后,谢澄平与何鲁之以青年党代表列名其中。

救助中国知识分子协会,是1952年美国为了救济逃亡香港的文化人士,在九龙塘公爵街成立的机构。主要是资助作家出版著作,编辑作品,并负责所编作品的审查和批核工作,会长是丁文渊博士,负责社会书刊的是左舜生,负责文学书刊的是易君左,翻译世界名著的是王聿修。该机构1953年因无钱运作而结束。

《自由阵线》集团对第三势力运动的重要性与影响力较其后的"战盟"要大得多,尤其在言论鼓吹方面更是如此。自澄平接掌《自由阵线》后,该刊即致力于第三势力理论的阐扬与宣传活动,1950年5月1日,该刊(《自由阵线》)还特别出版"第三势力运动专号",表明其作为第三势力旗手的决心。在《我们的基本信念》文中,《自由阵线》高扬"民主政治""公平经济""自由文化"三大纲领,作为打倒专制、反对独裁、建立独立民主的新中国的理想目标。当时香港的第三势力刊物有丁文渊的《前途》,顾孟余、童冠贤为代表的《大道》,张君劢的《再生》,孙宝刚、孙宝毅兄弟的《民主与自由》等,但都不及"自由出版社"的声势浩大。

台湾科学技术学院教授陈正茂回忆:1949年,国共内战尘埃落定,国民党政府仓皇迁台。风雨飘摇之际,一部分标榜反共、反蒋,坚持民主自由的政治人物与知识分子,在美国和桂系李宗仁的支持下,云集香江,首揭反国、共两党大旗,鼓吹第三势力主张,此即20世纪50年代于香港盛极一时的第三势力运动……"自由出版社"的班底,基本上以青年党为主,因此内部人事大多由青年党人把持,其中重要人物有谢澄平、丁廷标、龚从民、史泽之、张葆恩、夏尔康、谭伯扬等。但为了推广业务,也对外积极延揽人才,如张国焘、李微尘、孙宝刚、黄如今等。尤其为增加生力军,更吸收一批"民主中国青年大同盟"的青年知识分子加入。[1]

第三势力对外的主要活动阵地是《自由阵线》杂志。但《自由阵线》却

---

[1] 陈正茂:《第三势力运动:〈自由阵线〉集团的兴衰》,2013年9月4日《南方都市报》,RB16版。

因为缺乏经济支持而不得不考虑停刊。后来,美国介入其中。有了美援后的《自由阵线》周刊,正式改组为"自由出版社",工作的业务范围迅速增加展开。在香港市面上,除定期的《自由阵线》周刊外,还发行"自由丛书"小册子、文艺小说、漫画集、专题研究、大学教本、名著翻译等。"自由出版社"的出书,在殖民地文化笼罩下的香港,有了些自由民主的味道。

第五章 庚续不断有新象

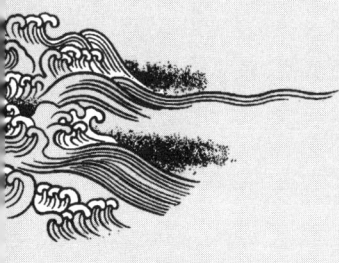

第一节 建筑学家丁燮坤

—◦—

丁燮坤是丁西林的大弟,他是创建黄桥中学的大功臣。

有资料载,早年的丁燮和曾在上海创建同济建筑公司,这一说法有误。丁氏族谱中说明的情况不是这样的,创办上海同济建筑公司的是丁燮和的二哥丁燮坤。

《延令丁氏重修家乘》[1]是丁西林、丁燮坤、丁燮和兄弟这一族的家谱。谱中载:其后析为大房、四房、六房、八房、十房,其中以四房为最盛,丁西林即出于四房支下。谱中载其世系,惜有残损:"建垚长子燮林,字巽甫,英国伯明翰大学……曾任北平大学教授,及国立中央研究院物理研究……总院总干事职务。生于光绪癸巳年八月二十日辰时。配韩氏,生于光绪壬辰年六月十八日某时。又配某氏。生一子:大宇。"丁西林有弟二,幼弟丁燮和,是武汉大学的教授,比较有名,二弟丁燮坤,不知何故现今其名不显,但从谱中的世系记载,他在当地也是很了不起的:"燮坤,字晋甫,国立吴淞同济大学工科土木系毕业,得工程师学位,创办同济建筑公司,自兼任工程技师职务。生于光绪戊戌十月十九日午时。配赵氏。生二子:大中、大民。二女,长名大华、次名大帼。"

与丁燮坤同族的丁廷楣,曾写有《回忆黄桥初级中学》一文,他在第三节的"购地建校舍"中写道:民国十四年(1925年)暑假回黄桥,董事会商

---

[1] 民国二十五年木活字本,十四卷十二册。 谱中载有乾隆五十年《族谱序》说:"吾始祖彦良公,本河南籍也,有明靖难(永乐)兵起,民多播迁,公自豫至扬,托迹延令城市,偶游永丰镇之东南陬,其地背平原而临卑湿,盖上世沧桑变易,高者为古岸,而卑者为涨滩,每至秋潦泛溢,则□溶沉□,汇为巨浸,仿佛洞庭彭蠡之观,故名其庄曰'湖头庄'。 公顾而乐,以为境远尘嚣,俗尚淳朴,安庐舍而长子孙,莫此为便也。 于是诛茅种竹,且读且耕。"

洽决定筹得大洋八千元,其中二千元为李莲英情让十亩地价,余额建筑校舍大楼一栋之用。建筑图案系请丁燮坤先生在上海主持之同济建筑公司免费设计,韩士元校长携带大洋数千元赴沪采购木料(洋松及地板等),行前我会嘱其注意选用进口地板,以求平滑。[1]

  但是,丁廷楣的回忆与黄桥初级中学第一任校长韩士元的回忆稍有出入,兹摘一段韩士元的忆文于此,以做比较。韩士元的回忆文章的题目是《回想黄桥中学的创立》,第三节为"缔造大楼的经过",其中写道:租借的校舍,只要两个教室,最多可办两个班,若再增班就不行了,非要扩大房子不可。在布业公所南面有一条河(如黄运河),左面和右边都无空位,设想在河南的当地兴修持久的校舍,河上建一木桥使南北通行方便。首先在河南买了李广源的五亩地,继后又买了束海寿的十亩地,拟建上下两层有四个大教室附带几个房间的工字楼,缔造基金由我家再拨二千银元,通过几次谈判,就这样决议了。建楼的图样是请上海同济修建公司规划的,没有收规划费。因该公司为家乡名人丁西林的二弟丁燮坤(同济大学毕业)与其他两三位同学兴办的,由于咱们是捐资办学,他也情愿无偿帮助。施工过程中,只知按图施工,未具体计算工料,又系仿德国修建法,用整砖垒墙,因其时尚无水泥,墙体的空隙处以石灰沙石灌浆,浑浑噩噩施工,越建越贵,待至彻底结工,共花去了八千余银元。这件事说来也是一个笑话,可也有它的优点,这种墙一块砖头也拆不下来,很结实,这么多年来,木质构造方面换了几次,而大楼至今却屹然耸立。其时在经济方面受了困顿,大大超出了原计划,但又不能功败垂成,只好借债修建下去,至我离校时债款还未还清,传闻是后任校长还清的。这座教学大楼,一向作为校园的主体校舍。在闻名的黄桥决战期间,为新四军苏北指挥部驻地,陈毅、粟裕将军等曾在此作业、住宿,研讨制定了联李、击敌、反韩的战略方针,现为江苏省文物保护单位。

---

[1] 引自黄桥在线网2013年3月20日《黄桥人文》栏目文章。

第二节　著名教授丁燮和

——。——

露花飞飞风草草,翠锦斓斑满层道。

身为著名建筑学者的丁燮和,在丁文江、丁西林等光焰下,好像显得有些暗淡了,有点像九月的露花和老草,故很少有人知道。丁燮和身上更有看点,关于他夫人曾是袁世凯大儿媳的说法,当然不可以作为笑料看待,我倒是十分佩服他那个勇气的。作为科学家和教育家的丁燮和,是我国建筑力学方面的权威之一,从其所著的专著和其领出的学生看,他同样可称为大师,而这,才是泰州丁氏家族的荣耀。一门之中(同宗同谱)出现这么多大师,真的就是文化奇观。金风刺衣著体寒,长眉对月斗弯环。十月的礼赞自然不能忽视岁时的变化,毕竟,每一个文化体中,少不了风霜与雪雨,少了则不是生活。

丁燮和是丁西林的三弟,在这一房里,是"了个儿",因此深得家中上辈的疼爱。黄桥一带有这个传统,一般人家,都对兄弟中最小的一个特别疼爱。

当初,丁氏家族给丁西林(原名丁燮林)兄弟取名时,特意选了一个"燮"字。燮字,《新华字典》解释为两层意思,一是谐和、调和,二是大熟。可见选这个字的丁氏中人是动过一番脑筋的。这也可以看成是丁氏一族对丁西林兄弟的殷切期待。而丁燮和这个名字,更与中国传统文化沾边了。燮和,协和。《书·顾命》:"燮和天下,用答文武之光训。"南朝梁任昉《齐竟陵文宣王行状》:"协升景业,燮和台曜;五教克宣,敷奏朝端。"《新唐书·苏瓌传》:"宰相燮和阴阳,代天治物。"宋苏轼《与张太保安道书》:"父母英圣,深照情伪,德音琅然,中外耸服,几至有所得遗,而诸公燮和之。"《新唐书·苏瓌传》把"宰相""燮和"放在一起描述,事实上,古代汉语里的燮和,也指宰相的政务。唐韩愈《为裴相公让官表》:"岂意陛下擢臣于伤残之余,委臣以燮和之任。"唐姚合《和门下李相钱西蜀相公》:"燮和皆达识,出入并登庸。"

丁燮和后在武汉大学担任教授,从事建筑研究,著述较多,主要有《建筑力学概说》和《材料力学》等,此外还有不少论文,是一位知名的学者。

被家里疼爱有加的丁燮和非常争气,长大后不仅成为一名力学专家,还当上了教授,是我国高校材料力学学科研究的先导。1947年11月,上海出版的《教育通讯》复刊第4卷6期载,药专校长孟心如病故,丁燮和暂代校长之职。此外,他还担任过重庆大学土木工程系主任和武汉大学教授等职。

一、黄桥中学校长

1923年,北京工业高等专科学校毕业的韩士元(秋岩)与何卓甫商议,邀请朋友严则韶、何绍祖商量创办黄桥初级中学,丁廷标、丁廷楣两位族兄也加盟其中,并各自捐款100大洋。因此,黄桥中学的创办人即这六个人。1924年,该校建成,教员薪水比公立学校标准略低,丁廷标、丁廷楣私人出津贴贴补家庭负担较重的教师。时丁燮和供职于上海同济建筑公司,听说黄桥中学有困难,主动要求参与办校,并出钱贴补教师。随着办学规模的扩大,韩秋岩他们原先租用的布业公所不够用,于是又买了五亩地新建楼房,并请丁燮和设计学校的楼房。1932年丁燮和任黄桥中学第四任校长。

二、帮助进步青年

章力挥(1920—1996),原名丽辉,出生于泰兴县黄桥镇一个富裕家庭,18岁时远离家乡,赴延安参加革命,为展示男儿风采,后改名"力挥"。他后就读于延安的抗日军政大学、鲁迅艺术文学院等校。1950年1月,章力挥任华东文化部新旅歌舞剧团团长。此后,历任上海市委宣传部文艺处处长、上海剧作家协会副主席等职。此间,撰写了一批文艺理论文章及影剧评论。并曾任革命现代京剧《智取威虎山》创作组组长、主笔和剧组组长。"文化大革命"期间曾受迫害。改革开放后,章力挥受命组建全国第一个省市级艺术研究所——上海艺术研究所,任所长、党支部书记。此后,他发表100多部剧本和数以百计的评论,在全国影响较大。如《五女拜寿》《张志新之死》《木棉花开了》《再见了、巴黎》等。1978年12月,章力挥与高义龙采访了越剧表演艺术家袁雪芳,撰写了《袁雪芬的艺术道路》,并由上海艺术出版社出版,这是新时期我国出版的第一部戏曲艺术家传记,影响很大。曾担任《中国京剧史》主编和《中国戏曲志 上海卷》副主编。

  章力挥走上革命道路,受丁西林、丁燮和兄弟影响较大。从家乡辗转一个多月到达武汉的章力挥,先住在难民所,后来找到武汉大学丁燮和教授,丁燮和慷慨地借给了他一套住房,后又介绍他进入蒋南翔、李昌主持的共产党外围组织青年救国团工作。但不久该团在国民党的逼迫下解散,章力挥遂转入青年救亡协会。在协会干训班上,他有幸聆听了邓颖超的教诲。章力挥的字写得很秀气,英文也学得不错,人又机灵,颇得邓颖超的赏识,邓颖超经常让他帮着抄写、整理文字材料。此时,恰值董必武去美国参加联合国会议,邓颖超推荐章力挥去当董必武的秘书。他铁着心要去延安学军事,将来回家乡打游击。邓颖超为他的天真烂漫、错失良机而深感惋惜。1938年4月,章力挥经师田手、赵君哲介绍,加入民族解放先锋队。不久,经考试合格,由八路军驻武汉办事处介绍,奔赴革命圣地延安。临行前数日,他在丁燮和处遇到了喜剧作家、中央研究院物理研究所所长丁西林。章力挥欣喜地告诉他就要去延安的事,但言词间流露出有点舍不得从黄桥同来武汉的那些同学。丁西林说:天下无不散的筵席,各走各的路吧。再说,你要看清,今后的中国,一定是共产党的天下。丁西林的话坚定了章力挥投奔延安的决心。

武汉大学校史记载:1940年7月6日乐山大逮捕时,全校教职员工无不愤慨……此后翁盛光……王淑静等地下党员奉命撤离武大时,教授丁燮和、戴铭巽把他们接到家中隐藏,又资助去革命根据地的路费。

三、学者型的教授

曾任武汉大学校长的王星拱认为:大学之道,在于育人;育人之道,在于大师。为此,他在任武汉大学校长期间殚精竭虑,求贤若渴,四处奔波,广揽学者名师。在乐山时期,王星拱校长秉承学术独立之精神,充分发扬武汉大学崇尚学术之传统,认为"学校是学术天地",强调"学术救国","努力使武汉大学不愧为全国知识的中心"。武汉大学在乐山逐渐集聚起一批高水平学者,如工学院的邵逸周、俞忽、赵师梅、涂允成、丁燮和、余炽昌等,可谓人才济济,极一时之盛。无怪乎当时西南联大的教授曾秉钧(曾为清华教授)说:"就教师质量而言,清华不如武大!"

要知道,当时的武汉大学的学生素质是比较高的,他们对不称职的教授就敢轰。1929年,曾留学英国伦敦西南学院,回国后在南通师范任教的泰兴人朱东润,因为南通师范屡遭动乱发展困难,决定换一个学校任教。时朱东润收到了一封来自武汉大学陈通伯教授的电报,邀请他去武汉大学任教,朱东润马上决定去武昌。可是,朱东润并不知道武汉大学可不是好待的,不足一年,已经有五位教师被学生轰走。后来,朱东润在其文章中幽默地写道:"在轰走五位教师以后,学生也有些厌倦了,因此我在武大预科班讲坛上居然站稳了。这完全不是由于我的能力,而是由于学生不愿意对教师继续进行打击。"朱东润当然不是因为学生闹烦了才躲过被轰命运的可怜教授,他的学养足以使学生佩服。就在这时,丁燮和也来到了武汉大学,朱东润有些为这位老乡担心了,《朱东润自传》第十节载:1931年的夏天又添了一位老乡,丁燮和,燮林的弟弟,工学院教授。丁燮和用自己的学识打消了朱东润的担心,不只如此,丁燮和很快就走到朱东润的前面去了,丁燮和当上武汉大学系主任的时候,朱东润还只是个普通教授。

那么,西南联大的曾秉钧教授的评论是不是公论呢?丁燮和算不算著名教授呢?

被一所大学认可为好教授,并不能说明其就是公认的好教授,但如果多所大学都认可为好的教授,那么,这位教授的含金量肯定高。后来,丁燮和从武汉大学转到重庆大学,并被重庆大学聘为土木工程系系主任。由此可见,丁燮林在土木工程领域的成就是得到公认的。

重庆大学校史载:工学院创办于1935年。在解放战争时期,担任重大工学院院长的是著名无线电专家冯简教授。工学院设有电机、机械、矿冶、化工、土木、建筑等六个系,是学生人数最多的一个学院。该校的土木工程系成立于1936年,抗战胜利后先后由丁燮和、林钟祺和许传经等教授担任系主任。

丁燮和在学术上的影响比较深远,他所著的《材料力学》至今仍被多所高校选为教材。其所著《材料力学》(国立武汉大学丛书)最早由上海的商务印书馆出版,出版时间是1936年5月,32开,497页。

丁燮和教授的《建筑力学概说》书影(上海科学普及出版社,1958年出版)

1933年,武汉大学理科季刊第3卷3期发表丁燮和的《突桁拥壁之设计》。

1934年12月,武汉大学土木工程学会会刊第1期发表丁燮和的《特性点之理论及应用》。

1936年12月,武汉大学工科年刊第1卷1期发表丁燮和的《混泥土之新趋势》。

1942年《读书通讯》(重庆)第3卷51期发表丁燮和的《关于土木工程问题答况济法君》。

1942年《读书通讯》重庆第3卷54期发表丁燮和的《答会员戴仁君水泥问题》。

1958年,上海科学技术出版社出版了丁燮和的《建筑力学概说》。

1961年,上海科学技术出版社出版了丁燮和的《建筑静力学》。

第三节　仁厚儒商丁廷楣

依稀和气排冬严,已就长日辞长夜。

对于身在台湾和香港的泰州丁氏家族中的丁廷楣和丁廷标来说,落叶归根的念想倒是实实在在的,但他们最终都没能葬回大陆,这是历史的遗憾。好在大陆和台湾不再是仇视的双方,同根同祖、血浓于水的亲情,还是要大过海峡的隔绝。对黄桥人来讲,这两位丁先生可是个宝,因为他们一生不忘家乡的教育事业,一生都在为家乡的教育事业出钱出力出智慧。当下黄桥的历史文化名镇的名号里有他们无私的贡献。

丁廷楣(1906—1993),江苏省泰兴县黄桥镇人,丁西林的族兄,丁文江的族叔。上海复旦大学毕业,曾留学日本京都帝国大学,曾参与创办黄桥中学,是创办黄桥中学的校董之一。黄桥中学现还在,而且是地方上的名牌中学,泰兴学子都为能进黄桥中学读书为荣。

黄桥在线网《黄桥人文》栏曾登了一篇丁廷楣写的关于创办黄桥中学的回忆录。在回忆录前,丁廷楣先介绍家乡黄桥,可见黄桥在其心目中是有位置的。他在文中写道:黄桥镇是泰兴县一大市镇,19世纪40年代时人口近10万,东北距如皋县城30公里,南至靖江城25公里,东

丁廷楣

南至南通县城约80公里,北临泰兴县城约30公里。

为什么要创办黄桥中学?丁廷楣回忆:就我记忆所及,民国十二年(1923),如皋有师范学校,泰兴已有时敏中学,附近四个县份内尚未闻有初级中学之设立。也就是说,丁廷楣等人在黄桥创办中学,并不是心血来潮,而是根据当地的教育环境及对黄桥子弟负责的精神,这才想到了要在黄桥办一所初级中学。

丁廷楣为什么会参加创办黄桥中学?是有原因的。原来,丁廷楣从自己的成长过程中体会到了"助人"的快乐。中国传统文人,大多情牵乡梓。北宋名臣范仲淹之"先天下之忧而忧,后天下之乐而乐"的贤良思想,一直以来濡染着苏中大地,丁廷楣当然是这种思想的感染者之一了。丁廷楣如此回忆:同年(1923年)秋冬时期,黄桥韩士元先生毕业于北京工业专科学校,其太夫人躬自开设一棉花店,中产阶级不愿独子外出谋生,愿出资二三千元交其自行创业。当时风气,大专出身者,其出路大都为中小学教职员,或由亲长引进为机关一员(政府公务员)。韩先生眼光高人一等,与当时曾任高等小学校长何倬(字卓甫)商洽,邀集友人严维镛(则韶,两江师范毕业)、何绍祖(季生,师范毕业),共四人,商洽创办一初级中学。因何卓甫先生系我与廷标弟的私塾老师,而廷标父亲实甫公已去世,由我鼓励其随我在上海大同学院就读,何老师邀我参加发起创办,廷标亦乐于合作。全部基金仅大洋数千元而已,校舍由何卓甫先生向布业公所洽租,公所房屋约十间,前有院落,非常宽大,适合一二百人运动场所;宿舍借得隔壁关帝庙厢房。开办费无多,于民国十三年(1924)暑期招生开学,韩士元先生为首任校长。第一届录取学生50人,报考人数近80人,年龄最大者为朱选(字子青),近30岁,已在镇公所服务,为上进而升学求知。此外仅记得朱旭熙(曾任台湾制图厂厂长,已去世),余已茫然。何绍祖先生家累略重,任教时间虽不支薪,但略有津贴;而严则韶、何卓甫二位先生任教并兼二三十年,诲人不倦,分文不取,其高风亮节,实可永垂不朽。

丁廷楣并没有在其回忆录中过多写自己参与创办黄桥中学的事迹,却对其他参与者极尽颂美之词,这就是中国文人,从来不肯张扬自夸,而对他人,则常常歌之颂之赞之扬之。不然怎么说中国文化温文敦厚呢!如其在回忆严维镛、何倬、何绍祖三校董时,便毫不吝啬赞美之词:严维镛先生系雨江师范毕业,何倬系清代秀才,曾任黄桥小学校长的何绍祖亦旧制师范毕业,应韩士元先生邀请,与丁廷标及本人共同出资(每人三百元)创设私立黄桥初级中学。首任校长韩士元先生,后严维镛、丁燮和(本人以校务主任代办主持)、丁廷标。严、何、何三位校董分别在校义务授课。严先生教动植物、自然等课。何倬先生教两班国文,何绍祖先生教数学。当时校舍系租赁布业公所房舍,宿舍借用西侧关帝庙(可能付些香火钱)。学生学费,因泰兴县立初级中学,于黄中创办后一年即建设,学生每学期学费仅大洋八元,其他一切杂费亦照公立学校标准,不得超收。教员薪水较公立学校规定标准略低,因大多系朋友,故可商量,偶有一两位家务负担较重,丁廷标、丁燮和与我亦曾分担私人津贴。严、何、何三位,十余年来从未支薪,我在校时,因何绍祖先生家累甚重,我一年内贴补他几十元而已。不特此也,何倬先生系我私塾老师,严先生年龄更长资格更老。有时,我在台上训话,严、何、何三位照样与其他师生一起恭立聆听,毫无难色;何倬更兼任事务主任,一切依照体制听指示办理。三位先生不仅律己从公,有时赔车钱、陪应酬、陪捐款等。身为校董,不支薪,反赔钱,其高风亮节,求之今世少之又少;而忍气吞声,甘受后生小子发号施令,更难上加难。因此,在此大书而特书。

好事多磨,黄桥中学创办之初,即遇上了"兵祸"。当时的中国,军阀混战,民不聊生。像黄桥这样的偏僻集镇,也难逃厄运。丁廷楣对此十分痛心,都说"秀才遇到兵,有理说不清"。可是,丁廷楣却并没有退缩,而是据理力争,甚至就敢直面军队,最后。不仅保住了学校,还让军队不再生事,黄桥中学得以正常教学了。丁廷楣回忆道:黄中创办一年后,民国十四年(1925)春间,江苏省省防军张中立旅所属张营长,率部一营驻防黄桥。当时警察局局长吴干清带领到校及关帝庙居住,韩校长及廷标(请假回家,正在黄桥)由黄桥拍电南京,由我等三人具名请省长兼督军韩国钧(紫石)饬退张营,不使弦歌中辍。我全盘了解后,当即赶车往访成恍(谷采)军界前辈,请其电促韩督军饬所属撤退。所谓"电促",当时即特快邮代电,其电文当时熟记在心。晚间回大同宿舍,同房朱氏兄弟(朱桐、朱栋)见余心事重重,神色有异,询我究竟,乃即告知,方悉二位同学系当时军政界大大有名之朱庆澜(子桥)先生之公子。当由两兄弟陪我雇车前往朱府晋见,略陈原委,亦以快邮代电南京。当时上海新闻报、申报均有消息披露。韩兼督军饬令省防军总司令指派张中立旅长来黄桥,令张营长立即率部队离校舍,当场指示张营长驻防时期应多遵照韩校长指导,不得参加地方派系;并曾坐轿至我家拜访解释,当时因我在上海,家人婉谢。事后获悉真相,缘因警察局吴局长系依照地方商会授意,为部队做上述安排,实际当地庙宇甚多,无必要选择黄中校舍。

　　当时,丁廷楣家中的经济状况并不理想,但就是在这样的情况下,丁廷楣仍然动员家里出钱支持黄桥中学的扩建。现在不少人都在讲"再穷不能穷教育",但那只是喊在嘴上。丁廷楣等人,却是实实在在地用行动诠释"办教育"的恒心。丁廷楣还回忆说:民国十四年暑假回黄桥,董事会商洽决定筹得大洋八千元,其中二千元为李莲英情让十亩地价,余额建筑校舍大楼一栋之用。建筑图案系请丁燮坤先生在上海主持之同济建筑公司免费设计,韩士元校长携带大洋数千元赴沪采购木料(洋松及地板等),行前我会嘱其注意选用进口地板,以求平滑。此行往返仅十余日,事前接获信息,从轮船上卸下木料,在靖江八圩港口成排下水,沿内河而下,某日正午到达新址校门口前。木料起岸时,大放鞭炮,热闹一番。随后由同济建筑公司派来监工某先生,指导建造。翌日午后在空地上已堆有若干堆砖瓦,除校董六人外,监工先生亦列席,估计除已购近万元之木料外,砖瓦人工约需一万六七千元,与原定预算大有出入,购木料款除韩所带去者外,丁燮坤先生约垫付六七千元,一时在场各位目瞪口呆,满脸惊奇之色,一筹莫展,静坐至日落西山退席散会。第三天下午再次协商,工程费用减少则不安全,仍一筹莫展,枯坐两小时后散会。回家途中,廷标告我,他家有一笔存款在"仁益堂典当",主要是为了生息,已到期。当即向其母亲大人报告,推说银根泛滥,仁益当典嘱暂提回,以后再谈。母亲大人深知堆存在家既无利息,亦不安全,拟建议存"义生钱钱庄",由钱庄发给利息存单;同时由廷标出面借贷,为黄中建校舍之需,而另办手续付息,进出之间,钱庄坐收渔利,获取存放息之差额。后即如此这般,巍巍大厦数月后竣工,至今已数十余年,仍昂然而立。廷标时年仅十六七岁,心胸胆识气派,诚难能可贵也。

黄桥中学成立十周年时,丁廷楣已赴日本留学,其弟丁廷标写信给他,希望他能回国参加校庆活动。丁廷楣于是决定回国,一是参加校庆活动,二是回家看看。丁廷楣回忆说:民国二十四年(1935)秋间,我在日本京都帝国大学求学,廷标函电催促赶回家乡参加黄桥初级中学十周年校庆,同时为"谦三堂"(黄桥中学新校舍)举行落成典礼,情意恳切,乃返国。由上海经江阴渡江至靖江县属八圩港,换乘黄包车,当晚到达黄桥花园桥外,见扎有彩牌,一批学生在场中,有识我者招呼,下车步行。缘我一年前赴日时,此处系操场南端,应为学校后段,放眼观看,耳目一新。少顷,廷标接获通知,由办公室赶来相迎。校址面积原只十五亩(约四千五百坪),现已扩大几倍,开辟路径,两旁遍植松柏,树龄在二三十年,非常惊奇。廷标见告,此近千株树木,系由我父亲墓地移植而来,并解释他父亲(我伯父)墓园树木更大更老,移植后存活率微乎其微,目前由我父亲墓园移植者可能存活约60%。边走边谈搬迁过程,系先商请我家管事曹二先生陪同前往墓地,与看守佃农商洽,谓早得我同意,先移后植,不影响其看守待遇。后择日搬迁栽种,然后向我大嫂报告,亦谓早已得我同意,明年春间负责重插树苗,将来亦可成林。木已成舟,大嫂亦未表示反对。时已步至办公大楼,举目四顾,不少新建筑屹立,除谦三大礼堂(可容二千席)外,另有图书馆、女浴室等多项新建筑。谦三堂系周府(周谦三之子周定生,为廷标妹妹沁梅之丈夫)捐赠纪念外,其他购地及建筑费等,除少数系临时借贷外,大多亦为廷标捐赠者。因当时政府并无补助,学校收费与公立学校相符,不准超收,维持教职员薪给已感不敷,遑论建设!

抗战期间,丁廷楣与丁文江的胞弟丁文浩在滇越及滇缅地区作进口贸易及运输公司,为国家输入大批物资。抗战胜利后将生意转移到京沪江浙湘鄂地区。1949年,丁廷楣去了台湾,继续经商,从事经营进口贸易。

丁廷楣虽然是一位爱国商人,但在经商的同时,他还积极参加各种文化活动,并深入研究中国传统文化,成为一个著名的学者。2000年,台湾中研院近代史研究所推出了《口述历史》丛书,其中就有一本《丁廷楣先生访问纪录》,精装,200页。访问者刘凤翰,记录者刘海若。

当代著名雕塑艺术家吴为山先生,原名高曦,著名书法家和诗人高二适先生便是他的二祖父,他的第一件铜塑作品就是台湾学者丁廷楣。可见丁廷楣在乡人眼中的地位之高。

丁廷楣虽然人在台湾,但对老家还是丢不下,特别是对黄桥中学,那是他当年参与创办的地方名校。现在的黄桥中学里,有一幢崭新的"廷楣书馆",即是丁廷楣捐资新建的。

第四节　知名学者丁廷标

—　。—

丁廷标(1906—1958),字果生,江苏省泰兴县黄桥镇人,社会政治活动家,中国青年党党员。

1906年，丁廷标生于泰兴县黄桥镇的一个名门望族，与丁文江同宗同谱，小丁文江19岁，但辈分比丁文江长一辈，是丁文江的族叔。丁廷标的父亲丁义铭，字实甫，光绪五年（1879年）举人，与韩国钧（韩紫石）同榜，丁义铭排名第51位，韩国钧排名第96位。

丁廷标幼年丧父，母亲宋氏为丁廷标延请老师，在家中学习。11岁时，丁廷标受业于清朝秀才何卓甫。13岁时，丁廷标赴上海大同中学学习。在一次期末考试中，丁廷标的几何试卷被邻座的同学抄袭，任课老师发现答案雷同，给两人都记了零分，并给予处分，丁廷标十分气愤而转学，后相继转入浦东中学、中国公学读书。

1923年，丁廷标在上海读书期间，北京工业专科学校毕业的韩士元（秋岩）与何卓甫商议后，邀请朋友严则韶、何绍祖商量创办黄桥初级中学，丁廷标、丁廷楣也加盟，并各捐100大洋，该中学的创办人即这六人。在建校过程中，支出远超预算，丁廷标征得母亲同意，将家中存放在"仁益堂典当"的巨款取出，进行周转，从而解决了建校资金难题。1924年，该校建成，教员薪水比公立学校标准略低，故丁廷标、丁燮和（丁西林幼弟）、丁廷楣私人出津贴补家庭负担较重的教师。

1927年，丁廷标自复旦大学毕业，赴英国伦敦留学，学习政治经济学。其间，加入中国青年党。1931年毕业，获伦敦政治经济学院研究员资格。

归国以后，丁廷标在河南开封的中州大学任教两年有余，之后转赴上海大学、法政大学、持志大学[1]、暨南大学任教授。其间，他还创办思晖医院，又创办中国植物油公司中央酿造厂，并任该厂董事长。丁廷标把赚来的钱用在了扩建黄桥中学、增设高中部上，这样的情怀是最为难得的，而当时的黄桥中学，已经不属于丁廷标等人的私产了，他只是想为地方留一块可供优秀学子们求学的"宝地"，事实上，后来的黄桥中学成了地方名

1　1924年12月，何世桢辞去上海大学学长职务，继承其祖父何芷舠之遗志，启用何芷舠留存的资金，与其弟何世枚在上海体育会西路兴办"私立持志大学"。

校,数十年来,为国家培养了大批有用之才。

1932年,丁燮和任黄桥初级中学第四任校长,实际由丁廷标负责校务。任内,丁廷标除负责教学外,还整修校园,兴建了礼堂、图书室、浴室、宿舍等建筑,经费除了其妹丁沁梅、妹夫周定生夫妇捐赠之外,其余均由丁廷标自费或借贷。周定生之父名叫周谦三,故礼堂命名为"谦三堂"。丁廷标还将祖坟上近千株树龄二三十年的柏树无偿移植到该校校园。

1940年,丁廷标闲居上海租界,秘密负责中国青年党苏沪党务。抗战胜利后,丁廷标当选为中国青年党执行委员、中国青年党江苏省委书记,曾出席在重庆召开的各党派领袖参加的政治协商会议,并被推为制宪国大代表及行宪前立法委员。

新中国成立之初,丁廷标携家迁居香港。1951年,丁廷标赴驻日本美军总部任职。1954年,因美军撤出日本,丁廷标被遣散,负责观察国际政治经济形势变化及日本的中国青年党党务。1956年,因收入无着而回香港,任台湾驻香港代表。

丁廷标曾经应邀专程到台湾。因丁廷标与蒋经国早年是上海浦东中学同学,丁廷标又是足球队队员,故蒋经国与丁廷标颇熟。丁廷标抵达台湾后,二人重逢,多次约谈。陈诚亦在府内宴请了丁廷标。

1958年8月10日,丁廷标在香港病逝。蒋介石送挽额,中国青年党两派首领陈启天、余家菊先后参加追悼会,悼念者数百人。

丁廷标主要著作有《国际联盟的起源及组织权论》《玄理国家观的理论与批评》《论行政》《论现代国家》等。

第五节　经济学家丁文治

——　。——

七弦琴当有心弹,八行书须有得传。

泰州丁氏家族中的名士不少,但父子皆教授的情况还是不多。丁文治曾在岭南大学教经济学,是知名的教授,后任武汉大学图书馆馆长。丁文治的儿子丁海曙是清华大学电子学方面的教授,一度还曾担任系党总支书记。这种父子皆教授的现象并不多见,属于文化奇观！即使我们不去有心"弹",这样的文化世家,必然有得传。

丁文治,经济学教授,丁文江的同父异母兄弟,排行老七。丁文治对自己的名字是非常喜欢,常在他人面前讨论古代以文教礼乐治民的好处,并常举古人论述,如:"文王以文治,武王以武功,去民之菑。"[1]"小国无文治而有武功,祸莫大焉。"[2]"盛京以丰岐重地,文治焕然一新"[3]等。

丁文治对次兄丁文江一向敬佩得紧,而丁文江对自己的这位小弟也是情有独钟,包括亲自给弟弟丁文治介绍女朋友。不过,丁文江介绍给丁文治的这位姑娘,却与他们兄弟的辈分差了一截,按理不能成亲。可丁文江并不在意,丁文治也没在意,于是成就了这桩好姻缘。原来,丁文治的夫人史济瀛,是丁文江的夫人史久元的侄女。著名考古学家李济曾写文章说明此事。当时,李济刚从国外回来,因找不到适合的工作,便去找乐于助人的丁文江,他便是在丁文江的家中见到了丁文治未来的"准夫人"的。李济在忆文中这样写道:那时他的太太有病;济瀛是丁文江夫人史久元的

---

[1]　出自《礼记·祭法》。
[2]　出自宋人范仲淹的《答赵元昊书》。
[3]　出自清人陈梦雷的《送官子之盖州序》。

侄女,后嫁给丁文江的胞弟丁文治。尚没结婚,与他们同住做伴。我进门时正看见她替姑父画地质图[1]。说起来真是有趣得很,一个将姑夫的弟弟选作自己的丈夫,一个把嫂嫂的侄女定为爱人。虽然这桩婚姻在辈分上有点乱,但丁文治和史济瀛这对夫妻却是人人称道的好夫妻,他们并没有因为辈分上的不对称而影响婚姻质量,他们的一生可谓相濡以沫,互敬互爱,且培养出了一个优秀的儿子,清华大学的教授丁海曙。

丁文江去世后,丁文治痛苦万分,全程参加了丁文江的治丧活动。据文献记载:1936年1月6日,遗体入殓,8时举行简单悼仪。史久元与丁文澜、丁文治等均扶棺痛哭。下午,丁夫人与文澜、文治等乘专车赴汉回京。[2]

丁文治的学问做得很好,他作为一个经济学家,虽然在中国经济学领域的知名度远远小于搞地质研究的丁文江在地质界的影响,但他的研究成果却并不算少。如1935年,丁文治在胡适主编的《独立评论》第147号发表了《世界经济调查(书评)》一文,这既说明当时的丁文治在学术研究方面比较活跃,也说明丁文治之于经济学的研究视野是比较开阔的。

丁文治曾在岭南大学教授经济学。据中南财经政法大学教授周秀鸾回忆:1950—1952年,她在岭南大学经济研究所读研究生,受业于梁方仲、丁文治、彭雨新等教授。而丁文治教授是周秀鸾最为敬重的恩师,因为丁文治不仅在学术上予以指导,还让自己的夫人在生活上照顾周秀鸾。

丁文治还参与了经济学杂志的编辑工作,西南社会经济研究所曾出版《社会经济研究》,何肇发、彭新雨、丁文治等人既是该杂志的编辑委员会的成员,同时也参与研究所组织的调查与研究工作。

---

1 引自李济:《对于丁文江所提倡的科学研究几段回忆》,载《李济文集》(卷5),上海人民出版社,2006年版,第177页。
2 引自宋广波:《丁文江年谱》,黑龙江教育出版社,2009年版,第476页。

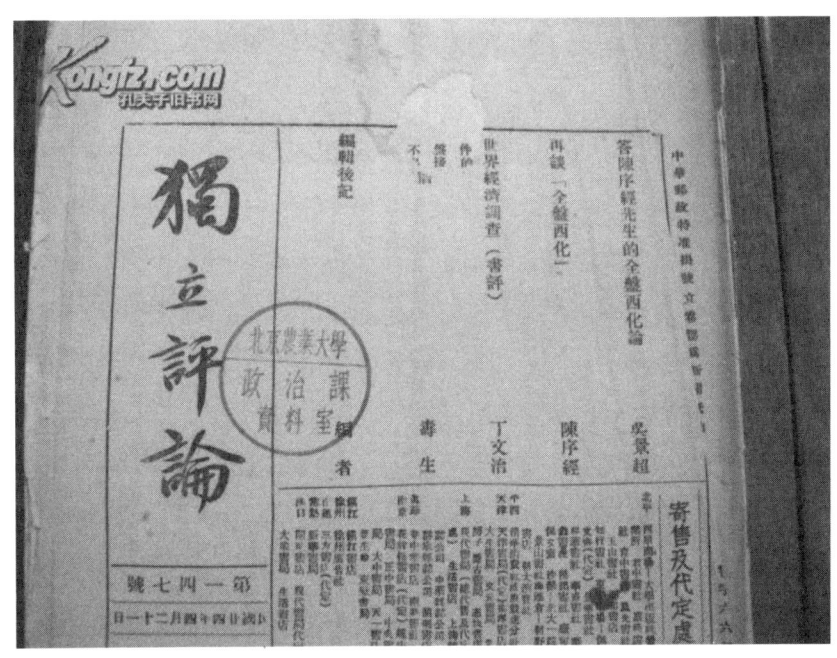

《独立评论》第147号"目录"栏刊丁文治著《世界经济调查(书评)》

丁文治写过不少专业评论,他曾夸赞过《抗战时期经济思潮的演进——从计划经济、统制经济的兴盛到对自由经济的回归》一书:"是一极佳的有系统有机体的论苏联计划经济的书。""作者好像介绍给我们一部新设计的机器,指出它所用的原动力是什么,效率如何。"

丁文治也写过专著,如《联总物资与中国战后经济》等。

新中国成立后,丁文治相继担任武汉大学教授和图书馆馆长。他担任武汉大学图书馆馆长的时间是1956年7月至1969年。而丁文治的夫人史济瀛女士一直在武汉大学外语系当资料员。

第六节　医学专家丁海曙

丁海曙（1937—2009），学士学位。清华大学医学院生物医学工程系教授、博士生导师。丁海曙是丁文治、史济瀛夫妇之子。

丁海曙研究成果丰硕：他参与了"人体运动信息检测与处理""精确测量和分析人在运动过程中的位移、速度、加速度力及肌电信号"等课题的研究。丁海曙负责的"以光电子技术为特点的医疗、康复、体育""红外光运动分析系统"研究项目获国家科技进步三等奖。丁海曙参与的"宽带调谐激光器"研究项目获国家二等奖；丁海曙参与的"新型CCD摄像终点计时及判读系统"获国家科技进步三等奖。此外，丁海曙还获部委级奖四项。其研究成果"近红外组织血氧仪"作为具有国际先进水平的仪器已经应用于临床。

丁海曙生前曾撰写并出版了《人体运动信息检测及处理》和《分子光谱与激光》等专著，发表论文50余篇。

第六章 丁氏亲情传佳话

挝钟高饮千日酒,却天凝寒作君寿。

泰州丁氏家族内部是亲密和睦的,他们往来之间都充满了情趣,这是作为世家的丁氏家族传承的做派。如今,泰州丁氏家族的后辈们,不一定都相知相识,但他们都以丁文江为豪,这一点是可以肯定的。丁文江在天之灵若有知,一定会畅怀赋诗!

所有家族的后裔们,都会对自己家族里走出来的名士而自豪,要不怎么谈纽带呢!这跟官场上的裙带关系不一样。族亲之间互为联系,这本是人生的一个温暖,爱家才会爱国!很难说一个连家庭荣誉都不要的人,还可以爱去国家,爱人民。因此说,族人亲情关系应当加强,这也是中华民族诸多优秀传统中的一则。

亲情无价。丁文江的母亲教导儿子:饮食有节,作息有定程,不乱花钱。自己能做的事不要使唤别人。丁文江去世后,其兄丁文涛曾说,弟弟一生的许多好习惯都是母亲的家教培养出来的。丁文涛本来是有机会出国留学的,但在家中让他还是让丁文江出国留学一事上,丁文涛做出了牺牲。丁文涛没能出国留学,原因很多,一是作为家中长子的他,必须为丁家这一大家族负责,要担起家族的责任。二在出国留学这件事上,知县龙璋看好丁文江。三是家中财力有限,不可能同时供两个人出国求学。丁文涛于是成全了大弟丁文江。丁文江去世后,丁文涛曾著文纪念丁文江,文中载有丁文江对他说过的这样一番话:"不有居者,谁侍庭闱?不有行者,谁图国家?家与国,尔我当分任之。"[1]

丁文涛知道丁文江的大志后,遂放弃出国留学的计划,他后来一直在

---

[1] 引自丁文涛:《亡弟在君童年轶事追忆录》,载胡适等著《丁文江这个人》,台北传记文学出版社1967年版,第79页。

家中料理家务,直到抗战期间病逝于乡。

丁文江26岁那年从英国留学回国,后在上海教书,从此开始担负起赡养父母和教育兄弟的义务。后来,他的四弟丁文渊到德国留学,经费也完全由他负担。

1919年,丁文渊赴瑞士入楚西里大学留学。一次偶然的机会,他结识了留欧学生监督处秘书曹梁厦。曹梁厦先生任留欧学生监督处秘书,是丁文江的同窗好友,他主动对丁文渊说:"令兄不是有钱的人,不应当让他独自担负你的学费。照你的学历,你可以申请官费。现在教育部和江苏省的官费都有空额,你不妨写信给文江,要他设法给你办官费。他和留学生监督沈步洲、教育部次长袁希涛、高等教育司司长秦汾都是老朋友,你又具备资格,你申请一定会被核准的。"丁文江26岁那年从英国留学回国后在上海教书,从此他开始取得个人收入,并立即担负起赡养父母和教育兄弟的义务。为了凑足丁文渊的留学费用,丁文江把自己居住的一所房子作价6000元卖了。

丁文渊觉得曹梁厦的话是有道理的。二哥家累很重,四个弟弟和一个侄子的学费全由他负担,还要帮助无力的老亲戚。更糟糕的是,二哥在地质调查所工作,薪水微薄,还常因政局不稳发不出薪水。丁文渊深知哥哥担负他留学经费的困难,故把曹先生的好意致信其兄丁文江,要他去设法办理官费留学。

丁文江回信告知丁文渊,照你的学历及我们家中的经济状况,你当然有资格去申请。……不过你应当晓得,在国中比你还要聪明,还要用功,还要贫寒的子弟,实在不少。他们就是没有像你有这样一个哥哥,来替他们担任学费。他们要想留学深造,唯一的一条路,就是争取官费。多一个官费空额,就可以多造就一个有为的青年。最后,丁文江劝勉弟弟,我既然答应担负你的学费,如何节省筹款,都是我自己的事,你只应当安心用功读书就行!

丁文江为了空一个名额给那些勤学却贫寒的子弟,不但不占公家的利益,还牺牲私人的利益以成全他人的利益,这是何等高尚的胸襟!从这件事情上,可以看出,泰州丁氏家族是有良好家风,兄弟间感情非常深,且并不为时事或世事所破坏。家族的团结是十分重要的,许多大家族往往发生内乱,究其原因,是其家族精神的缺陷。泰州丁氏家族在培养家族精神方面是有独到之处的,这正是泰州丁氏文化世家出现的内在动力或说家族根本。

1936年2月19日,丁文涛致函胡适说,希望胡适为丁文江立传,而他自己则准备为丁文江编年谱。但不知何因,丁文涛后来并未编成乃弟的年谱,倒是丁文江的另一个莫逆之交翁文灏先生,写成一篇约万字左右的《丁在君先生传》,但这篇小传主要写丁文江在科学方面的贡献,流传并不广。丁文江的另外一位挚友刘厚生也写过一篇《丁文江传记初稿》,只不过是"他追忆的一点记录",而且也未公开发表。

丁文江与夫人史久元婚后感情甚笃,但这段婚姻是怎么来的?有人推测,丁家乃士绅大族,想必是家庭包办的。事实是,丁、史联姻与家族没有任何关系。1911年,丁文江结束7年的欧洲留学生活,回到了祖国。回家之前,丁文江于7月底先赴苏州探望留日同学史久光,史久光的六婶母左太夫人非常赏识、器重丁文江,便将史久光的堂妹史久元许配给了丁文江。丁文江回家小住之后,即赴北京参加游学考试,考毕即到苏州与史女士结婚,从订婚到结婚,前后共3个月。丁、史婚后,未生小孩。有的资料上说:丁夫人身体不好,不能生育。丁夫人常年有病,这是事实,但不是不生小孩的原因。其实情则是,丁文江与史久元在婚前即已约定:婚后不要小孩。

1948年夏,国民党节节败退,丁文渊与端名恒等学者名流,企图偏安上海,呼吁上海为不设防城市,并希望国际列强能够出面调停。丁文江的夫人史久元女士闻知,非常生气,她认为丁文渊与死去的丁文江是对着干。当初,丁文江出任淞沪总办期间,曾花很大力气收回了会审公廨之权,为中国人争回的不仅仅是权利,还有脸面。因为这一点,当时的外国人都称赞丁文江是中国最爱国的人。史久元并没有主动找丁文渊,而是请丁氏族人丁廷楣出面规劝丁文渊。丁廷楣向丁文渊转达了史久元的意见:自不争气,请什么列强出面共管,那不等于引狼入室吗?实在是丧权辱国的行为。丁文渊大受震惊,考虑再三,最后放弃了原来的主张。

丁文江去世前,其兄丁文涛到丁文江处小住。因丁文江的原因,丁文涛在此期间也结识了许多文化界名人,其中诸如梁启超、胡适、叶公超等知名人士。

丁文江故后,丁文涛曾致信胡适,请胡适为丁文江小时候读私塾的小方厅题跋:"舍下大厅前先人筑有方厅一间,弟与亡弟幼时读书之所,厅外花竹池石,风景不殊当年。追念前尘,实有室迩人杳之感!拟乞吾兄题一额,并跋其事,俾志纪念,谅亦吾兄所乐为乎?"

丁子霖,系丁文江之弟丁文渊之女。丁子霖在 2006 年 1 月 4 日的《观察》上发表与蒋培坤合写的《丁文江:一个欧化最深的中国人——纪念二伯父逝世七十周年》一文,文中的一些提法或说法明显带有个人感情色彩。文中写道:我还想起在以往的年月里,我的七姊史济瀛女士曾无数次地给我讲述"丁文江故事"的情景。我的七姊系丁文江的内侄女,年少时深得丁的呵护和钟爱;因丁、胡两家过从甚密,遂由胡适之先生收为义女。当年,她正就读于国立北平大学女子文理学院外文系,常常随丁、胡出入中外社交场合,是我们家族中少数几个能近距离观察丁文江行止和交谊的人中的一个……我出生在上海,记得幼时家中客厅中央壁炉架上方,悬挂着一幅二伯父的半身大照片,我每天放学回家总要面对着这幅照片伏在桌子上做功课。二伯父那严肃的神态,尤其那唇边虬起的两撇胡子,初起真有点令我心生畏惧……

丁子霖称:我奶奶谭夫人,不认字,一口苏北话。听家人说,她没有娘家,只是泰州城里一个大户人家的丫鬟。单夫人(二伯父的生母)过世后,是我爷爷用一顶青布轿子把她抬进黄桥丁家花园的。她又给我爷爷生了三个儿子。爷爷不到五十岁就去世了,去世时我父亲才十一岁。自此,我二伯父承担起了大家庭的大部分责任。我六婶丁张紫珊曾有如下的回忆:"我们老太爷作古时,四五六七几位兄弟全在稚年,那时二哥也才出来做事,但他毫不迟疑地负起责任,一个个带在身边教养,他的护持是为父兼母的。兄弟们都怕他,但都爱他,从心底里敬仰他,因为他再严厉的时候,仍不免流露他那感人甚深的慈爱的天性。他可以因为你多花了钱而责备你,可是立刻回过来问还有什么用钱的地方没有。他希望个个学好,个个上进,个个有光明的前途。"[1]

丁文江把亲情扛在肩上,自己再烦再恼,再苦再累,始终无怨无悔。丁子霖对二伯十分敬佩,她说:他把几个兄弟从黄桥接到北平上了中学和大学,而且用他自己的薪金把我的四伯父和七叔送到德国去留学。我奶奶常对我说:多亏了你二伯父,没有他,就没有你父亲、你四伯父和六叔、七叔的今天。奶奶说我父亲的脾气很坏,家里没有人管得住他,他只听二哥的。后来我父亲考上了清华大学预科(清华留美预备班),但因一度沉湎于听京戏,触犯了校规。我二伯父很生气,决绝地把他送到河南六河沟煤矿和热河北票煤矿去做了十年练习生,在矿井下工作,直到九一八事变后才由二伯父介绍,进入设在上海的中兴煤矿公司(德国)和开滦煤矿总管理处(英国)的高级管理层。这期间,我父亲在二伯父督促下完成了美国一所著名函授大学采矿专业的学业,并从练习生升迁为助理工程师、采矿工程师。……尽管二伯父对我父亲的管教如此严厉,父亲却从无怨言。相反,他感念他的二哥,常常以这位二哥作为榜样来教育自己的子女。他总是对我们说,二伯父如何意志坚定,如何忍劳耐苦,如何讲究科学、讲究效率,无论工作还是生活,都安排得井井有条,从不浪费时间和金钱。榜样的力量是潜移默化的。我虽无缘亲聆伯父的教诲,但我有生以来的许多习惯,可以说就是在这种榜样的间接熏陶下渐渐培育起来的。我二伯母史久元

---

[1] 引自丁张紫珊:《悼在君二哥》,载胡适等著《丁文江这个人》,传记文学出版社,1967年版,第213~214页。

女士在伯父去世后家居苏州,但常来上海,一年中差不多有小一半时间住在我上海的家里。闲来,常以二伯父作为话题,给我们讲述许多故事。说二伯父生活节俭,有时衣服破了,要补着再穿,不怕人家笑话;可是他也有一些怪毛病,他吃肉只吃红烧肉,认为大块肉才算荤菜,要是切成肉丝掺杂别的东西一起炒了,回家吃饭就要说今天吃素了。他特别讲卫生,吃东西都讲究要消毒,这都是他在国外养成的习惯。

丁明远,华东师范大学附中化学老师。丁文潮的儿子,丁文江的侄子。在学生眼中,丁明远既是位严肃的老师、学养深厚的学者,又多才多艺。1956 届初三甲班、1959 届高三甲班校友周晓光回忆:只要一想起华师大附中……许多老师的音容笑貌就会立刻浮现在我的脑海之中……我尤其喜欢上化学课,丁明远老师用他那洪亮的嗓音告诉我们:在苯分子自由链上怎样支接无机元素生成新物质,使之兼具有机物和无机物的众多性能,世界真奇妙!

丁文江把亲情推到了更广的范围,他把自己的学生,当成了家里的成员。凤凰卫视 2012 年 10 月 6 日播出的访谈节目中,丁文江的侄子丁明远说,据曾世英伯伯[1]告诉我,二伯(丁文江)的学生赵亚曾在考察地质的途中被土匪杀死,听到这个不幸的消息,二伯哭了大半夜,哭啊,大声号哭。当时,曾世英跟二伯住一个宿舍,被二伯的大哭所感染,也跟着流了不少眼泪。赵亚曾有三个孩子,之后,二伯把那三个小孩子的抚养、教育工作都担当起来了。

---

[1] 曾世英,地图学家,江苏省常熟人。1919 年毕业于苏州工业专门学校土木科。曾任顺直水利委员会副技师,华北水利委员会和地质调查所技正、简任技正。新中国成立后,历任新华地图社社长、地图出版社副总编辑、国家测绘总局测绘科学研究所副所长、中国地理学会和一至三届理事、中国测绘学会第一至三届理事等职。

第七章 文化高地的风范——启示录

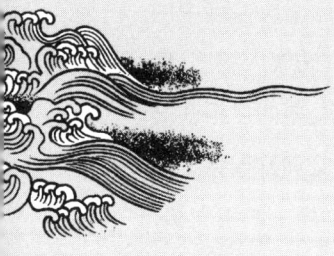

对镜常照衣冠,登高莫做孤雁。

古人常说以史为镜,对照的是什么?我们常常激励自己去攀登,上了高地后该成为什么?泰州丁氏文化世家中的代表性人物之所以能够生享事业之乐,死享人格之尊,正是他们较好地将世情与科学融合的结果。

中国现代史上的泰州丁氏家族,积聚了高级知识分子的群体优势,点燃起了文化世家的不息篝火,吸引了世界的目光。其中,丁文江、丁西林先后都曾担任过国民政府的中央研究院总干事,为泰州的丁氏家族创造出了"一门两总干"的文化奇观。

丁文江是泰州丁氏家族最杰出的代表,也是一位颇具争议的历史人物。丁文江生于清末,生活于内忧外患、军阀混战、家国残破、民不聊生的特定历史条件当中,他热衷于辩论,游走于上层,醉心于经济,误会了政治,错断了方向,耽误了科研。丁文江误会历史,也被历史所误会,差点成为历史的罪人,他为此也沉闷过好一阵子,并自责了好多年,后悔近十年。但是,丁文江敢于承认错误,以壮士断腕的勇气与旧势力决绝,从而走上了寻求强国梦的奋斗之路,最终为科学而献身,得到了世人的赞许。而身为物理博士的丁西林,却以戏剧知名于世,早年曾任中央研究院总干事,新中国成立后还担任过文化部副部长和对外友协副会长等职,他是时任印度总理的同学,周恩来因此也成了他家的常客。作为泰州丁氏家族中的重要一员,丁西林一生相对来说走得较为平稳,与其他丁氏族人相比,他是一个奇迹。泰州丁氏家族的另一位才子丁文渊,精于书法,两度担任同济大学校长,高高在上地镇压过进步学生。抗战期间,丁文渊的德籍夫人曾勇敢地到中国的抗日前线去慰问抗日将士,而身为医学博士的丁文渊,最后遗嘱将身体捐给大学,作为解剖的实体研究,此举得到了世人的肯定。金无足赤,人无完人,中国正在崛起,而且仍将进步,不想被欺负,必须有实力。正是像丁文江这样的勇于争先、敢于争先、能够争先、确实争先、清廉勤奋并为科学而献身的科学家,才是中国走向强盛的强大支撑。此外,我们还应该多几个被毛泽东、周恩来誉之为"多面手"的丁西林,无论在哪一方面,都能为国争光,为国分忧。我们还需要像丁廷标、丁廷楣那样的热心于地方文化建设的爱国爱乡人士。

说到底,为泰州丁氏家族作传,并不是一件容易的事。这本书首先体现在并非是为了哗众取宠,而是借助这样一个文化世家,让世人了解江东或江左的独特人文景观,了解那段波澜壮阔又十分复杂的现代历史,为民族计,为民生计,为中华前途计,并因此促进自己为国为民多做一些有益的事。

中国人素来高看世家,并对世家文化推崇备至。人们对"文化世家"的浓厚兴趣,与二千多年前的孟子所称"君子之泽,五世而斩"有关。泰州也有民谚"富不过三代"。也许,正是因为文化世家的难得一见和不可复制,世家文化才被世人所追捧高看。文化世家的形成,难之又难,有天时、地利、人和诸因素。历史上,对文化发展做出杰出贡献或在家学传承上具有典型表现的家族,则被称为文化世家。中国最有名气的文化世家是"孔门",目前世界上许多地方都设有孔子学院,其名即取自于孔氏家族的孔子。泰州丁氏家族也是一个较大的概念,当地又有"五丁不同谱"的民谚。本书所述的泰州丁氏家族,则是以现代的泰兴黄桥丁文江为代表的家族,这个家族不仅走出了丁文江,还有丁西林、丁燮和、丁文渊、丁文治、丁廷标、丁海曙等知名专家学者,此外还包括十余名工程师、研究员、教授等。所以,在一定程度上说,丁氏家族称得上是一个高级知识分子家族,又可以称得上是一个文化世家。

一个地区产生一个或几个文化世家的概率是相当低的。从文化发展史来看,能够代表世家文化的家族,它所需要的几个硬性条件是相当高的,如其家族的规模、地位、人口、代表性人物,如代表时代特性的文化现象(如泰州高僧群、泰州学派),如处于文化中心地带(如北京、上海等全国性质的文化中心),如引领社会的主流思想或说精神指向(如北京的皇都思想、天津的民俗精神、上海的海派思潮、广州的民主理念等)。有的地方,甚至上千年出不了一个文化世家,除了地域不占优势外,地区文化低能化状况是其主因,偏远地带或说文化不发达地区的自然条件决定了其文化的低端性。近代泰州地区,无论其经济体量,还是社会区域都不能算是中心,区位优势并不突出,却能在方圆不到百里的范围里,连续产生了两个文化世家,这是什么原因?难道是偶尔发之?

近五百年来,泰州地区相对稳定,没有出现过大规模的动乱,四面八方的民众也多将泰州作为其避乱躲难的落脚点,有人甚至举家迁到泰州各地落户定居,生根发展。泰州地区为淮水、长江水、黄海水所环绕,该地物产算不上丰富,但其鱼米之乡的独特环境,还是吸引了来自全国各地的民众,其中还包括了许多的隐士。泰州为数位文学大师提供了安心创作的环境,他们在此收集材料、整理笔记、潜心攻读、积极创作,因而推出了如《水浒传》(泰州兴化人施耐庵著)、《西游记》(淮安吴承恩著,泰州兴化人李春芳校,有人甚至还认为该书就是李春芳所著)、《封神演义》(泰州兴化人陆西星著)、《唐诗》(泰州泰兴人季振宜编,《四库全书》之《全唐诗》即以此为蓝本)、《艺概》(泰州兴化人刘熙载著)、《桃花扇》(孔尚任在泰州为官期间在桃园写成,桃园现已成为泰州旅游的一处亮点)、《丁西林剧作选》(泰州泰兴丁西林著)、《张居正传》(泰州泰兴朱东润著,其主要创作地虽在乐山,但其受教育的背景却是泰兴)、《美食家》(泰州泰兴人陆文夫著,陆文夫曾任中国作协副主席)。这样一些文化大师,共同把泰州打造成为文化强市,这样的地方不出文化世家是说不过去的。

经过数代甚至数十代人的努力,近代泰州终于形成了梅氏、丁氏两大文化世家。这一时期,泰州地区还出了许多的文化大师,但因为其没能形成家族(或文化梯队)团队,故不能算文化世家。泰州梅氏从梅巧玲开始,到梅雨田,到梅竹芬,再到国际大师梅兰芳,几代人共同打造出了梅氏梨园世家,并形成风格独特的梅派艺术。泰州丁氏,居地泰兴黄桥,已有几十代的家族传承,近代成为黄桥镇上的"大户人家"。因为丁氏注重子女教育,其家族及其亲戚中亦不乏古文功底深厚者,加之近代资本主义萌芽于东南的独特背景,于是产生了以丁西林(曾任文化部副部长,著名物理学家、喜剧作家)、丁文江(中国近代地质学的开山大师)、丁文渊(两任同济大学校长)、丁廷标(实业家、教育家)为代表的丁氏文化世家。丁西林在物理学方面做出了重要的成绩,其文理兼修,因此成为新中国成立后的文化部副部长。丁文江是这一门的杰出代表,他首创地质研究所并着力培养中国的地质人才,后担任淞沪总办(相当于上海市市长)、中央研究院总干事(相当于中国科学院常务副院长),49岁死在工作岗位上。丁文渊,两任同济大学校长,是同济历史上唯一的两任校长。泰州丁氏家族中的丁燮和、丁文治、丁海曙、丁安如等人,则都成为大学教授。把近代泰州丁氏家族定性为文化世家并不为过。泰州丁氏还创造了一门高知群、叔侄皆总干的文化奇观,展示出世家文化的独特魅力。

谈地区文化底蕴的深厚,必须从资料中求证。古今中外文化典籍中不知其名或说名不见经传者,算不上世家文化,也就谈不上什么文化底蕴,更毋庸说深厚。泰州的文化奇观,是众多的文化大师们共同努力的结果。这种地区文化的集中体现,即是人们羡慕与心往的"文化高地"现象。所喜的是,泰州不仅形成了高海拔的"文化现象",还生出了如施耐庵、王艮、任大椿、郑板桥、黄葆年、梅兰芳等高峰般的文化大师。

一个家族的兴旺,脱离社会背景是无法链接的,需要一个相对安全的"天时"。作为中国传统士子家族之一的文化世家,是峰峦中的秀峦,中流中的砥柱,星辰中的耀星。传统的文化世家,是中国社会的思想与物质引线,在历史上则是不可或缺的精神要素。中国文明之所以能够独立于世且成为唯一未断代的文明,是因为中华民族拥有丰富的民族思想及情感(如龙文化、华文化、汉文化)。而中国文化的伟大,是诸子百家文化对撞相融的结果,是儒文化、道文化养育的结果,是不断吸收并融会了如佛学在内的外来文化的结果,是无数华夏儿女努力奋斗的结果。对世家文化而言,其天时即中国的传统文化背景,离开了这个背景,其所谓的文化世家便不能存在。文化相融、经济相通、与时俱进这样一些"天时",使得泰州丁氏家族能够在富有的基础上进而强大,"富"可以带动"强"。中国古代,主要还是农业社会,"农"与"仕"相辅相成,有所谓的"耕读世家"之说。但到了丁文江这一辈手上,泰州丁氏已不仅仅属于耕读性质的小康之家了。他们不仅拥有相当数量的"义田",甚至还形成了"义庄"。甚至还包含了黄桥镇米巷中的数十家米铺,成为近代盛极一时的丁氏家族。泰州丁氏家族,就其所处的地方及环境而言,跟皇家搭不上边,跟豪强无瓜葛,属于中华文化的一支。是中国的文化大气候决定了丁氏家族的发达,是淮左这座大熔炉及江东的富庶炼成了丁氏文化世家。"富"与"家承"是江东丁氏家族抱团出人才的主要原因。近代,因为中国以农业为主的社会格局,受到来自发达国家的冲击与侵略,使得许多有志青年发奋读书,企图用最新的科学技术救国。泰州丁氏家族中的丁文江、丁西林、丁文渊先后出国留学,且在所学方面出类拔萃,回国后,他们在各自擅长的领域做出了不小的贡献,因而被历史记住了。这当然是泰州暨泰兴黄桥的骄傲。

  一个家族的兴盛,缺少"地利"则无法想象。上古时期,中国人称自己为华夏民族,自认为居世界之中,于是便有了"中华"之称。如《三国志》:"其地东接中华,西通西域。"中国,现为中华人民共和国简称,但在古代文献中它是一个多义性的词组。从春秋战国至宋元明清,多用来泛指中原地区。传说中的我国上古时期划分的九个行政区域,州名分别为冀、兖、青、徐、扬、荆、豫、梁、雍,后成为中国的别称"九州"。陆游诗云:"死去元知万事空,但悲不见九州同。"古人也把中国称作"赤县神州"。辛弃疾词《南乡子》:"何处望神州,满眼风光北固楼。"毛泽东词《浣溪沙·和柳亚子先生》:"长夜难明赤县天。"古代传说我国疆土四面环海,故称国境之内为海内。人们常说"四海之内皆兄弟",王勃《杜少府之任蜀州》:"海内存知己,天涯若比邻。"中国文化最重要的一支是黄河文化,能与黄河文化相提并论的,只有长江文化。长江文化中,其中下游文化更为突出。因为这里是古代吴国和越国的地盘,人们将此地概括为"吴越"之地,即现在的华东和华南地区。一千多年前,吴越地区的政治、经济、文化就达到了高度统一和繁荣。长江在安徽境内向东北方向斜流,而以此段江为标准确定东西和左右,所指区域有大小之分,可指南京一带,也可指长江下游地区,即今江南、苏中部分地区称作江东。古人以东为左,以西为右,因此,江东又称江左。江左地区,还有一条淮河,扬州、泰州在淮水东面,人称淮左,姜夔的《扬州慢》中便有"淮左名都,竹西佳处"的句子。自古以来,这一地区的经济、文化联系就十分密切。泰州丁氏家族,享受着江东淮左的地利,聚文拢才,出了不少名士英才。泰兴市位于江苏省中部、长江下游北岸。泰兴属长江三角洲冲积平原,面积1172平方千米,人口121.22万。

泰兴置县于南唐昇元元年(937),寓意"国泰民安、兴旺发达",有教育之乡、银杏之乡、建筑之乡、提琴之乡、减速机之乡之称。泰兴人才辈出。宋有名臣潘及甫;明有泰兴唯一入选《四库全书》文集的《东田遗稿》作者张羽及著名小品作家张京元,有抵御荷兰侵略者的福建巡抚朱一冯,编集《诸司职掌》的吏部尚书翟善;清有藏书家季振宜,书法家陈潮,音韵学家何萱,武状元张兆璠;近现代有地质学家丁文江,陆军中将成桄、朱履先,医学家杨百城,喜剧作家丁西林,中国无线电广播事业奠基人于润生,中国近现代石油工业创始人严爽,文学批评家朱东润,水利工程专家郑肇经,主持世界首次人工合成核糖核酸工作的学部委员王德宝,小说家陆文夫等。历史上,泰州所属泰兴曾多次被评为全国的"上等县",历史上较少战乱,这使丁氏家族能够在数十代的传承中得以光大,此为特有的"地利"。中国东部沿海地区,是中国近代最先开埠的地区之一,这里也是新事物、新观点最早登陆和传播的地区之一,泰州丁氏家族所在地黄桥,是泰州所属泰兴县的一个大镇,那里的人们思想相对开放,应该说,长三角地区独特的"地利",是丁文江等人能够出类拔萃的区位资本。

一个家族的成败,跟"人和"密切相关。人缘相亲谓"人和"。古有"六合"之说,所谓六合,上下和四方,泛指天下。如《过秦论旷》中的"履至尊而制六合","然后以六合为家,殽函为宫"。李白《古风》诗:"秦王扫六合,虎视何雄哉!"泰州丁氏十分注意与当地官员结交,事实上,丁文江的成长,就跟泰兴县令龙璋的提携有关。

丁氏义庄主要的功能是帮助族难穷人,而米巷中绝大多数的米店,也能在荒时救济周围受饥的民众,这是丁氏能够在黄桥发迹的重要原因。特别是丁氏家族内部,他们把救济族内穷者当成责任,每年都要在收入中提取一部分,然后汇集起来,形成类似于现在的"帮抚基金""教育基金"。族人间的相互支持几成家规,如丁文江大哥丁文涛,为了支持丁文江出国留学,自己放弃了出国机会,还在力所能及的范围里,尽量满足丁文江出国留学的费用,那可不是一笔小钱,丁文江在日本 2 年,在英国 7 年,加起来 9 年,绝大多数的费用靠家族支持。当然,丁家在黄桥一带属于大户、富族,支持丁文江出国留学,也不是什么难事,但就是这样的家庭,也有难念的经,如丁文江这一房,仍然供不起两人一起出国求学之费用,因此,丁文江的大哥要做出牺牲。丁文江本可以继续在外读更高的学位,但因为家庭经济上的困难,不得不提前回国。回到国内的丁文江马上接过大哥的重任,全力支持四弟丁文渊出国留学,并尽可能支持老家那一大家子,这是家族内部互助互爱族亲精神的体现,"家风"使然。当然,丁氏也曾做过极不光彩的哄抬米价、囤积居奇的丑事,并引起当地贫民的愤怒,进而演变成"扒抢"。泰兴县曾有文人据此写过一部说唱剧本《扒抢记》,这部说唱本跟另一部说唱本《玉如意》,是泰兴地方文化的重要成果,至今仍然在当地流传。

丁氏虽然有过"被扒抢"的历史,但总体而言,这个家族精神里还是强调人和的。谈到人和,不能不谈到丁文江。胡适等当时许多大师级人物,皆称丁文江为"丁大哥",可见丁文江是十分注意人际关系的,他也的确为朋友们做过不少好事、善事。丁文江曾亲手培养过一批地质专才,他的学生,活着的已不多。无论是活着的还是已故的,学生们都把丁文江看成是高峰,敬佩之情溢于言表。这是我们推举以丁文江为首的丁氏文化世家的另一个考量。严格意义上讲,弟子及学生,也是传人,是世家里的组成部分,如孔子世家里,就包括了许多孔子的学生,以及学生的学生。丁文江虽出自名门世家,但那一族的族人中,并不都是名人大家,绝大多数甚至默默无闻。这不奇怪,人中杰士本来就不多,因为不多,方显得珍贵,才有可能成为引领一方文化的坐标。应当指出,经过百余年的发展,丁文江这一家族的后辈们,由于种种原因,彼此之间的联系已经很少,他们分散在世界各地,这给我们寻找并获得子系们的材料带来了不便。因此,我们不可能把他们全部找出来,他们中的有些人,也不大愿意站出来谈丁氏家族的事。这不能怪罪他们,因为丁文江是一个有争议的人。

不可回避的是,丁文江在近代中国革命史中,曾做过一些憾事,甚至,一度成为革命的敌人,这是丁氏族人回避的根本原因所在。"文化大革命"中,丁氏家族内因为丁文江而被整的不是一两个,甚至有被整死的(丁文治)。但因为丁文江是他们这一族里知名度最高的人物,丁氏这一族的后人们,仍会以丁文江为楷模。但学什么、不学什么是要有所分辨的。作为一代地质大师,丁文江还是有很多方面值得人们去学习的。学习什么呢? 学习他为国分忧为国苦斗的爱国情怀,学习他精益求精的科学精神。当然,因为丁文江所处时代的复杂性及其自身的复杂性等问题,那些为一时名利而做的错事,是不应当学的。

泰州丁氏文化世家的出现,不是孤立的。拿泰州地区的泰兴市而言,历史上就曾出现过张氏文化世家、何氏文化世家、季氏文化世家。这些家族,文化人才群落辈出,文化成果不断涌现,在中华文化殿堂上熠熠生辉。

历史上的泰兴,张氏家族是一个影响比较大的望族。泰兴张氏三凤堂是以"为天地立心,为生民立命,为往圣继绝学,为万世开太平"的北宋著名理学家张载的后裔。北宋末年,张氏三凤堂的泰兴始祖张本真随父落户泰兴,明弘治、正德年间,隆兴桥张氏家族的八世孙张羽、张翀、张羽惠兄弟三人相继考中进士,并且都任过御史,朝廷敕建"三凤"牌坊。张氏家族遂将家族的堂号命名为"三凤堂",并在隆兴桥东兴建了张氏宗祠。明清两代,张氏三凤堂家族参加科举考试,并取得显著成绩,共有进士十二名,其中状元一名,贡生以上功名者达二百余人,每代都有若干人,从未间断过。宋、元、明三代,泰兴推举乡贤八人,三凤堂二人;清代泰兴乡贤四人,三凤堂三人。为表彰张氏三凤堂家族,朝廷在泰兴建了官职坊四座:文翰坊,祀张珹;双豸坊,祀张羽、张翀兄弟二人(均任过御史);三凤坊,祀张羽、张翀、张羽惠三兄弟;大司马坊,专祀张羽惠。科第坊三座:毓秀坊,建于城东,为纪念张珹而建;状元及第坊,是为纪念张兆璠考中乾隆十三年武状元而建的,在儒学西边;六子登科坊,是为了纪念张彤、张修、张彧、张珍、张彬、张彦兄弟六人而建的,自嘉庆二十四年(1819年)至道光十六年(1836年)之间,先后都考中了武举人,张修还考中了武进士;恩例坊多座,最出名的有纪念张政的尚义坊,纪念张育宁的恩光坊等。状元及第坊,祀泰兴县自古以来唯一的武状元张兆璠。泰兴城北郭家寨,还有张公任墓。

泰兴何氏自宋由晋陵南渡迁居黄桥,迄今八百余年。人口主要分布于泰兴黄桥周边及如皋等地区。泰兴何氏历史上曾出过数名进士、几十位举人和上百个秀才,在当地名声显赫。泰兴何氏中的代表人物是何棠与何彬。

清朝泰兴季氏家族,文学、学术、艺术诸领域均做出较大贡献,且爵位蝉联,历经数代,百余年风流不衰。季寓庸、季开生、季振宜、季娴是其代表人物。季氏家族成员有诗集或文集创作的有:季良眉,字子常,著有《北村诗钞》,散佚。季开生,字天中,号戆臣,又号冠月。季开生顺治六年(1649年)己丑进士,录为三甲第10名[1],为翰林院庶吉士,累迁礼部给事中,兵部右给事中。著有《戆臣诗稿》二卷,一为《冠月楼诗》一卷,顺治九年(1652年)至十年乞假南归之作;一为《出关草》一卷,作于戍所。二集后

---

[1] 引自朱保炯、谢沛霖编著:《明清进士题名碑录索引》,上海古籍出版社,1979年版,第640页。

各附辑遗,现藏于中国国家图书馆。季振宜,字沧苇,号诜兮,著有《静思堂诗稿》二卷、《听雨楼集》二卷、《奏疏》二卷,皆散佚。季舜有,字天选,著有《寄巢集》,散佚。季公琦,字希韩,方石,著有《方石诗钞》,散佚。季慎行,字端木,著有《延令世说》,散佚。季芳馨,字卉浦,著有《致玉堂诗钞》,散佚。季惇大,字廉期,著有《洗心编》《濂溪全稿》,散佚。季娴,字静姎,一字庋月,别号玄衣女子,季振宜姊,兴华李长昂妻。撰写《雨泉龛集》,已不可见。李长昂选其诗为《雨泉龛诗选》,凡九十三首,前有余飏、陆敏树、张茂枝、季式祖、季开生、季振宜、李长昂、李清序。余飏序作于顺治十年(1653年),集子约此时刊刻。后续刻前集,题《雨泉龛合刻》,凡诗七卷、文一卷。文集前有庄复斗、李清序及自序;诗集前有黄昇、陆云龙序,收诗一百三首,止于顺治十六年(1659年),集即刻于此时,现藏于中国国家图书馆。

  文化世家把一个地区提炼成儒雅之地,但地区文明并非世家独撑起来的,还包括那些非世家出来的地方文化名人做出的积极贡献。泰兴近代的文化大家不少,有的书中把这一奇特的现象称为"泰兴文化现象",这当然是近代如吴贻芳等大师们相聚经世所致,也跟泰兴人对文化的敬仰有关。

  丁文江的族人中,受丁文江影响的不只是其后辈,同辈及上辈中人,也有不少人受其影响。族中辈分不跟年龄完全对等,泰兴地方上就有一则民谚:"人小礼紊大,姥姥坐篮车。"说的是,人虽然小,但其伦理中的辈分不小,坐在篮车里的小人儿,却可以被族人称为"姥姥"。这里的"礼紊",指家族中人与人之间的辈分关系。"姥姥",是"爷爷"的意思。丁文江那一族,在泰兴黄桥是一个大族。事实上,泰兴丁氏这样的文化世家并不多见,就泰兴而言,近代的文化世家只此一家,独一无二。

  博大精深这个词用在丁文江、丁西林、丁廷标身上,都合适不过。像丁文江,除在地质方面的贡献之外,丁文江真就是位"杂家",文化的、政治的、军事的、思想的,各个方面他都有看法,都曾发表过相关的文章,且成为当时的一种文化标杆,追捧者有之,争辩者亦有之。民间有所谓"真传一句话,假传万卷书"。一门技术一种学问,弄得非常深奥,其实是没能看穿其实质,人为地搞得很复杂。丁文江现象,也是一个由复杂而简单的过程。当下的书柜里,有关丁文江的书真的不少,少说也有百十本吧,可我们为什么还要来写丁氏文化世家的书?因为世间还没有这方面的书,包括泰州暨泰兴,还没有完整的关于丁氏家族的介绍。在丁氏文化现象还没有完全被挖掘的情况下,在泰州地方文化世家还没能形成类书的情况下,在地方文化尚没有形成独特的气候且有可能形成气候的情况下,我们愿为地方文化的"大道至简"做一些"复杂"事,并试图从泰州地区文化世家中找出基因。

对文化世家的研究,是一项基础性工作,也是抢救性工程,从某个角度看,"文化世家"的消亡不存,是令人悲伤和遗憾的事。著名学者费孝通先生离世之时,发出"文化自觉"的叹言,我们民族自觉的文化主体意识,会不会因为很多的文化名流的去世而消亡呢?当下社会许多人一切向钱看,其实质是废弃民族传统思想,这是非常可怕的事。这样写,并非危言耸听,因为一个民族的传统思想,从根本上谈,就是其民族的文化主权,把这样一些重要的东西丢掉,仅仅喟叹是不够的。民族精神的传承,是从对大家的崇拜开始的。没有崇拜的民族,是野蛮的民族!没有文化传承的民族,是走不远的。中华文明的践履,中国精神的继承,需要一代代华人子弟忠实守望。哲人讲,忘却历史,等于背叛,我们说,把地区文化大家们的思想及其奋斗历程记录下来,便是对民族思想的敬仰,就是对先辈们艰苦奋斗精神的肯定。丁文江早已被世人所肯定,其作为中国科学大家的地位也已经确立,丁文江及其一族的大师们,其精神的主流是爱国的,情怀则是积极向上的,因此,我们要来记录。倘若所谓的大家是历史罪人,则应将其罪公布于众,让后世之人吸取教训。因此,我们不用"高、大、上"的笔法编著本书。

文化世家的名头不是那么好挣的!苏中浓郁的人文气象并非浪得虚

名。地区文化是中国优秀传统文化的一个重要组成部分。地区的文化世家,是地域文化的集中体现。从一个家族的发展史去了解国家社会和文化发展演变的脉络,是我们研究丁文江这一文化世家的出发点。回溯丁文江家族几代人的兴衰变迁,帮助人们去把握地区文化的内在原理,从而寻找到本地区文化发展的规律,并由此透视近代东南一带知识分子忧国忧民的心路历程,从一个侧面观察中国近代社会发展的痕迹,并因此掌握近代中国的光辉历史,从而做到以史为鉴,推动地方文化的大发展、大繁荣,进而带动地区文化的研究。当然,对泰州地区文化不太了解的人们,也可以通过这本书认知泰州。

世家与文化之间的关系,陈寅恪曾在《崔浩与寇谦之》一文中有这样的精彩论述:"东汉以后学术文化,其重心不在政治中心之首都,而分散于各地之名都大邑。是以地方大族盛门乃为学术文化之所寄托。中原经五胡之乱,而学术文化尚能保持不堕者,固由地方大族之力,而汉族之学术文化变为地方化及家门化矣。故论学术,只有家学之可言,而学术文化与大族盛门常不可分离也。"[1]

新教育制度可能引来"家学"的被边缘化,但家族制度依然存在。"世家"与"文化",就是"家教"。钱伟长生前曾说,"融乐的家庭及长辈的楷模,启迪着像我这样的年轻人,懂得洁身自好,刻苦自励,胸怀坦荡,积极求知,安贫正派。我们钱氏家族十分注意家教,有家训的指引,家庭教育有方,故后人得益很大"。

泰州丁氏家族一门风雅,互相辉映;门才之盛,为一邑冠。这种人文化成的独特风景,促使人高瞻。家族观念与儒家理想其实是一脉相承的,无论时势升降与氏族变迁,文化世家都跟诗礼传家相连。有人讲,一个家族的文化趣味,实际上就在家国同构的伦理型政治范式中,文化的发展总是在前人提供的条件下,不断地延续和传扬,不断地演变和推进,前人提供

---

[1] 载《陈寅恪史学论文选集》,上海古籍出版社,1992年7月版,第193—194页。

得越多,后人就可能发展得更快。因此,江淮广袤的土地上,产生了一定数量的文化世家,这在其他地方是不可想象的。

从儒生辅国,官品廉正,清身洁己,到崇文尚武,冰雪肝胆,再到书隐士风,文献品家,文章论著。泰州暨泰兴文化人修德养性,忠存社稷,然则重清淡,书香浓,诗品高,志在经纶,翰墨飘香,这是一个地方最大的财富。泰州地区还能出一个如泰州丁氏家族的文化世家吗?应该说难之又难,但也不是没有可能。随着泰州地区经济文化的不断提升,随着国家实力及人口政策的放宽,泰州仍然有希望再出几个文化世家,我们期待着。

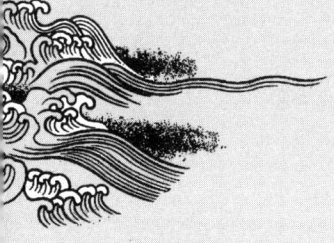

01. 丁焕文主修：《延令丁氏重修家乘》，民国二十五年（1936）木活字版，14卷12册。

02. 《泰兴丁氏族谱》，民国五年（1916）版。

03. 《丁氏家谱》（泰兴黄桥）。

04. 《丁氏迁移史》，泰州丁氏家谱资料。

05. 《光绪泰兴县志》（《中国地方志集成》第51卷），江苏古籍出版社，1991年版。

07. 《"中国区域地质调查历史的回顾暨纪念丁文江先生诞辰120周年学术研讨会"论文汇编》。

08. 中国人民政治协商会议江苏省泰兴县文史资料研究委员会编，《泰兴文史资料第四辑（纪念丁文江先生诞辰100周年专辑）》，1987年版。

09. 陈寅恪著：《陈寅恪史学论文选集》，上海古籍出版社，1992年7月版。

10. 《地质汇报》，农商部地质调查所，1919年印行。

11. 《农商公报》，农商部印行，1917—1919年。

12. 《地学杂志》，1912—1914年。

13. 夏湘蓉、王根元著：《中国地质学会史》（1922—1981年），地质出版社，1982年版。

14. 陆路新、葛利普、李四光、德日进等著：《中国地质学会志》，中国地质学会印行，1922年版，1924年版。

15. 《中国地质调查所概况·沿革》，地质调查所15周年纪念刊，1931年3月印行。

16. 朱保炯、谢沛霖著：《明清进士题名碑录索引》，上海古籍出版社，1979 年 10 月版。

17.《扒抢记》，泰兴民间抄本。

18.《中国地方志集成》，江苏古籍出版社，1991 年版。

19. 刘凤瀚、刘海若著：《丁廷楣先生访问纪录》，台湾近代史研究所《口述历史》丛书(共 95 册)，1991 年版。

20. （美）夏绿蒂·弗思著：《丁文江——科学与中国新文化》，丁子霖、蒋毅坚、杨昭译，湖南科技出版社，1987 年版。

21. 李济著：《李济文集》，上海人民出版社，2006 年版。

22. 丁文江著：《我国的科学研究事业》，中国第二历史档案馆档案，全宗号 393，案卷号 480。

23. 周树人、顾德合撰：《中国矿产志》，日本本邦信印刷，光绪三十二年（1906）版。

24. 陶世龙著：《中国地质事业之开端》，原载中国地质学会地质学史委员会编《地质学史论丛》（二），地质出版社，1989 年版。

25. 章鸿钊编：《农商部地质研究所一览》，京华印书局，1916 年版。

26. 章鸿钊著：《六六自述》，地质学院出版社，1987 年版。

27. 胡适著：《丁文江的传记》，载欧阳哲生编《胡适文集》(7)，北京大学出版社，1998 年版。

28. 胡适著：《丁文江传》，海南出版社，1993 年版。

29. 胡适等著：《丁文江这个人》，台北传记文学出版社，1967 年、1979 年版。

30.《胡适全集》，安徽教育出版社，2003 年版。

31. 中国社科院近代史所中华民国史组编：《胡适来往书信选》，中华书局，1979 年版。

32.《胡适日记》，山西教育出版社，1997 年版。

33.《胡适的日记》(手稿本)，台湾远东出版事业股份有限公司，

1990年版。

34. 胡适等著：《胡适遗稿及秘藏书信》，黄山书社，1994年版。

35. 黄汲清等编：《丁文江选集》，北京大学出版社，1993年版。

36. 孙庆升编：《丁西林研究资料》，中国社会科学院文学研究所总纂，知识产权出版社，2010年版。

37. 王鸿祯主编：《中国地质事业早期史》，北京大学出版社，1990年版。

38. 王仰之著：《中国地质学简史》，中国科学技术出版社，1994年版。

39. 陈梦熊撰：《丰功伟绩·永世长存（纪念杰出的地质学家丁文江先生诞辰120周年）》，载《"中国区域地质调查历史的回顾暨纪念丁文江先生诞辰120周年学术研讨会"论文汇编》，2007年版。

40. 张君劢著：《人生观：科学与人生观》，山东人民出版社，1997年版。

41. 朱耀垠著：《科学与人生观论战及其回声》，上海科学技术文献出版社，1999年版。

42. 丁文江、赵丰田著：《梁任公先生年谱长编初稿·前言》，丁文渊撰，中华书局，2010年版。

43. 丁文江著：《丁文江文集》（七卷本），湖南教育出版社，2008年12月版。

44. 彭鹏著：《研究系与五四时期新文化运动——以1920年前后为中心》，中山大学出版社，2003年版。

45. 蔡元培著：《蔡元培全集》，高平叔编，中华书局，1989年版。

46. 萨义德（Edward S. Said）著：《知识分子论》，单德兴译，三联书店，2002年版。

47. 钱理群、温儒敏、吴福辉著：《中国现代文学三十年》，北京大学出版社，1998年版。

48. 培良撰：《中国戏剧概评》，载《狂飙丛书》（第二），泰东图书局，1928年4月版。

49. 丁西林著：《丁西林剧作全集》，中国戏剧出版社，1985年版。

50. 林任申、林林著：《丁文江传》，江苏人民出版社，2007年版。

51. 欧阳哲生著：《科学与政治：丁文江研究》，北京大学出版社，2009年版。

52. 欧阳哲生著：《丁文江先生学行录》，中华书局，2008年版。

53. 王泛森著：《中国近代思想与学术的系谱》，河北教育出版社，2001年版。

54. 郑锡煌撰：《丁文江对中国地质学的贡献》，载《中国科技史料》，中国科学技术出版社，1982年版。

55. 潘云唐著：《爱国的地质科学家丁文江》，上海科学技术出版社，1986年版。

56. 王鸿祯主编：《中国地质事业早期史——纪念丁文江100周年，章鸿钊110周年诞辰（论文集）》，北京大学出版社，1990年版。

57. 丁琴海著：《科学巨匠：丁文江》，河北教育出版社，2001年版。

58. 纪彭著：《民国干才——丁文江传》，中国友谊出版公司，2012年8月版。

59. 雷启立编：《丁文江印象》，学林出版社，1997年版。

60. 丁文江著：《丁文江学术文化随笔》，洪晓斌编，中国青年出版社，2000年版。

61. 王仰之编：《丁文江年谱》，江苏教育出版社，1989年版。

62. 宋广波著：《丁文江图传》，湖北人民出版社，2007年版。

63. 宋广波著：《丁文江年谱》，黑龙江教育出版社，2008年版。

64. 宋广波撰：《1931—1935年丁文江对中日关系的考察》，载《近代中国、东亚与世界》，社科文献出版社，2008年版。

65. 丁燮和著：《建筑力学概说》，上海科学技术出版社，1958年版。

66. 丁燮和著：《材料力学》（国立武汉大学丛书），商务印书馆，1936年5月版。

67. 《独立评论》第11期，第13期，第100期，第133期，第137期，第188期。

68. 《努力周报》第6期，第12期，第49期，第67期，第75期。

69. 《现代评论》1924年12月20日1卷2期；一周年增刊1926年1月；1926年第4卷第83期。

70. 周树人撰：《浙江潮·中国地质略论》，1903年版。

71. 章鸿钊著：《中国研究地质学之历史》，原载中国地质学会编《中国地质学会志》第1卷，1922年印行。

72. 《地学杂志》1912年第1至4期。

73. 翁文灏撰：《回忆一些我国地质工作初期情况》，《中国科技史料》，2001年第22卷第3期。

74. 胡适撰：《我们对于西洋文明的态度》，《申报月刊》1933年7月。

75. 黄汲清撰：《丁文江——二十世纪的徐霞客》，《中国科技报》1986年8月25日。

76. 黄汲清撰：《我国地质科学工作从萌芽到初步开展阶段中名列第一的先驱学者》，《中国科技史料》，1988年第1期。

77. 尹赞勋撰：《补刊〈云南个旧附近地质矿务报告〉序言》，载《地质专报》第1种第1号《中国矿业纪要》，1921年版。

78. 《孙传芳昨假总商会招待各界》，《申报》1926年5月6日。

79. 浦庆余撰：《拓荒者的光彩——纪念丁文江诞辰一百二十周年》，《中国地质教育》，2008年第1期。

80. 关世桥撰：《一代地质宗师——丁文江》，《中国煤炭地质》第22

卷第7期，2010年7月。

81. 唐博撰：《地质巨擘丁文江的百变人生》，《地图》2011年第1期。

82. 陈宝国撰：《丁文江——一位倡导和践行中国近代科学的思想者》，《自然杂志》2008年第5期。

83. 林宰平著：《读丁在君先生的〈玄学与科学〉》，载《科学与人生观》，山东人民出版社，1997年版。

84. 汪晖著：《科学的观念与中国的现代认同》，载《汪晖自选集》，广西师范大学出版社，1997年版。

85. 段治文著：《中国现代科学文化的兴起》，上海人民出版社，2001年版。

86. 沈庆林撰：《丁文江的政治思想》，《近代史研究》1993年第5期。

87. 马丽娜撰：《丁文江的社会改革思想评析》，安徽大学2010年硕士论文。

88. 张桂霞撰：《在科学和社会之间——丁文江及其政治思想浅析》，《阜阳师范学院学报（社会科学版）》2002年第1期。

89. 高泳源撰：《丁文江晚年的政治思想》，《自然科学史研究》1989年02期。

90. 陈独秀撰：《革命的上海》，《向导周报》1926年6月30日第160期。

91. 潘云唐撰：《一位探索型的地学大师——纪念丁文江先生诞辰105周年》，载《地理知识》，1992年。

92. 李春昱撰：《怀念丁文江先生》，《中国科技报》1986年8月25日第2版。

93. 宋广波撰：《不该被遗忘的"百科全书式"人物》，《中华读书报》2007年5月。

94. 宋广波撰：《丁文江科学思想研究论纲》，中国社会科学院近史所《青年学术论坛》2006年卷，社科文献出版社，2007年。

95. 宋广波撰：《丁文江任职淞沪督办公署总办的再评价》，载中国社会科学院近史所《青年学术论坛》2007年卷，社科文献出版社。

96. 宋广波撰：《1921—1925年丁文江政治思想论析》，载《中国近代思想史研究辑刊》，社会科学文献出版社，2008年版。

97. 吴凤鸣著：《一代宗师丁文江》，《国土资源》2008年第4期。

98. 俞飞撰：《中国辛德勒何凤山：冒险拯救数千犹太人生命》，《法治周末》2012年5月16日。

99. 丁海曙撰：《缅怀伯父丁文江》，《徐霞客研究》2008年第17辑。

100. 丁文江、翁文灏合编：《中国矿业纪要》，《地质专报》丙种第1号印行。

101. 翁文灏撰：《追悼丁在君先生》，《地理学报》第2卷第4期。

102. 张健撰：《论英国作家对丁西林喜剧的影响》，《武汉大学学报（人文社会科学版）》，2000年第1期。

103. 王佳磊撰：《论丁西林喜剧的文化内涵》，《戏文》2007年第5期。

104. 丁西林著：《一只马蜂》，《太平洋》1923年第4卷第3号。

105. 丁西林著：《亲爱的丈夫》，《太平洋》1924年第4卷第8号。

106. 丁西林著：《酒后》，《现代评论》1925年第1卷第13期。

107. 丁燮和撰：《特性点之理论及应用》，《武汉大学土木工程学会会刊》1934年12月第1期。

108. 丁燮和撰：《混泥土之新趋势》，《武汉大学工科年刊》1936年12月第1卷1期。

109. 丁燮和撰：《关于土木工程问题答况济法君》，《读书通讯》1942年（重庆）第3卷51期。

110. 丁燮和撰：《答会员戴仁君水泥问题》，《读书通讯》1942 年第 3 卷第 54 期。

111. 丁燮和著：《突桁拥壁之设计》，载《武汉大学理科季刊》第 3 卷 3 期。

112. 丁海曙著：《先贤们的精神永垂不朽》，光明网，2008 年 7 月 14 日。

113. 同济大学档案馆网。

114. 丁廷楣：《回忆黄桥初级中学》，黄桥在线。

115. 林任申、林林撰：《丁文江先生家世考》，泰州记忆网。

116. 王德滋撰：《丁文江与中央大学地质系》，黄桥历史文化研究网。

117. 黄桥烧饼网，2014 年 9 月 25 日《黄桥人文》。

附录

泰州丁氏家族谱系表

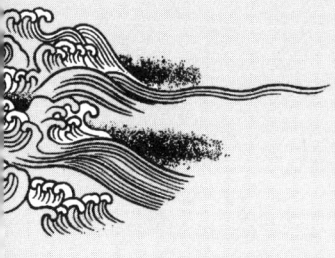

1. 丁文江支系

一世祖　怀冠公（迁泰兴丁庄始祖）

二世祖　道兴、道惠、道赞

三世祖　文威

四世祖　士诚

五世祖　廷祝

六世祖　绢志

七世祖　铎、评、谊、绥

八世祖　南扬

九世祖　俊文

十世祖　黄桥一世　鸿儒（敬怀公）、鸿启（从丁庄迁黄桥始祖）

十一世祖　黄桥二世　思春公、慕春公、富春公

十二世祖　黄桥三世　辉光公、君选公、时顺公

十三世祖　黄桥四世　盛臣公、朗润公、程云公

十四世祖　黄桥五世　承武公、广臣公、武臣公、于职公、发臣公

十五世祖　黄桥六世　世万公、光熙公

十六世祖　黄桥七世　乔年公

十七世祖　黄桥八世　公年公（椿）

十八世祖　黄桥九世　人庆

十九世祖　黄桥十世　振同、卓年

二十世祖　黄桥十一世　祯祺

二十一世　黄桥十二世　丁文涛、丁文江、丁文潮、丁文渊、丁文澜、丁文浩、丁文治

二十二世　黄桥十三世　丁明达、丁子霖、丁海曙等

2. 丁西林支系

丁道元 ┌ 丁焕文——丁守诚（某氏）——丁恒龄
      └ 丁仲培 ┌ 丁燮林（韩丽英、李逸）——丁碧如、丁大宇
              ├ 丁燮坤（赵氏）——丁大中、丁大民、丁大华、丁大帼
              └ 丁燮和（某氏）——所育子女不详

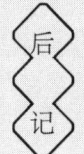
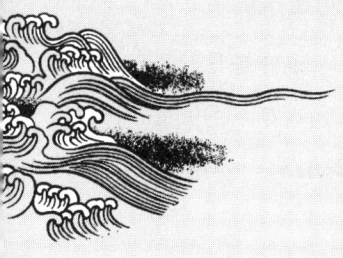

我们一直认为：愿读、多读、勤读，是一种幸福；能写、常写、爱写，是一种享受。读写需要准备、链接和定位。

在书的准备方面，我们各自都有自己的基本藏书，且一年四季都在字里行间寻找乐趣。即便如此，我们还得时常到处采访、寻觅和购买相关的书籍及史料。

在书的链接方面，我们每隔一段时间都会小聚一下，除谈事情外，就是走访南京的一些图书馆，而我们更愿意去的地方就是书摊性质的旧书店。可惜的是，南京的书摊越来越少，而不少旧书店在时下的经济大潮中，好像越来越不争气，失去了生存的空间，这无疑给我们寻找和购买资料平添了不小的障碍。走得累了，那就顺便找一家小店，点几样小菜，来一点小酒。幸好，我们都不在乎酒菜的档次，且常常边喝边谈创作，谈着谈着便激扬起来，天文地理，古今中外，阳春白雪，下里巴人，真可谓诗酒人生。而每次都被酒店老板"客气"劝离，因为店里只剩我们的缘故。

在书的定位方面，就不能不提到认真负责的郑州大学出版社副社长骆玉安先生，他对我们要求很严，这倒并不是说他对我们不信任或者不放心，他只是想让我们写得更好，有更多的读者，其实这是对我们提出了更高的创作要求。对于骆先生的执着和用心，我们也由衷地表示感激，而对他毫不留情地提出的一些问题也是充分理解的。也许是我们的态度起了作用，这几年来的合作因此紧张而又愉快。我们本算不得千里马，而骆先生和他们那个编辑团队可以说是名副其实的伯乐。人生苦短，不过百年，其实很难得碰到伯乐，因此说我们还是比较幸运的。所以，在此还得感谢郑州大学出版社又给了我们一次练笔的机会。

需要说明的是，本书与一般传记的不同点在于，少了很多"颂歌"

的成分，我们在书中谈得比较多的是文化氛围和世家精神。因为大家知道，生活于民国年间的那一代科学大师，他们显然是有区别于时下的生活态度和工作方式的，他们谋事做事的风格，也往往会因专事而偏颇。所以，我们在为丁氏家族撰写这本评传时，所关注的客观东西还是要多于主观东西，只是在充分尊重史实的前提下而稍稍有所发挥。

还得衷心感谢泰州、泰兴的各级领导、文朋诗友以及丁文江纪念馆，他们的大力支持与奉献，是我们得以成书的坚强后盾；没有他们的这些支持，我们的这本书至少不会像现在这样顺利和圆满！

由于时间有限，再加上作者水平有限，书中难免会有这样或那样的错误，甚望广大读者和专家不吝赐教并多提宝贵意见。

2018 年 6 月 6 日于南京